中國學術思想 研究輯刊

十二編

林慶彰 主編

第43冊

王陽明誠意工夫的思想精神

吳冠生 著

花木蘭文化出版社

國家圖書館出版品預行編目資料

王陽明誠意工夫的思想精神／吳冠生 著 — 初版 — 新北市：
花木蘭文化出版社，2011〔民100〕
目 2+166 面；19×26 公分
（中國學術思想研究輯刊 十二編；第 43 冊）
ISBN：978-986-254-683-3（精裝）
1.（明）王守仁　2.學術思想　3.陽明學
030.8　　　　　　　　　　　　　　　　　　100016079

ISBN-978-986-254-683-3

9 789862 546833

中國學術思想研究輯刊
十二編　第四三冊　　　　　　　ISBN：978-986-254-683-3

王陽明誠意工夫的思想精神

作　　者　吳冠生
主　　編　林慶彰
總 編 輯　杜潔祥
出　　版　花木蘭文化出版社
發 行 所　花木蘭文化出版社
發 行 人　高小娟
聯絡地址　新北市永和區中正路五九五號七樓
　　　　　電話：02-2923-1455／傳眞：02-2923-1452
網　　址　http://www.huamulan.tw 信箱 sut81518@gmail.com
印　　刷　普羅文化出版廣告事業
封面設計　劉開工作室
初　　版　2011 年 9 月
定　　價　十二編 55 冊（精裝）新台幣 90,000 元

王陽明誠意工夫的思想精神

吳冠生　著

作者簡介

吳冠生

高雄市人。民國 71 年生。

南華大學哲學系畢業，東海大學哲學研究所畢業。

中華民國斐陶斐榮譽學會 98 年榮譽會員。

提　　要

　　本篇論文主要是研究王陽明的「誠意」工夫，故以下分別從第一至第四章簡略作簡提要。

　　第一章的目的在於指出陽明與朱子「格物」工夫的不同進路。由於陽明早年深受朱子的思想影響，因此先化了一些篇幅交代朱子的基本思想，然後再對陽明與朱子的「格物」工夫加以比較。因為陽明的格物工夫便是「格心」，所以他常常站在「心學」的立場去批評朱子窮理工夫之義外。然而，在本章的最後，筆者特別指出，朱子格物工夫的目的便在於「窮理識性」，便在於識得「心與理一」。

　　第二章的目的則首先比較了儒學與禪學的「心體」。雖然儒家言心體，而禪宗亦言心體，然而筆者認為，儒、禪的區別所在，亦正在於「心性」之不同。因為儒家的心性是「動心忍性」，而禪家的心性則是「明心見性」。然後筆者先介紹了象山思想之「心即理」，再接著論述陽明之「心即理」。而在陽明的「心即理」一小節，筆者又進一步會通了陽明與朱子之「心性」體系。而這箇會通的關鍵便是「心之本體」。是以，儒學的「心心相印」便是本章的主題。

　　第三章則是陽明的「知行合一」。而主要在於指出知行之本體便是「心即理」之本體。而「心，一而已矣；理，一而已矣」，是以可知，本體「一」而已矣。因此，「知行」在本體上原來便是「合一」的。而既有本體，便有本體工夫。是以，這箇本體工夫便是知行並進。然而，知行並進並非指的知與行同時兼顧，而是指的「知中有行」、「行中有知」。因為，知行本來就是一體的。

　　第四章則是論文的中心—陽明的「致良知」工夫。「良知」不僅是堯舜有之，亦是我固有之的。是以可知「良知」本即無間於聖愚。而所謂良知之即中即和 便是指良知即是中庸之性體，因此是無過無不及的。而所謂天理之惟精惟一，則是說天理本即包涵了「一理」與「萬理」。然而，這包涵「一理」與「萬理」之天理，原只是「良知即天理」而已。而良知「知是知非」、「知善知惡」，是以致良知的工夫便只是箇「是是非非」、「好善惡惡」。

目

次

緒　論

第一節　研究動機與旨趣

　　一般而言，總是認爲宋明理學陳義太高，過於高推聖境，因此，或許有遠離先秦儒家平實面之處。事實上，孔子自言：「下學而上達。知我者其天乎！」〔註1〕是以可知，雖然《論語》是論述德行之書，然而，對於這各種不同的德行修養，孔子卻自有箇「一貫之道」。對於這箇「一貫之道」，吳怡先生有說：「孔子在衛靈公篇對子貢的話，是指由本到末的涵蓋。因爲孔子的仁是包括了諸德，因此把握住仁的本源，自能在父爲慈，在子爲孝；對內爲忠，對外爲恕。所以這裏所謂的一以貫之，是指的由一個仁道，可貫通一切的德行」。〔註2〕是以，若能「盡仁」便能「盡性」，而能「盡性」便自然「知命」、「知天」。因此，這箇「仁」，事實上，即是「性與天道」。雖然如此，孔子眞正證得「性與天道」卻是在七十歲之年，正如他所自述的：「七十從心所欲而不踰矩」。因此可知，這箇「仁」的境界便是和「誠意」工夫息息相關的。而對於「誠意」之工夫，孔子曾說：「毋意」。又說：「思無邪」。而這便是因爲「苟志於仁矣，無惡也」。因此，有契於孔子之「仁」，是以在先秦儒家的重要典籍《大學》〔註3〕中，便首次出現了「誠意」的工夫，而在孔子之孫子思所作

〔註1〕《四書章句集註》，〈論語集注〉，頁157，鵝湖出版社。

〔註2〕參見吳怡，《中國哲學的生命和方法》，頁23，東大圖書公司。

〔註3〕根據朱子的說法，《大學》一篇爲曾子所作。有如他說：「此篇者，則因小學之成功，以著大學之明法，外有以極其規模之大，而內有以盡其節目之詳者也。三千之徒，蓋莫不聞其說，而曾氏之傳獨得其宗，於是作爲傳義，以發

的《中庸》中，這箇「誠」字甚至被提升到了天道本體的地位。是故，「誠者，天之道」，而人道之工夫便只是箇「誠之」。可以知道，在《中庸》一書，這箇「誠」字根本就是徹上徹下、便是「即本體即工夫」的。而到了《孟子》，更將孔子之「思」與子思之「誠」打併爲一，而說箇：「誠者，天之道也；思誠者，人之道也」。因此，從儒家的先秦四子中，便可以知道「誠意」實爲內聖工夫之最高境界了。

　　而宋明理學便是內聖之學。是以，理學家的內聖工夫便自然而然地會導向「誠意」。而陽明之學便是繼述這一條內聖之道而言「誠意」之工夫。故對於陽明學問之總論，蕺山曾謂：「自有宋諸儒而後，學者專守紫陽氏家法爲入道之方，即江門崛起，直溯濂溪，猶曰：『吾道有宗主，千秋朱紫陽，說敬不離口，示我入德方。』獨陽明子讀〈大學〉，至『格致』一解，謂朱子『即物窮理』之說爲支離，而求端於心。天下無心外之物，即本心以求物理，是爲致良知於事事物物之間，而意可得而誠也。遂揭『致良知』三字專教學者，而〈答陸元靜〉數書，發明〈中庸〉之理甚奧，則其直接濂、雒之傳者。其曰『未發之中即良知』，即『主靜立極』之說也。其曰『良知無前後內外而渾然一體』，即『性無內外』之說也。其曰『能戒愼恐懼者是良知』，即『敬無動靜』之說也。其曰『自私自利爲病根』，即『識仁』之微旨也。最後病瘧一喻，尤屬居要語，所云『服藥調理在未發時』者，又即朱子涵養一段工夫之意。朱子他日曰『涵養須用敬，進學在致知』，至陽明子則合言之耳。孰謂其果立異同於朱子乎？夫諸儒說極，說仁，說靜，說敬，本是一條血脈，而學者溺於所聞，猶未免滯於一指而不能相通，或轉趨其弊者有之。『致良知』三字，直將上下千古一齊穿貫。言本體，則只此是極，極不墮於玄虛；只此是仁，仁不馳於博愛。言工夫，則只此是靜，靜不涉於偏枯；只此是敬，敬不失之把捉。洵乎其爲易簡直截之宗也」。〔註4〕

　　而筆者對於本論文的研究動機，主要地有下述二點：

　　第一、陽明早年的「格心」與晚年的「致良知」，其實皆只是「誠意」的

<hr>

其意」。(《四書章句集註》，〈大學章句序〉，頁2，鵝湖出版社。)

〔註4〕筆者引用蕺山此言的目的主要有五：一、說明陽明思想之總論；二、指出「致良知」是誠意之工夫；三、表明陽明思想與宋儒（濂溪、明道、伊川、朱子）之相通；四、合會陽明與朱子；五、指出「致良知」便是孔子的「一貫之道」。引文參見《劉宗周全集》，第二冊，〈語類七〉，〈聖學宗要〉，頁253，浙江古籍出版社。

工夫而已。正如陽明所言的：「君子之學以誠意爲主。格物致知者，誠意之功也」。〔註5〕所以，「誠意」工夫便是陽明哲學之精神。〔註6〕

第二、「致良知」便是陽明晚年最重要的「誠意」工夫。然而，蕺山卻謂陽明：「其解〈大學〉處，不但失之牽強，而於知止一關全未勘入，只教人在念起念滅時，用箇『爲善去惡』之力，終非究竟一著」。〔註7〕是以，我們便必須回答「致良知」是否即爲究竟之「本體工夫」。

第二節　研究方法

對於本論文之研究方法，主要有下列四點：

一、對於文獻的解釋

本論文的主要目的在於對陽明思想做確切平實的把握，故原則上是以文獻之解釋爲主。其次，再輔以今人之專書作理論之論述。

二、對於哲學家之研究方法

筆者認爲，最好的研究方法實際上便是哲學家本人所使用或運用的方法。而對於爲學方法，朱子曾說：「大凡爲學有兩樣：一者是自下面做上去，一者是自上面做下來。自下面做上者，便是就事上旋尋箇道理湊合將去，得到上面極處，亦只一理。自上面做下者，先見得箇大體，卻自此而觀事物，見其莫不有箇當然之理，此所謂自大本而推之達道也」。〔註8〕換句話說，朱子所以教人的方法便是「窮理法」，而所謂的「窮理」，便是反思事物之所以如此的原理、原則。然窮得事事物物之理後，便會自然而然地貫通事物之衆理而爲一理，而這便是「理一分殊」的原則。因此，論文中有關於朱子的部份，筆者皆是運用「窮理法」去反思朱子思想之所以如此之故。而象山或陽

〔註5〕《王陽明全集》，卷四，〈文錄一〉，〈答王天宇・二〉，頁163，上海古籍出版社。

〔註6〕對於學問的大頭腦，陽明共有前後之「誠意」、「致良知」二說。如其曰：「舉出箇誠意來說，正是學問的大頭腦處」。又云：「致良知是學問大頭腦」。然而筆者認爲，「致良知」雖是陽明晚年最重要之宗旨，其實亦只是「誠意」之工夫而已。是以，若以「誠意」工夫爲陽明哲學之精神，便自然可以該括早年的「格心」與晚年的「致良知」。換句話說，若論學問的大頭腦，共有「誠意」與「致良知」；而論「誠意」的工夫，便是「格心」與「致良知」。

〔註7〕《劉宗周全集》，第三冊，〈文編三〉，〈答韓參夫〉，頁359，浙江古籍出版社。

〔註8〕《朱子語類》，卷第一百一十四，〈朱子十一〉，頁2762，中華書局。

明所使用的方法便是「一本法」。而所謂的「一本」，便是先立箇大本一原，然後再以這箇「一本」的根本原則去直觀萬事萬物。亦即朱子所謂的「自大本而推之達道也」。因此，本論文關於陽明之部分，筆者皆是運用這箇「一本法」去貫通他所有的思想宗旨。

三、對於陽明與朱子之思想的會通

筆者對於陽明與朱子之思想會通是用的「一貫法」。〔註 9〕而這箇「一貫法」實起源於孔子，《論語・衛靈公》有載：「子曰：『賜也，女以予為多學而識之者與？』對曰：『然，非與？』曰：『非也，予一以貫之。』」〔註 10〕可以知道，學問體系本是各不相同的，然而孔子卻認為他有方法將之貫通為一。這是因為，儒家的「道」，只是「一」而已矣。是以，儒家的學問本是「殊途而同歸、百慮而一致」的。故筆者便嘗試運用這箇「一」去打通陽明與朱子之不同的思想體系。〔註 11〕

四、對於寫作的態度

筆者對於寫作本論文之態度主要是運用「理觀法」。所謂的「理觀法」，是指的「觀理之是非」，〔註 12〕亦即努力致力於不摻入筆者本人之主觀意見，而盡量依照哲學家本人之理論去陳述。若有自己發揮者，亦是按照哲學家之思想體系去加以論述。

第三節　研究範圍

本論文主要是以陽明的「誠意」工夫為研究範圍。因為，「誠意」固是陽明學問的大頭腦，然而，若欲達到「誠意」的境界，仍必須有一套實際的修

〔註 9〕吳怡先生在其〈中國哲學裏所常用的方法〉一文中，亦有所謂的「一貫法」。然而，其所謂之「一貫法」是指的對於兩端或相對性（如天人、知行、內外等）的兼融。（參見吳怡，《中國哲學的生命和方法》，頁 22，東大圖書公司。）而並非筆者這裏所指的「貫通」兩種不同的思想體系。

〔註 10〕《四書章句集註》，〈論語集注〉，頁 161，鵝湖出版社。

〔註 11〕正如孔子的「吾道一以貫之」、孟子的「夫道一而已矣」，是以可知，這箇「道一」便是儒家的精神。而陽明的「理，一而已矣；心，一而已矣」與朱子的「心與理一」皆實能符合這箇「一」，因此，筆者便運用這箇「一」去「貫通」他們的思想體系。

〔註 12〕《二程集》，〈河南程氏文集〉，卷第二，〈答橫渠張子厚先生書〉，頁 460，中華書局。

養工夫。是以，陽明的「誠意」工夫便是「格心」與「致良知」。正猶如陽明自信箇狂者胸次，而對於這箇狂者，他說：「狂者志存古人，一切紛囂俗染，舉不足以累其心，真有鳳凰翔於千仞之意，一克念即聖人矣」。〔註13〕可以見得，陽明心目中的理想聖人境界，便即是孔子所謂的「從心所欲而不踰矩」。

第四節　研究成果

本論文的研究成果，主要地有下述三點：

第一、證明陽明與朱子之思想體系可以彼此會通。如陽明曾說：「心之體，性也。性即理也」。是以，陽明之「心即理」的「心」便是指的「心之本體」。而朱子便言：「性即理」。而對於這箇「性」，朱子有說：「心以性為體」。是以，朱子之「性即理」的「性」亦是指的「心之本體」。因此，陽明之「心即理」與朱子之「性即理」表面上雖若屬二種不同的思想體系，然其事實上，本原有相通、會通之根據所在。而這箇根據便是「心之本體」。

第二、明確指出陽明「誠意」工夫之教法，無論是「格心」或「致良知」，實皆有為上根人設教與為其次立法之不同。

第三、提出「本體工夫」之觀念。而所謂「本體工夫」，便是一種扣緊「本體」之究竟工夫。

〔註13〕《王陽明全集》，卷三十五，〈年譜三〉，頁 1287，上海古籍出版社。

第一章　陽明與朱子「格物」的不同工夫進路

前　言

　　朱子屬「理學」，陽明歸「心學」，這已是學術界裏無可置議之分群。而所謂之理，是爲天理，是以朱子學問的體系必從天理本體出發。然在理論上，雖可根據「物有本末，事有終始，知所先後，則近道矣」以言「理在氣先」。但現實上，其實只是「未有無理之氣，亦未有無氣之理」。因此，外在天道上有所謂「理氣論」，〔註1〕而內在人道則是以「性即理」的心性論與「格物窮理」的工夫論爲主。然而，朱子之分言理氣、心性，事實上，不過是爲了打通形上與形下、本體與現象而爲一體。所以其格物工夫便是以「能知的心」去窮「所知的理」。

　　那末，爲甚麼陽明始終對於朱子的窮理格格不入呢？根據筆者的看法，至少有以下三點：第一，朱子偏於用智，陽明則直截體德。第二，朱子格物

〔註1〕所謂朱子注重「理、氣」，這是一般的看法。如《朱子語類》第一卷、第二卷便都是在講的理氣論。而理即所謂的「本體論」，由此便可以看出朱子是極爲重視形上學的。而所謂陽明強調「心、性」，這也是爲一般人所接受的。然而在中國哲學史上，凡有涉及「心性論」的學說，必定亦有著一套切切實實的「工夫論」。而筆者認爲，這套「工夫論」便是陽明哲學的精神所在。然而這並非說筆者以爲陽明哲學只有「工夫論」。筆者只是説，「工夫論」是陽明哲學的精神罷了。因爲「成聖成賢」一直是陽明心中的一物（事也），也是他獨特的個人氣質了。

的方法過於瑣碎，如理便有物理、事理，且皆須一一地去窮格，始終在外面做工夫〔註2〕；陽明則一超直入，直截在此心上著力。第三，朱子「格物」階段之工夫心與理終究是二，到了「物格知至」我們纔能說「心與理一」。猶如陽明評朱子之「格物」時所說的：「然物理吾心終若判而為二也」。而陽明的「心即理」則是「心之本體即是天理」，心理本一，自然是通暢無阻的了。

而本章的目的便在於比較陽明與朱子二者不同的「格物」工夫，不同的工夫進路。因為朱子思想必定從形上本體開始，所以第一節化了一些篇幅論述朱子的理，分別有理氣論與心性論。而第二節是朱子與陽明的「格物」，特別分開比較了二者的格物說。朱子的格物重道問學；陽明的格物則尊德性。朱子的工夫是「以心窮理」；陽明的本體為「心即是理」。至於第三節則是陽明與朱子格物工夫的不同進路之比較，亦分為兩點：一是解釋二者對窮理思想之不同理解，另一是二者「格物窮理」的不同工夫進路。雖然朱子的「心」「性」亦屬不離不雜的關係，在工夫上「已費轉手」，但仍與陽明共為儒學中之的傳。因為他們都深得於孔子「一貫之道」之旨。

第一節　朱子的理

朱子思想的集北宋理學之大成，固為一般人之共見。然就朱子本人而言，其所以建立一套以理為本的龐大體系，主要卻是為了對抗佛教，以復興儒學。例如佛教主張「諸行無常」，認為這箇世界的一切都是隨生隨滅、不斷變化的。然而在朱子的眼中，佛教不過只觀察到了現象世界有生滅、有動靜的一面。（用朱子弟子的話來說，即所謂的「空氣」。）如果我們一味地強調這一面，勢必把握不住自己而流於虛無寂滅一途。因此，根據儒家立場，朱子必定要重視綱常、義理之實。而這箇義理之實，便是指的本體之實理。

其實，理與氣雖「決是二物」、是不雜，然事實上，則又不相分離。因此，現象界的氣雖然不斷地在生生流行，但不可能今天是一種氣，明日又為另一種不同的氣。因為，在氣的流行背後必定有著一不變之理，使之有規律、有法則。如朱子舉水為例說：「水之或流，或止，或激成波浪，是用；即這水骨

〔註2〕 如朱子學問最為重視「格物致知」的一段工夫。因為事物之理徧在於現象世界，所以天地之間沒有一物不是我們窮理的對象。朱子始終認為「論先後，知為先；論輕重，行為重」。是以他總是特別重視先須向外「求知」。

可流，可止，可激成波浪處，便是體」。〔註3〕也就是說，水之何以能如此作用，只是因為它本身有「所以如此」的本體或法則罷了。所以，本體與現象並非二箇截然不同的世界，而根本就是同一箇世界。否則，我們又如何去「格物窮理」呢？是以，接下來，我們便來看看朱子之理氣論。

一、朱子的理氣論

在講到理之前，我們可以先看看朱子的解濂溪《太極圖說》的「無極而太極」一段，朱子說：

> 「無極而太極」，不是說有箇物事光輝輝地在那裏。只是說這裏當初皆無一物，只有此理而已。既有此理，便有此氣；既有此氣，便分陰陽，以此生許多物事。惟其理有許多，故物亦有許多。〔註4〕

朱子認為，所謂「無極而太極」的無極，並不是太極之上的另一箇存在。而只是描畫太極之本體，原是無聲無臭、無方無體的，這是從「無」的側面來觀看。然而，另一方面，它卻「有」理。是以，朱子便是用無極來形容太極之本體。〔註5〕事實上，太極就是理，如朱子說：「太極只是一箇理字」。〔註6〕又說：「聖人謂之太極者，所以指夫天地萬物之根也」。〔註7〕這裏的根，是指

〔註3〕《朱子語類》，卷第六，〈性理三〉，頁101，中華書局。

〔註4〕《朱子語類》，卷第九十四，〈周子之書〉，頁2387，中華書局。

〔註5〕參見張起鈞、吳怡，《中國哲學史話》，第廿二章，〈弘道立學的泰斗——朱子〉，頁353～354，東大圖書公司。

〔註6〕《朱子語類》，卷第一，〈理氣上〉，頁2，中華書局。

〔註7〕此處所謂的聖人，顯然是指的〈繫辭傳〉作者。為甚麼這裏朱子直指〈繫辭傳〉的作者為聖人呢？顯然不僅僅是因為孔子思想與〈繫辭傳〉的關係，而是因為朱子在〈繫辭傳〉一文中發現了有關本體的思想。如〈繫辭上傳〉第十章說：「易，無思也，無為也。寂然不動，感而遂通天下之故」。這裏的易字，按照〈繫辭傳〉本身的說法，不就是「是故易有太極，是生兩儀」的太極嗎？而無思無為的無字，不便就是形容太極本體的無形無象嗎？其實，對於太極之理，朱子曾說：「理卻無情意，無計度，無造作」。（《朱子語類》，卷第一，〈理氣上〉，頁3，中華書局。）況且在朱子的天道論裏面，到處充滿了〈繫辭傳〉的術語，如太極、陰陽、道、器，還有理、氣。對此種種相似之處，我們現不必直言朱子的天道論受到了〈繫辭傳〉的影響，更不用推論〈繫辭傳〉是否真有所謂的本體思想。卻可以肯定地說，朱子的確是用他的「理氣論」去解釋整箇世界的。尤其對於理或本體的提出，有其明確的目的所在。至於本體思想與〈繫辭傳〉的關聯，參見吳怡，《易經繫辭傳解義》，三民書局。引文參見《朱子語類》，卷第九十四，〈周子之書〉，頁2366，中華書局。

的能生。然而這箇能生的根並不是現象界的天地萬物，而是指的天地萬物之理。可見得太極之理，便是產生天地萬物的形上本體。然而，這箇本體並非「光輝輝地」可爲我們所感知，而只是渾淪不分的一理。正如朱子所說：「太極只是一箇渾淪底道理」。〔註8〕那末，此太極之理又是如何產生天地萬物的呢？這便要透過氣的生物了。朱子說：

> 太極生陰陽，理生氣也。陰陽既生，則太極在其中，理復在氣之內也。〔註9〕

> 理則一而已，其形者，謂之器。其不形者，則謂之道。然而道非器不形，器非道不立。蓋陰陽亦器也，而所以陰陽者，道也。是以一陰一陽，往來不息，而聖人指是以明道之全體也。〔註10〕

所謂「理生氣」，是指的「理」能產生或發動「氣」。但器（氣）是形而下的，道（理）是形而上的，又如何能溝通彼此呢？關鍵便在「所以」二字。因爲陰陽二氣相當於器，而使陰陽之「所以如此」的便是道了。而理便是道，所以「理生氣」便是「所以」一陰一陽的原理，能產生一陰一陽的動力了。而理是在天地萬物之先便已經存在的。所以理本身雖然不動，卻能由本體界發動現象界的氣，如朱子說：「未動而能動者，理也」。〔註11〕到了現象界，理又在氣之中。然而現象界的理仍舊是形而上的，氣乃是形而下的。〔註12〕由

〔註8〕《朱子語類》，卷第七十五，〈易十一〉，頁1929，中華書局。

〔註9〕《周子全書》，卷一，〈集說〉。

〔註10〕《朱子語類》，中華書局。

〔註11〕《朱子語類》，卷第五，〈性理二〉，頁96，中華書局。

〔註12〕在此，我們必須特別注意朱子對理氣的離合觀點。如弟子問說：「一陰一陽之謂道，陰陽何以謂之道？（朱子）曰：當離合看。」（《朱子語類》，卷第七十四，〈易十〉，頁1895，中華書局。）又說：「推之於前，不見其始之合，引之於後，不見其終之離」。（《太極圖注》。）對此，錢穆先生說：「是則理氣雖當離合看，而理氣則始未有合，終未有離也」。（參見錢穆，《朱子新學案》，第一冊，頁239，三民書局。）又有言：「理氣既屬一體，實未見有所謂離，即亦未見有所謂合。有則俱有，無則俱無，宜無先後可言。然既可分言，則亦可分先後。若必言先後，則當言理先而氣後」。（參見錢穆，《朱子新學案》，第一冊，頁240，三民書局。）其實，朱子本人回答的很明白，如有人問先有理後有氣之說，朱子便曰：「不消如此說。而今知得他合下是先有理，後有氣邪；後有理，先有氣邪？皆不可得而推究。然以意度之，則疑此氣是依傍這理行。及此氣之聚，則理亦在焉」。（《朱子語類》，卷第一，〈理氣上〉，頁3，中華書局。）也就是說，在現實之世界，「未有無理之氣，亦未有無氣之理」，這是從合看。然則理必爲氣之本體、形上定在形下之先，是以必定爲「理生

此可知，本體界的理是一切現象事物的形而上根據，它是無生滅、無動靜的，卻能產生有生滅、有動靜的氣。

朱子云：

> 有是理便有是氣，但理是本，而今且從理上說氣。如云：「太極動而生陽，動極而靜，靜而生陰。」不成動已前便無靜。程子曰：「動靜無端。」蓋此亦是且自那動處說起。若論著動以前又有靜，靜以前又有動，如云：「一陰一陽之謂道，繼之者善也。」這「繼」字便是動之端。若只一開一闔而無繼，便是闔殺了。〔註13〕

自理從本體界發動現象界的氣之後，理與氣便緊緊依附在一起，但理纔是氣的主宰者。而氣便只是動靜陰陽。那末這陰陽二氣的動靜是否有箇開端呢？在此，朱子承繼了程子的看法，認為動靜並無開端。即所謂「動以前又有靜，靜以前又有動」。那末太極本身無動無靜，又如何能生出「動靜無端」的陰陽呢？這是因為太極有「動靜之理」，所以朱子言：

> 有這動之理，便能動而生陽；有這靜之理，便能靜而生陰。既動，則理又在動之中；既靜，則理又在靜之中。〔註14〕

有弟子問朱子說：「動靜是氣也，有此理為氣之主，氣便能如此否」？朱子答說：

> 既有理，便有氣；既有氣，則理又在乎氣之中。周子謂：「五殊二實，二本則一。一實萬分，萬一各正，大小有定。」自下推而上去，五行只是二氣，二氣又只是一理。自上推而下來，只是此一箇理，萬物分之以為體，萬物之中又各具一理。所謂「乾道變化，各正性命」，然總又只是一箇理。〔註15〕

所謂「既有理，便有氣；既有氣，則理又在乎氣之中」，是指的有本體界的理便產生現象界的氣，氣在現象界凝聚成質以後，理又存乎氣之中。自下往上推，由五行而陰陽，由陰陽而一理，這是從物質現象而向上提昇，步步純粹化、理則化。自上推下來，便是理之本體的分殊落實而逐漸具體化、物質化。所謂「只是此一箇理，萬物分之以為體」是指的萬物或物質只不過是現象，

氣」之說了。因此，從理智上意度而分言理氣先後便是由離看了。

〔註13〕《朱子語類》，卷第一，〈理氣上〉，頁2，中華書局。
〔註14〕《朱子語類》，卷第九十四，〈周子之書〉，頁2373，中華書局。
〔註15〕《朱子語類》，卷第九十四，〈周子之書〉，頁2373，中華書局。

其實，萬物的本體是理，而且「萬物皆具一理」。然而無論現象界的理有眾多，其原皆出於本體界的一理而已。

那末，理又是什麼呢？朱子曾謂：「太極只是箇極好至善底道理。人人有一太極，物物有一太極。周子所謂太極，是天地人物萬善至好底表德」。〔註 16〕可見理兼具了「至善」、「萬善」、「表德」等內容，所以，朱子的理其實就是「天理」（最高法則）。

朱子說：「先有箇天理了，卻有氣。氣積為質」。〔註 17〕本體界的天理發動了現象界的氣，所以在現象界初始，其實，只有氣而已。現在我們就來看看這箇氣，朱子云：

> 天地初間只是陰陽之氣。這一箇氣運行，磨來磨去，磨的急了，便
> 拶許多渣滓；裏面無處出，便結成箇地在中央。氣之清者便為天，
> 為日月，為星辰，只在外，常周環運轉。〔註 18〕

陰陽二氣究其實，原只是一氣的流行。而這一氣的屈伸，便是陰陽動靜。陰陽二氣的流行，是無時止息的，因為陰陽動靜，互為其根。朱子說：「陰靜之中，自有陽動之根；陽動之中，又有陰靜之根。動之所以必靜者，根乎陰故也；靜之所以必動者，根乎陽故也」。〔註 19〕其實，陰陽只是不斷的生生不已。這氣本身的生生流行，便是氣的第一大特色。而氣的第二大特色便是凝聚生物。朱子云：「凝只是此氣結聚，自然生物。若不如此結聚，亦何由造化得萬物出來」？〔註 20〕朱子之所以將陰陽等同於器，便是著重在氣的這一特性。

然而氣的流行是受到理的主宰的，朱子言：「太極理也，動靜氣也。氣行則理亦行，二者常相依而未嘗相離也。太極猶人，動靜猶馬；馬所以載人，人所以乘馬。馬之一出一入，人亦與之一出一入。蓋一動一靜，而太極之妙未嘗不在焉」。〔註 21〕這裏的太極之理，顯然是已落於現象界之中的理，而不是「未有天地之先」的理。如朱子說：「天下未有無理之氣，亦未有無氣之理」。〔註 22〕那末此二者又是如何「常相依而未嘗相離」呢？舉一箇簡單的例子作

〔註 16〕 《朱子語類》，卷第九十四，〈周子之書〉，頁 2371，中華書局。
〔註 17〕 《朱子語類》，卷第一，〈理氣上〉，頁 2，中華書局。
〔註 18〕 《朱子語類》，卷第一，〈理氣上〉，頁 6，中華書局。
〔註 19〕 《朱子語類》，卷第九十四，〈周子之書〉，頁 2376，中華書局。
〔註 20〕 《朱子語類》，卷第九十四，〈周子之書〉，頁 2379，中華書局。
〔註 21〕 《朱子語類》，卷第九十四，〈周子之書〉，頁 2376，中華書局。
〔註 22〕 《朱子語類》，卷第一，〈理氣上〉，頁 2，中華書局。

譬。天地之間的這種生生流行的現象，我們可以稱之為氣。但是有智慧的人可以觀察到，在這種現象的背後，有一種不變的原理或法則在規範著氣的流行。這箇理我們可以叫做四季。由春而夏、由秋而冬，這是氣的動。然而春仍是春，尚未過春、秋仍是秋，尚未過秋，這便是氣的靜。總而言之，無論氣是靜是動，永遠都是不斷的在生生不已、恆常的在周環運轉。而氣只不過是「依傍這理行」罷了。不過這裏朱子的人馬之喻似乎有一些問題存在。如他說：「馬之一出一入，人亦與之一出一入」。乍看之下，好像氣（馬）是主動的，而理（人）則是被動的。關於這一問題，我們可以看看一段對話：

> 謙之問：「天地之氣，當其昏明駁雜之時，則其理亦隨而昏明駁雜否？」（朱子）曰：「理卻只恁地，只是氣自如此。」又問：「若氣如此，理不如此，則是理與氣相離矣！」（朱子）曰：「氣雖是理之所生，然既生出，則理管他不得。如這理寓於氣了，日用間運用都由這箇氣，只是氣強理弱……便見得那氣籠而理微。」又曰：「聖人所以立教，正是要救這些子。」〔註23〕

首先我們要注意的是，氣有昏明駁雜，理則無。因為「這箇理在天地間時，只是善，無有不善者」。〔註24〕那末，氣是昏明駁雜，理是純粹至善，又如何相容為一物呢？純粹至善的理，又怎麼會產生出昏明駁雜的氣呢？要回答第一箇問題，我們先得解決第二箇問題。對於第二箇問題，我們可以分別從理與氣二方面去探究。我們先看看理一面。依照朱子的體系，理應該有三箇層次。在現象界以前的本體界，只有一箇理，那便是天理。而在現象界之中，便有許許多多的理。歸納起來，共有二類：即「事理」與「物理」。〔註25〕所謂事理，如「（朱子）曰：事事物物皆有箇極，是道理之極至。蔣元進曰：如君之仁，臣之敬，便是極」。〔註26〕所謂物理，如「且如草木禽獸，雖是至微至賤，亦皆有理」。〔註27〕事理是道德法則，物理是自然法則，而天理則總括了道德法則與自然法則，是合天地萬物之理，這便是所謂的「理一分殊」。純粹至善的天理產生了氣

〔註23〕《朱子語類》，卷第四，〈性理一〉，頁71，中華書局。

〔註24〕《朱子語類》，卷第五，〈性理二〉，頁83，中華書局。

〔註25〕這裏的歸納是從人道的眼光來分類的。也就是說，從人道的立場看纔有所謂的「事理」與「物理」之分。其實，由天道來看，「事理」與「物理」皆只是同樣的理。

〔註26〕《朱子語類》，卷第九十四，〈周子之書〉，頁2375，中華書局。

〔註27〕《朱子語類》，卷第十五，〈大學二〉，頁295，中華書局。

之後，在現象世界，便有了理氣的相依相存。現象界中人之事理所表現的道德性較多、得理之全的原因，便是由於氣（較清）不那麼昏明駁雜。而物之物理所得道理之偏的理由，當然是氣愈爲昏明駁雜了，所以朱子說：「氣強理弱」、「氣麤理微」。〔註28〕接下來看看氣一面。爲甚麼純粹至善的天理，會產生昏明駁雜的氣呢？因爲氣本是不斷生生不已的動力。然陰陽之動力（動靜互爲其根）自具有物質性之故，所以便能「氣積爲質」，〔註29〕物質化而爲五行。如朱子說：「陰陽是氣，五行是質。有這質，所以做得物事出來」。〔註30〕是以物質性的氣之所以會昏明駁雜，便是由於陰陽二氣的屈伸動靜而彼此相磨相盪了。如朱子所謂：「這一箇氣運行，磨來磨去，磨的急了，便拶許多渣滓」。〔註31〕然而將駁雜之渣滓（物質）的原因歸咎於氣（物質性）本身，仍然沒有解決問題。因爲這生生的動力或物質性的氣是由理所生的，這樣的話，理不是也有物質性了嗎？其實，我們之前曾說，陰陽之所以能動靜，是因爲太極有「動靜之理」。然而太極雖爲動靜之理，但天理本身則不會動靜。（我們可以說，有太極的動靜之理便能產生動靜不已的陰陽，而這便是「理生氣」或「理氣不離」；然而太極之理則無動無靜，陰陽二氣卻有動有靜，而這又是「理氣決是二物」或「理氣不雜」了。）因此，同樣地，天理本身有物質性之理，所以便能產生具物質性的氣。而所謂「天地之氣，當其昏明駁雜之時」，便是指的氣本末「昏明駁雜」（物質），然已隱含「昏明駁雜」之因（物質性）了。並且，因爲「氣強」（生生之動力）或「氣麤」（物質性）的緣故，是以，朱子便說：「聖人所以立教，正是要救這些子」。也就是說，朱子之所以強調天理的理由就是爲了解決「氣稟」的問題。因爲理一定「是善，無有不善」。如朱子有謂：「太極只是箇極好至善底道理」。這是說，天理是純粹至善的道理。又說：「仁是箇道理，須著這人，方體得他，做得他骨子」。〔註32〕值得注意的是，「太極」或「仁」只是箇道理。

〔註28〕如朱子曾明說：「犬、牛、人，謂其得於天者未嘗不同。惟人得是理之全，至於物，止得其偏。今欲去犬牛身上全討仁義，便不得」。（《朱子語類》，卷第五十九，〈孟子九〉，頁1376，中華書局。）又說：「氣稟既殊，則氣之偏者便只得理之偏，氣之塞者便是與理相隔」。（《朱子全書》，〈晦庵先生朱文公文集〉，卷第六十二，〈答杜仁仲一〉，上海古籍出版社。）

〔註29〕對於氣與質，朱子曾很明白地加以區分，如他說：「氣自是氣，質自是質，不可滾說」。（《朱子語類》，卷第九十四，〈周子之書〉，頁2378，中華書局。）

〔註30〕《朱子語類》，卷第一，〈理氣上〉，頁9，中華書局。

〔註31〕《朱子語類》，卷第一，〈理氣上〉，頁6，中華書局。

〔註32〕《朱子語類》，卷第六十八，〈易四〉，頁1706，中華書局。

可見得這箇道理仍未實現完成，仍需要我們去實踐、表現出來。就如同我們去窮理，其目的並非只是知識而已，而是爲了實踐。就朱子而言，「知」就是爲了「行」，「道問學」就是爲了「尊德性」。

我們可以將上面的表述，化爲以下的表格：

〔理生氣〕　【理】：動靜之理(天地之理) ─ 事理物理(萬物之理)
天理 ─ 一氣　　　　　　　　　　〔不離不雜〕
(本體界)-(現象界)　【氣】：陰陽二氣(生生不已) ─ 五行之質(氣積爲質)

朱子曾云：「人所稟之氣，雖皆是天地之正氣，但衮來衮去，便有昏明厚薄之異。蓋氣是有形之物。才是有形之物，便自有美有惡也」。〔註33〕所以第一箇問題，我們或許可以轉化爲：氣稟之惡如何可以與純粹至善的理相容而爲一？對於這一問題，朱子提出了「氣質之性」的理論。我們接著便進入下一節。

二、朱子的「性即理」

朱子認爲，有些人生下來是善的，有些人卻是惡的，這便是所受氣稟的不同，朱子說：

> 人之性皆善。然而有生下來善底，有生下來便惡底，此是氣稟不同。且如天地之運，萬端而無窮，其可見者，日月清明氣候和正之時，人生而稟此氣，則爲清明渾厚之氣，須作箇好人；若是日月昏暗，寒暑反常，皆是天地之戾氣，人若稟此氣，則爲不好底人，何疑！人之爲學，卻是要變化氣稟，然極難變化。如「孟子道性善」，不言氣稟，只言「人皆可以爲堯舜」。若勇猛直前，氣稟之偏自消，功夫自成，故不言氣稟。看來吾性既善，何故不能爲聖賢，卻是被這氣稟害。如氣稟偏於剛，則一向剛暴；偏於柔，則一向柔弱之類。人一向推拖道氣稟不好，不向前，又不得；一向不察氣稟之害，只昏昏地去，又不得。須知氣稟之害，要力去用功克治。〔註34〕

所謂「人之性皆善」，是指其本源或天地之性，如朱子說：「性則純是善底」。〔註35〕然而，當此天地之性墮落於氣稟後，便爲氣稟所限，得氣之清明渾厚

〔註33〕《朱子語類》，卷第四，〈性理一〉，頁68，中華書局。
〔註34〕《朱子語類》，卷第四，〈性理一〉，頁69，中華書局。
〔註35〕《朱子語類》，卷第四，〈性理二〉，頁83，中華書局。

者爲善，得氣之戾者則爲惡。可見得，氣是人之所以爲善或爲惡的超越根據。
〔註36〕那末，氣爲甚麼會形成人物的善惡呢？這是因爲氣便是陰陽不已之動
力，而陰陽動力本身便具有「昏明駁雜」的因素。〔註37〕而人之所以爲學的
目的，便在於變化氣質。我們之所以不能成聖成賢，便是爲氣質所困。然而
氣質對於我們來說，極難變化。朱子認爲，我們只需勇猛直前的下工夫，則
氣稟之偏自消，愈進於清明之境。

而性在現實上不能離開氣稟而存在，朱子說：

> 性離氣稟不得。有氣稟，性方存在裏面；無氣稟，性便無所寄搭了。
> 稟得氣清者，性便在清氣之中，這清氣不隔蔽那善；稟得氣濁者，
> 性在濁氣之中，爲濁氣所蔽。〔註38〕

我們都知道，當氣凝聚生物時，理便存在於氣之中，因爲氣能生物質。同理，
當氣成形之後，性亦存在於氣稟裏面。性在清氣之中，則善表現的較明顯；
性在濁氣之中，則善爲濁氣所蔽。然「雖方在氣中，然氣自氣，性自性，亦
不相夾雜」。〔註39〕

然而天命、氣質並不相離，如朱子云：

> 所謂天命之與氣質，亦相衮同。才有天命，便有氣質，不能相離。
> 若闕一，便生物不得。既有天命，須是有此氣，方能承當得此理。
> 若無此氣，則此理如何頓放。〔註40〕

所謂天命，是指的天命之性。天命之性原本只是理，理是純粹至善的。當此
理墮落在氣質時，便形成了氣質之性。然而在氣質之性中，天命自是天命，
氣質自是氣質，卻又不相夾雜。天命與氣質便是這種「不離不雜」的微妙關
係。而現象界的一切人物便是天命與氣質的相互結合。朱子便是用氣質之性

〔註36〕這裏所謂的超越，只是泛指天道而言。例如，《中庸》雖大談天道之超越一面，
然其所謂超越，皆就天地間之現象以言之。舉如「鳶飛庚天，魚躍於淵」、「天
地之道，可一言而盡也：其爲物不貳，則其生物不測……今夫水，一勺之多，
及其不測，黿鼉、蛟龍、魚鱉生焉，貨財殖焉」皆有之。

〔註37〕如朱子自己便說：「蓋氣是有形之物。才是有形之物，便自有美有惡也」。然
而這不過偏言了氣籠的一面。其實，氣自身的另一面便是生生之動力。有如
《中庸》喜就有形物以言其生機之流行。因爲，事實上，無論氣之強或氣
之籠皆是在指同樣的氣。而且所謂之「具有昏明駁雜的因素」，便是在指的氣
雜有昏明或善惡，亦即人欲的原因了。

〔註38〕《朱子語類》，卷第九十四，〈周子之書〉，頁2381，中華書局。

〔註39〕《文集》四十六，〈答劉叔京文第二〉。

〔註40〕《朱子語類》，卷第四，〈性理一〉，頁64，中華書局。

將氣稟之惡與純粹至善的理相容而爲一體。

然而天命之性與氣質之性並非兩種不同的性，而只是一性之偏全，朱子說：「氣質是陰陽五行所爲，性則太極之全體。但論氣質之性，則此全體在氣質之中耳，非別有一性也」。〔註41〕

對於氣質之性與本然之性，朱子有云：

> 程先生說性有本然之性，有氣質之性。人具此形體，便是氣質之性。
> 才說性，此「性」字是雜氣質與本來性說，便已不是性。這「性」
> 字卻是本然性。才說氣質底，便不是本然底也。〔註42〕

這是說，在未有形體以前，只是本然之性。當人具有形體，本然之性落入形體之中時，便成爲了氣質之性。而此氣質之性的性字，便是不離氣質與本然之性而言的。所以說，便已不是性。也就是已不是本然之性了。是故朱子說：「才說氣質底，便不是本然底也」。

有弟子問朱子「人生而靜以上不容說」一段，朱子回答說：

> 「人生而靜以上」，即是人物未生時。人物未生時，只可謂之理，說
> 性未得，此所謂「在天曰命」也。「纔說性時，便已不是性」者，言
> 纔謂之性，便是人生以後，此理已墮在形氣之中，不全是性之本體
> 矣，故曰「便已不是性也」，此所謂「在人曰性」也。大抵人有此形
> 氣，則是此理始具於形氣之中，而謂之性。纔是說性，便已涉乎有
> 生而兼乎氣質，不得爲性之本體也。然性之本體，亦未嘗雜。要人
> 就此上面見得其本體元未嘗離，亦未嘗雜耳。〔註43〕

人物未生之時，在天地之間，仍未有性，而只有此理。所以謂之「天命」。而所謂天命之性，只不過是指其本源或修養工夫所欲復歸的境界，在現實上，我們具有的皆是氣質之性。而氣質之性便已非「性之本體」了。所以謂之「人性」。然而，氣質之性又是如何形成的呢？這便是天地間的理，進入人物的形氣之中，纔形成了所謂性。所以，在現實上的性，都是由理與氣兼合而成的。朱子說：「論天地之性，則專指理言；論氣質之性，則以理與氣雜而言之」。〔註44〕也就是說，有物才有性，無物則無性矣！是以朱子說：「天

〔註41〕《朱子語類》，卷第九十四，〈周子之書〉，頁2379，中華書局。
〔註42〕《朱子語類》，卷第九十五，〈程子之書一〉，頁2431，中華書局。
〔註43〕《朱子語類》，卷第九十五，〈程子之書一〉，頁2430，中華書局。
〔註44〕《朱子語類》，卷第四，〈性理一〉，頁67，中華書局。

下無無性之物。蓋有此物，則有此性；無此物，則無此性」。〔註45〕

因此，性是理的內在化。〔註46〕是以，朱子便主張「性即理」（性之本體即是天理）。而理原本便是善的，如朱子說：「這箇理在天地間時，只是善，無有不善者。生物得來，方始名曰『性』。只是這理，在天則曰『命』，在人則曰『性』。」〔註47〕劉述先先生說：「性理並不是存在的實物，故不是卓然一物可見者。它不只是存在物的本質，而且即是應然的標準。由於它不雜氣質，所以是純善」。〔註48〕

朱子曾云：「性是實理，仁義禮智皆具」。〔註49〕我們便來看看性是箇什麼樣的物事。朱子說：

> 論性，要須先識得性是箇甚麼樣物事。程子「性即理也」，此說最好。今且以理言之，畢竟卻無形影，只是這一箇道理。在人，仁義禮智，性也。然四者有何形狀，亦只是有如此道理。有如此道理，便做得許多事出來，所以能惻隱、羞惡、辭遜、是非也。譬如論藥性，性寒、性熱之類，藥上亦無討這形狀處。只是服了後，卻做得冷做得熱底，便是性，便只是仁義禮智。孟子說：「仁義禮智根於心。」如曰「惻隱之心」，便是心上說情。又曰：邵堯夫說：「性者，道之形體；心者，道之郛郭。」此說甚好。蓋道無形體，只性便是道之形體。然若無箇心，卻將性放在甚處！須是有箇心，便收拾得這性，發用出來。蓋性中所有道理，只是仁義禮智，便是實理。吾儒以性爲實，釋氏以性爲空。若是指性來做心說，則不可。今人往往以心來說性，須是先識得，方可說。〔註50〕

在理尚未墮入人物之前，只是一箇道理。說這理有，但卻無形跡；說這理無，卻又是實理。這箇純粹至善的理進入了人身上，便具有仁義禮智四德之性。而理無形狀，性亦是無形無狀的。因爲性具眾理，所以能做許多事。如仁義禮智之性，可以發爲惻隱、羞惡、辭遜、是非四情。而這四情根據孟子的說法，是根之於心的。朱子認爲，孟子便是以心說情。而所謂「道無形體，只

〔註45〕《朱子語類》，卷第四，〈性理一〉，頁56，中華書局。
〔註46〕參見劉述先，《朱子哲學思想的發展與完成》，頁204，學生書局。
〔註47〕《朱子語類》，卷第四，〈性理二〉，頁83，中華書局。
〔註48〕參見劉述先，《朱子哲學思想的發展與完成》，頁204，學生書局。
〔註49〕《朱子語類》，卷第四，〈性理二〉，頁83，中華書局。
〔註50〕《朱子語類》，卷第四，〈性理一〉，頁63，中華書局。

性便是道之形體」，並不是說性眞的具有形體，而是說性是實體、實理，性並非是空無一物的。朱子舉了儒家與佛家的性作譬。佛家的自性是空，是因緣湊合而生、而滅的。如我眼前的一棵樹，其原本不過是一株小樹，而這株小樹又是由小樹芽所生成。由小樹芽而小樹而大樹，其間是由許多因緣、條件的具足才可生成的。而因緣聚、因緣滅，其自性仍是空的。而朱子的性則爲實理，是一種永恆不變的實體或理則，如朱子曾說：「且如萬一山河大地都陷了，畢竟理卻只在這裏」。〔註51〕例如同樣的一棵樹，朱子所看到的並不是變化無常的一面，而是永恆不變的實理。以樹木來說，這箇實理便是「生」。儘管樹木不斷的在生長，無間的在生生，但這箇「生」字卻是永久不變的。如朱子有言：「階磚便有磚之理。因坐，云：『竹椅便有竹椅之理。枯槁之物，謂之無生意，則可，謂之無生理，則不可。』」〔註52〕能夠使得階磚、竹椅、山河大地繼續存在的，便是「生理」。

另外，朱子反對「以心來說性」的說法。因爲朱子的方法論是以窮理來識性，「但性理既無形又不可見，那麼我們怎樣可以湊泊得上呢？原來理不離事，故我們可以即事而窮理。只須勤懇地做窮理格物的工夫，則性自在其中，不須求……朱子似乎始終持性爲未發之說，認定它根本無法直接去把捉，只能通過窮理格物的間接的方法來體察。故一生對於直下談心論性的說法形成忌諱，每斥之爲禪」。〔註53〕所謂「談心論性」，所謂「斥之爲禪」，便是在指摘陸王之心學。程朱理學「從理以契道」，而陸王心學則「由心而悟道」。二者之所以會有如此的差異，便在於他們對心的看法不同。程朱的心是經驗心、是主客對立的分別心，所以反對先天工夫。如朱子的強調「格物」，便是以「能知的心」去窮「所知的理」，要去分析物之表裏精粗。今日格一物，明日復格一物，「至於用力之久，而一旦豁然貫通焉，則眾物之表裏精粗無不到，而吾心之全體大用無不明矣」。〔註54〕可見得朱子喜歡「用智」的傾向。而陸王的心則是本心，是心之本體，故強調先天工夫。如象山的「先立乎其大」，陽明的「本體工夫」。可以知陽明之「體心」的工夫。由此可見，朱子一開始便以「經驗心」去窮理，要契理，而在「格物」時始終用於外修、漸修的工夫。

〔註51〕 《朱子語類》，卷第四，〈理氣上〉，頁4，中華書局。
〔註52〕 《朱子語類》，卷第四，〈性理一〉，頁61，中華書局。
〔註53〕 參見劉述先，《朱子哲學思想的發展與完成》，頁204，學生書局。
〔註54〕 《四書章句集註》，〈大學章句〉，頁7，鵝湖出版社。

陽明則不然,其早年便體於「格心」,便要「正念頭」,雖然尚未提出「致良知」工夫,但其一開始便在意念上下工夫,便可以說是一種頓教。

由早年陽明與朱子對「心」與「理」的不同進路,便可以看出二人的不同興趣。蓋朱子較爲注重「理」「性」本體,而陽明則是強調「心」「性」工夫。朱子從「知」以入手,陽明由「德」以入道。〔註 55〕接著我們便看看朱子與陽明二者之格物工夫。

第二節 朱子與陽明的「格物」

在簡要地敘述了朱子的理之學說之後,我們可以將其歸納爲三箇特色,即:第一,以天理爲本的理氣論。第二,以性理爲重的心性論。而第三箇特色,便是以窮理爲主的工夫論。〔註 56〕由此我們可以知道,朱子「整個思想的精要,只是一個理字。他所構搭的,只是一個理的世界」。〔註 57〕理所當然的,這箇世界並不是現象界,而是本體界。猶如朱子所言的:「某自五六歲,便煩惱道:『天地四邊之外,是什麼物事?』見人說四方無邊,某思量也須有箇盡處。如這壁相似,壁後也須有什麼物事。其時思量的幾乎成病。到而今也未知那壁後是何物」。〔註 58〕由此可見得,朱子幼童時便有好奇心,便對天道有所嚮往。然此時所嚮往的天道都局限於現象界。而朱子終於憑著他那超人的智思,建構起了本體與現象,理氣不離不雜的龐大體系。從朱子對本體的嚮往,可以知道,朱子對於形上學的興趣和想要返本的目的。然而朱子在「格物」工夫之階段始終偏於「用智」,也就是運用「經驗心」去求知、去窮理,反而無法「從作用即契入本體」。〔註 59〕而以「心」與「性」的關係來說,朱子「格物」工夫的目的,便

〔註 55〕 所謂朱子的「知」,是指的「道問學」,也就是說,朱子的工夫論是「知先行後」。所謂陽明的「德」,是指的「尊德性」,而陽明的工夫論便是「知行合一」。在此千萬不能將「尊德性」只等同於行。因爲陽明的知並非「聞見之知」,而是「德性之知」。

〔註 56〕 這種特色的歸納,筆者是本之於吳怡先生的《中國哲學發展史》。請參見第二十章,〈程朱的思想及其對理學的貢獻〉。

〔註 57〕 參見吳怡,《中國哲學發展史》,第二十章,〈程朱的思想及其對理學的貢獻〉,頁 457,三民書局。

〔註 58〕 《朱子語類》,卷第九十四,〈周子之書〉,頁 2377,中華書局。

〔註 59〕 朱子對於窮理之目的,根據他自己的說法,不過是「欲知事物之所以然與其所當然者而已」。正是因爲朱子的體系主張「先知後行」。所以,格物、致知皆是偏於「知」;而誠意、正心之後纔是屬於「行」。也就是說,朱子工夫是

是爲了「窮理識性」，「從作用以契入本體」。〔註60〕

對於這一點，陽明是深感認同的。因爲這箇問題，困擾了他二十年之久。

因爲陽明早年的問題一直集中在朱子的格物說上，所以接下來，我們便以朱子的「理」與陽明的「心」爲線索，來看看他們二者不同的格物之工夫。

一、朱子的格物

之前我們在談論到朱子與陽明的不同進路時，曾淺略地說「朱子較爲注重『理』『性』本體，而陽明則是強調『心』『性』工夫」。〔註61〕然而如此評論朱子，仍未完全公正而客觀。因爲朱子學問的目的，亦是爲了成聖成賢的。如陽明曾說：「吾說與晦庵時有不同者，爲入門下手處有毫釐千里之分，不得不辯；然吾之心與晦庵之心未嘗異也」。〔註62〕陽明的意思是說，他與朱子的不同處並非在於成聖成賢。而是在於工夫論方面有著毫釐千里之分。事實上，陽明與朱子的工夫論之所以不同者，便是在於他們對心性的看法不一。所以這裏的「吾之心與晦庵之心未嘗異也」的心，並不是指的陽明的「心之本體」與朱子的「經驗心」是同一箇心，而是指他們二者對於成聖賢的心志完全一致。

我們現在先來看看朱子的格物窮理。

根據《大學》本文，其明明是說格物，爲什麼朱子卻解作「窮至事物之理」的「窮理」呢？對此，朱子曾有所說明，其曰：「大學所以說格物，卻不說窮理，蓋說窮理則似懸空無捉摸處。只說格物，則只就那形而下之器上，

先「用智」而後「體德」。並不能「從作用即契入本體」。

〔註60〕這是因爲朱子始終認爲心學之良知只知「所當然」之作用，卻不識其「所以然」的本體。如他說：「人之良知，本所固有。然不能窮理者，只是足於已知已達，而不能窮其未知未達，故見得一截，不曾又見得一截，此其所以於理未精也」。（《朱子語類》，卷第十八，〈大學五〉，頁392，中華書局。）可以見得，朱子所以要窮理，便是爲了「從作用以契入本體」。

〔註61〕筆者的意思是說，朱子學問的進路必須從理之本體開始。如朱子心性論之特色便是偏於「性即理」，而其格物工夫亦是爲了「即物窮理」。然而陽明的學問進路則直截由心性本體入手，如其「格心」工夫、「致良知」工夫皆是。

〔註62〕《王陽明全集》，卷一，〈語錄一〉，〈傳習錄上〉，頁27，上海古籍出版社。

便尋那形而上之道,便見得這箇元不相離,所以只說格物」。〔註63〕這是說,理是無形無跡,是形而上的,故難以捉摸。然而在現象界之中,理又復存於器(氣)之內,所以我們便可以「即物而窮其理」,從形下之物中把握到形上之理。然而物理是存在於我們的心外的,因此我們必須「至之」、「即之」。朱子有云:

> 如讀書以講明道義,則是理存於書;如論古今人物以別其是非邪正,則是理存於古今人物;如應接事物而審處其當否,則是理存於應接事物。所存既非一物能專,則所格亦非一端而盡。如曰:「一物格而萬理通,雖顏子亦未至此。但當今日格一件,明日又格一件,積習既多,然後脫然有箇貫通處。」〔註64〕

讀書是朱子窮理的一物,因為讀書可以「明道義」。由此可以知道,朱子的「知識」很大一部分是指的「道德知識」。然而理有那麼多,我們必須窮至何種程度纔能「脫然有箇貫通處」呢?朱子有言:

> 曰:「格物最是難事,如何盡格得?」(朱子)曰:「程子謂:『今日格一件,明日又格一件,積習既多,然後脫然有貫通處。』某嘗謂,他此語便是真實做工夫來。他也不說格一件後便會通,也不說盡格得天下物理後方始通。只云:『積習既多,然後脫然有箇貫通處。』〔註65〕

可見得,朱子不贊同有人可以「一物格而萬理通」,亦不認為我們必須「盡格得天下物理後方始通」。只是要我們「工夫日日增加。今日既格得一物,明日又格得一物,工夫更不住地做」。〔註66〕到了有一天,積習既多,工夫成熟,便自然「有箇貫通處」。

可見得朱子是強調漸修工夫的,如他說:

> 天下豈有一理通便解萬理皆通!也須積累將去。如顏子高明,不過聞一知十,亦是大段聰明了。學問卻有漸,無急迫之理。有人嘗說,學問只用窮究一箇大處,則其他皆通。如某正不敢如此說,須是逐旋做將去。不成只用窮究一箇,其他更不用管,便都理會得。豈有此理!為此說者,將謂是天理,不知卻是人欲。〔註67〕

〔註63〕《朱子語類》,卷第六十二,〈中庸一〉,頁1498,中華書局。
〔註64〕《朱子語類》,卷第十八,〈大學五〉,頁391,中華書局。
〔註65〕《朱子語類》,卷第十八,〈大學五〉,頁392,中華書局。
〔註66〕《朱子語類》,卷第十八,〈大學五〉,頁392,中華書局。
〔註67〕《朱子語類》,卷第十八,〈大學五〉,頁391,中華書局。

這裏可以看得出朱子學問的傾向，一切都要按部就班，都要循序漸進，而絕無頓入之理。如他讀書，便須講求「居敬持志，爲讀書之本；循序致精，爲讀書之法」。既然朱子反對「一理通便解萬理通」，由此我們便可以推知，眞正的工夫是要由窮究萬理入手，而達至一理的。要瞭解朱子的思路，我們可以先看看所謂的「理一分殊」。

從天道一面來看，在未有天地之先的境界，只是一箇理，這箇理便是「天理」。然而天理本身雖然「無情意，無計度，無造作」，〔註68〕卻能發動氣。而由本體界的理產生現象界的氣，即所謂的「理生氣」。所以，從理論上來說，在天地之初，只是陰陽之氣而已。然而實際上，有氣則理便附搭在氣之上。到了氣凝聚成質，理則復存於氣之中。因爲氣是現象界的，是有形質的，所以便能生人物。因此，便有了所謂的事理、物理。所以，在本體界是天理，到了現象界則產生了事理、物理的眾理。這便是所謂的「理一分殊」。對此，朱子曾有「月印萬川」的譬喻。

而這是由上而下的發展，是由本體而現象，由形上而形下的具體落實。因爲事實上，我們皆已在現象界，已在形而下，所以朱子認爲，我們必須從現象返回本體，由形下復歸形上。而這纔是朱子建立「理」「性」的本體論的眞正苦心。爲了朱子的這箇目的，我們便必須看看人道的一面。而這人道的一面，便是以「格物窮理」爲主的工夫論。其次序便是以格物理、格事理，而窮至天理。所以朱子曾云：「萬物皆有此理，理皆同出一原。但所居之位不同，則其理之用不一。如爲君須仁，爲臣須敬，爲子須孝，爲父須慈。物物各具此理，而物物各異其用，然莫非一理之流行也」。〔註69〕朱子認爲，這樣的漸修方式纔能符合孔子所說的「下學而上達」。因此，「在朱子這樣的思想間架之中，作先天功夫如象山的爲學先立其大是絕無可能的」。〔註70〕

所以朱子極爲反對「學問只窮究一箇大處，則其他皆通」的說法。事實上，這箇大處，便是在講的「本心即天理」的「心學」。然而爲甚麼朱子批評「心學」的心爲「將謂是天理，不知卻是人欲」呢？這還是在於他們對心的看法不一致。如朱子曾說：「心如水，性猶水之靜，情則水之流，欲則水之波瀾，但波瀾有好底，有不好底……不好底則一向奔馳出去，若波瀾翻浪；大

〔註68〕《朱子語類》，卷第一，〈理氣上〉，頁3，中華書局。
〔註69〕《朱子語類》，卷第十八，〈大學五〉，頁398，中華書局。
〔註70〕參見劉述先，《朱子哲學思想的發展與完成》，頁204，學生書局。

段不好底欲則滅卻天理，如水之壅決，無所不害」。〔註71〕因為心統性情，包涵未發已發，而已發之情緒又往往易流為人欲，可見得，心是有善也有惡的。所以朱子對於心的看法是「經驗的」。而陽明的良知則是「先天的」，如他說：「『先天而天弗違』。天即良知也。」〔註72〕所以，心學的「心體」是純粹至善的。在這裏，朱子並沒有打中「心學」的要害。那末，只窮究一箇良知，又如何理會得萬事萬物呢？陽明曾說：「良知只是箇是非之心。是非只是箇好惡。只好惡，就盡了是非。只是非，就盡了萬事萬變」。〔註73〕所以對於「心學」來說，為此說者，並非是人欲，而恰恰正是「天理」。

而格物窮理可以培養我們的「智慧」，如朱子說：

> 窮理者，因其所已知而及其所未知，因其所已達而及其所未達。人之良知，本所固有。然不能窮理者，只是足於已知已達，而不能窮其未知未達，故見得一截，不曾又見得一截，此其所以於理未精也。
> 〔註74〕

從已知而推其所未知，由已達而類其所未達，便是窮理的目標。理通達的愈多，我們的智慧便愈明覺廣博，如朱子所謂的：「『能致其知，則思自然明，至於久而後有覺』，是積累之多，自有箇覺悟時節。『勉強學問』，所以致其知也。『聞見博而智益明』，則其效著矣」。〔註75〕

那末，我們又要如何窮理呢？

朱子的理，至少包涵二層意義，如他說：「天下之物則必各有所以然之故，與其所當然之則，所謂理也」。〔註76〕對於「當然之則」與「所以然之故」，朱子曾舉例說明，其曰：

> 如事親當孝，事兄當弟之類，便是當然之則。然事親如何卻須要孝，從兄如何卻須要弟，此即所以然之故。如程子云：「天所以高，地所以厚。」若只言天之高，地之厚，則不是論其所以然矣。〔註77〕

又曰：

〔註71〕《朱子語類》，卷第五，〈性理二〉，頁93，中華書局。

〔註72〕《王陽明全集》，卷三，〈語錄三〉，〈傳習錄下〉，頁111，上海古籍出版社。

〔註73〕《王陽明全集》，卷三，〈語錄三〉，〈傳習錄下〉，頁111，上海古籍出版社。

〔註74〕《朱子語類》，卷第十八，〈大學五〉，頁392，中華書局。

〔註75〕《朱子語類》，卷第十八，〈大學五〉，頁390，中華書局。

〔註76〕《大學或問》，卷一。

〔註77〕《朱子語類》，卷第十八，〈大學五〉，頁414，中華書局。

《或問》:「莫不有以見其所當然而不容已,與其所以然而不可易者。」先生(朱子)問:「每常如何看?」廣曰:「『所以然而不可易』者,是指理而言;『所當然而不容已』者,是指人心而言。」(朱子)曰:「下句只是指事而言。凡事固有『所當然而不容已』者,然又當求其所以然者何故。其所以然者,理也。理如此,故不可易。又如人見赤子入井,皆有怵惕、惻隱之心,此其事『所當然而不容已』者也。然其所以如此者何故,必有箇道理之不可易者。今之學者但止見一邊。如去見人,只見得他冠冕衣裳,卻元不曾識得那人。且如爲忠,爲孝,爲仁,爲義,但只據眼前理會得箇皮膚便休,都不曾理會得那徹心徹髓處。〔註78〕

吳怡先生說:「朱子所謂格物雖然兼有格物理,和格事理兩義。但事實上朱子所談的都是屬於事理方面」。〔註79〕如孝弟便是屬於事理。朱子認爲,「所以然而不可易者,是指理而言;而所當然而不容已者,是指事而言」。而「所當然」與「所以然」合起來,便是所謂的事理。那末,「所當然」與「所以然」又有甚麼差異呢?其實,「所當然」仍有指的「道德教條」,是外在的,只能保證我們的行爲沒有謬誤、不會犯錯;而「所以然」則不然,「所以然」是指的「道德法則」,是內在於心的,我們愈知道孝弟的「所以然」,我們的心志便愈不惑、愈堅定。如朱子所言:「窮理者,欲知事物之所以然與其所當然者而已。知其所以然故志不惑,知其所當然故行不謬」。〔註80〕

　　而朱子的道德學說並非僅僅是滿足於「知其所當然」而已。所謂窮理,便要窮得「至乎其極」,便要「知其所以然」,便要「理會得那徹心徹髓處」。因爲根據朱子的體系,格物的目的便是爲了「致知」。而「致知」便是致「眞知」,〔註81〕既能致得「眞知」,這便是自知自覺。

　　事實上,朱子的格物窮理,是迂迴的,是先外推而又向內返的。一方面,朱子的窮理是格物理,格事理,而窮天理,步步向外、向上。如朱子所謂:「知

〔註78〕《朱子語類》,卷第十八,〈大學五〉,頁414,中華書局。
〔註79〕參見吳怡,《中國哲學發展史》,第二十章,〈程朱的思想及其對理學的貢獻〉,頁467,三民書局。
〔註80〕《文集》六十四,〈答或人七〉。
〔註81〕我們都知道,朱子的工夫體系是「知先行後」。而所謂的知,可有廣狹二義:廣義的知是指的「道德知識」;狹義的知則屬於一種德性自覺上的「眞知」。顯然地,所謂「知先行後」的知是指的「眞知」。也就是說,朱子認爲,「眞知必能行」。

事物之當然者，只是某事知得是如此，某事知得是如此，到知其所以然，則又上面見得一截」。〔註82〕又謂：「此事此物當然之理，必有所從來。知天命，是知其所從來也」。〔註83〕另一方面，窮得「天理」之後，這箇理，卻又是在我的「性」之內的。如朱子說：「這箇理在天地間時，只是善，無有不善者。生物得來，方始名曰『性』。只是這理，在天則曰『命』，在人則曰『性』。」〔註84〕如朱子又說：「性不是卓然一物可見者。只是窮理、格物，性自在其中，不須求，故聖人罕言性」。〔註85〕

在對朱子的格物有了基本的瞭解之後，我們再看看陽明的格物。

二、陽明的格物

對於陽明的格物，我們可以從陽明對朱子學問的最初接觸——格物窮理的工夫論——開始談起。

據《年譜》記載，陽明十一歲時便有見於聖賢之道，認為學聖賢方是天下第一等事，如陽明嘗問塾師曰：「何為第一等事？塾師曰：『惟讀書登第耳。』先生疑曰：『登第恐未為第一等事，或讀書學聖賢耳。』」〔註86〕從這一段記載，便可看出朱子與陽明年幼時的不同氣象。蓋朱子幼童時所煩惱的是天地自然之道，而陽明所關心的則為聖人賢人之道。然而陽明此時只是不自覺地走向了聖賢之道，尚未立定志向去追求之。真正令陽明對聖賢有所忻慕的人，則是婁諒（一齋）。《年譜》陽明十八歲記云：「是年先生始慕聖學。先生以諸夫人歸，舟至廣信，謁婁一齋諒，語宋儒格物之學，謂『聖人必可學而至』，遂深契之」。〔註87〕這裏所謂深契，有二種可能。一是深契於聖人之學，一是深契於朱子格物之學。這裏可能是兼具二者。而所謂深契，便是深信的意思。因此同一年，陽明便有格竹之舉。《年譜》同年記載：「是年為宋儒格物之學。先生始侍龍山公于京師，遍求考亭遺書讀之。一日思先儒謂：『眾物必有表裏精粗，一草一木，皆涵至理』，官署中多竹，即取竹格之；沉思其理不得，遂

〔註82〕《朱子語類》，卷第二十三，〈論語五〉，頁555，中華書局。
〔註83〕《朱子語類》，卷第二十三，〈論語五〉，頁557，中華書局。
〔註84〕《朱子語類》，卷第五，〈性理二〉，頁83，中華書局。
〔註85〕《朱子語類》，卷第五，〈性理二〉，頁83，中華書局。
〔註86〕《王陽明全集》，卷三十三，〈年譜一〉，頁1221，上海古籍出版社。
〔註87〕《王陽明全集》，卷三十三，〈年譜一〉，頁1223，上海古籍出版社。

遇疾。先生自委聖賢有分，乃隨世就辭章之學」。〔註88〕所謂「一草一木，皆涵至理」，是指的一草一木皆涵有其法則。然而陽明此時對朱子的格物窮理尚未格入，所以纔有「沉思其理不得」的結果。值得注意的是，陽明將朱子的格物窮理當做爲成聖成賢的入門工夫。《年譜》陽明二十七歲記載：「一日讀晦翁上宋光宗疏，有曰：『居敬持志，爲讀書之本；循序致精，爲讀書之法。』乃悔前日探討雖博，而未嘗循序以致精，宜無所得；又循其序，思得漸漬洽浹，然物理吾心終若判而爲二也」。〔註89〕在這一階段，陽明以「循序致精」的方法，對朱子的物理已漸有洽浹之感。然物理是物理，吾心是吾心，物理與吾心終難打合而爲一。直至此爲止，陽明皆是順著朱子的體系來下工夫，所以此處的心應是指的經驗心。而直至龍場悟道，此一問題纔獲得了解決。陽明《年譜》三十七歲記云：「忽中夜大悟格物致知之旨，寤寐中若有人語之者，不覺呼躍，從者皆驚。始知聖人之道，吾性自足，向之求理於事物者，誤也」。〔註90〕在這裏，有兩點必須注意。第一，「吾性自足」的性是指的「心之本體」，而非朱子的經驗心。第二，「理」不是朱子的物理、事理，而是「天理」。由此，陽明便正式擺脫了朱子「性即理」（性之本體即是天理）的系統，而確立了「心即理」（心之本體即是天理）的心性論體系。

由以上所述，至少有二點值得我們注意：一是「心」，一是「理」。陽明在三十七歲龍場悟道以前，對心的看法始終受到朱子的影響，而只是「經驗心」。因爲朱子的工夫論便是以「能知的心」去窮「所知的理」，心是形而下的，而理則是形而上的。朱子哲學的目的便是從現象返回本體，由形下復歸形上。然而窮理只能幫助我們「聞見博而智益明」，卻無法使我們成聖成賢。故朱子的「格物」工夫始終停留在「用」的層面，而無法歸「體」。〔註91〕究

〔註88〕《王陽明全集》，卷三十三，〈年譜一〉，頁1223，上海古籍出版社。

〔註89〕《王陽明全集》，卷三十三，〈年譜一〉，頁1224，上海古籍出版社。

〔註90〕《王陽明全集》，卷三十三，〈年譜一〉，頁1228，上海古籍出版社。

〔註91〕這裏所謂的「體」，並非指的「天理本體」，而是指的「心之本體」。朱子曾說：「此心之靈，其覺於理者，道心也；其覺於欲者，人心也」。（《朱文公文集》，〈答鄭子上八〉，卷五十六。）而朱子的格物工夫乃是用「經驗心」去窮理，其目的仍在於「道德知識」的窮格，仍未完全轉移人欲的追求，所以仍是「人心」。真正將「人心」轉爲「道心」的關鍵乃是在於「物格而後知至」這一段。所以，朱子的「格物」工夫對心的運用乃是「用智」，而不是「體德」。陽明則不然。陽明的心乃是良知，而良知是爲「即本體即作用（流行）」的。不似朱子的心，是先「用」而後「體」，而特重從「用」去識「體」了。

其由，便是因爲朱子將心認定爲「經驗心」的緣故。是以陽明纔會有「物理是物理，吾心是吾心，物理與吾心終難打合而爲一」的困惑了。因此，陽明在龍場悟道時便悟得此心並非經驗心，而是「心之本體」了。接下來是理的問題。陽明在十八歲時曾「取竹格之，沉思其理不得」而遇疾。爲甚麼陽明會「沉思其理不得」呢？因爲陽明一開始欲窮的便不是物理，而是天理。所以，在龍場之悟時陽明便說：「聖人之道，吾性自足，向之求理於事物者，誤也」。又如在《傳習錄》裏，陽明曾經有言：「眾人只說格物要依晦翁。何曾把他的說去用？我著實曾用來……某因自去窮格。早夜不得其理。到七日，亦以勞思致疾。遂相與嘆聖賢是做不得的……乃知天下之物，本無可格者。其格物之功，只在身心上做。決然以聖人爲人人可到」。〔註92〕由此可見，陽明從少年時代以來所關心的始終是聖人之道，而非自然物理。所以，我們可以說，陽明對於朱子的格物窮理之工夫進路總未以之爲然。亦不能認同朱子的格物須從格物理、格事理，而窮至天理的了。然而，陽明卻因爲深悟得朱子的格物工夫進路之不得其要，更進一步地修正了朱子學。而終於依照著自己對於「心」與「理」的龍場悟解，走出了自己的一條路子。〔註93〕而這條路子，便是從象山以來所開出的「心即理」的路線。

如果說朱子的格物重點在窮「理」的話，那末，陽明的以格「心」釋格物便是其所強調的。〔註94〕接下來，我們便來看看陽明的「格心」說。

陽明曾對格物的「物」字有所定義，如他說：

> 身之主宰便是心，心之所發便是意，意之本體便是知，意之所在便是物。如意在於事親，即事親便是一物。意在於事君，即事君便是一物。意在於仁民、愛物，即仁民、愛物便是一物。意在於視聽言動，即視聽言動便是一物。所以某說無心外之理，無心外之物。〔註95〕

所謂「意之所在」，是指的我們的意念與外在事物所涉著之處。這箇涉著處，

〔註92〕《王陽明全集》，卷三，〈語錄三〉，〈傳習錄下〉，頁120，上海古籍出版社。

〔註93〕陳來先生言：「從根本上說，陽明是通過對心與理的問題的解決打通解決格物問題的道路，換言之，格物的解決必須依照對心理問題解決的方向來進行，後者是本體，前者是工夫」。（參見陳來，《有無之境──王陽明哲學的精神》，頁133，人民出版社。）

〔註94〕陳來先生認爲陽明之「以格心釋格物」始自正德七年壬申（陽明四十一歲）春甘泉出使安南之後。（參見陳來，《有無之境──王陽明哲學的精神》，頁135，人民出版社。）

〔註95〕《王陽明全集》，卷一，〈語錄一〉，〈傳習錄上〉，頁6，上海古籍出版社。

陽明謂之「物」。陽明曾說：「意之涉著處謂之物」。〔註96〕如意涉於事親，此涉著處便可謂之物。意涉於事君，此涉著處便可謂之物。意涉於仁民、愛物，此涉著處便可謂之物。意涉於視聽言動，此涉著處便可謂之物。所以此物，便是指「事」的意思。因為我們的心與外物相交涉時，此心必有其事，必有某種內容，所以陽明便說：「無心外之物」。

　　因此，陽明的格物，事實上，便是格心。陽明云：

　　　　格者，正也。正其不正，以歸於正也。〔註97〕

　　又曰：

　　　　格物如孟子「大人格君心」之格，是去其心之不正，以全其本體之
　　　　正。但意念所在，即要去其不正，以全其正。即無時無處不是存天
　　　　理。即是窮理。天理即是明德，窮理即是明明德。〔註98〕

所謂「格」是正的意思，那末，「正其不正」的「其」是指的甚麼呢？根據陽明的解釋，「其」是指的「去其心之不正」，所以是指的心。值得注意的是，陽明所說的：「去其心之不正，以全其本體之正」。在這裏，陽明似乎認為我們有二種心。一種是「心之不正」的經驗心，一種是「本體之正」的本心。之所以會如此的原因，根據我們的看法，有以下三點：第一是認為陽明此時可能仍然受到朱子對心的看法的影響，所以似未完全擺脫「經驗心」的見解；第二是，事實上，不論是陽明或者是「心學」，他們從來沒有否認心有經驗性或是心有惡的層面。在他們看來，心之「正」與「不正」並不是割裂的二元，而只是一體的兩面。「迷時即現象，悟時即本體」，朱子對於心（人心）的看法始終是經驗的或現象的，所以是「有善有惡」的，而陽明對於心的見解則悟到了本體，所以是「至善」或「無善無惡」的。是以，陽明或「心學」的高明處就在於對「心之本體」的見解與其所確立的本體工夫。第三是既然陽明對於心的見解是持的「心之本體」，那末，他便必須對經驗心作出解釋。對此，陽明提出了「意」的概念。因此「去其心之不正，以全其本體之正」便是指的「但意念所在，即要去其不正，以全其正」了。

　　可以看得出，陽明「格心」的工夫，事實上，便是「誠意」的工夫。是以陽明說：

〔註96〕《王陽明全集》，卷三，〈語錄三〉，〈傳習錄下〉，頁91，上海古籍出版社。
〔註97〕《王陽明全集》，卷一，〈語錄一〉，〈傳習錄上〉，頁25，上海古籍出版社。
〔註98〕《王陽明全集》，卷一，〈語錄一〉，〈傳習錄上〉，頁6，上海古籍出版社。

> 某說無心外之理，無心外之物。《中庸》言「不誠無物」，大學明明
> 德之功，只是箇誠意。誠意之功，只是箇格物。〔註99〕

陽明曾說「天理即是明德，窮理即是明明德」，所以陽明的入手工夫——「格物窮理」——一開始便是爲了「誠意」。這與朱子的「格物」是爲了「致知」有所不同。

陽明又說：

> 《大學》工夫即是明明德。明明德只是箇誠意。誠意的工夫只是格
> 物致知。若以誠意爲主，去用格物致知的工夫，即工夫始有下落。
> 即爲善去惡，無非是誠意的事。如新本先去窮格事物之理，即茫茫
> 蕩蕩，都無著落處。須用添箇敬字，方才牽扯得向身心上來。然終
> 是沒根源……正謂以誠意爲主，即不須添敬字。所以舉出箇誠意來
> 說，正是學問的大頭腦處。〔註100〕

陽明認爲，《大學》的工夫是「明明德」，「明明德」的目的是「誠意」。而「誠意」的工夫便在於「格物」「致知」。由「明明德」而「誠意」，由「誠意」而「格物」「致知」，這是工夫的步步落實、窮理的層層條理。所以「爲善去惡」，都是「誠意」之事，都是「誠意」的方法。那末，甚麼是「爲善去惡」呢？陽明在〈大學問〉中曾說：「格者，正也，正其不正以歸於正之謂也。正其不正者，去惡之謂也。歸於正者，爲善之謂也」。〔註101〕因此，「爲善去惡」便是「正意之不正以歸於正」了。對於陽明的「正意之不正以歸於正」，甘泉說的更爲具體，他說：「兄之訓格爲正，訓物爲念頭之發」。〔註102〕又說：「陽明所見固非俗學所能及，但格物之說以爲正念頭……」。〔註103〕所以依照甘泉的看法，陽明的「格心」，其實便是「正念頭」。而「正念頭」，正是「誠意」。那末，「誠意」或「格心」的具體工夫又是如何呢？關鍵便在「格者，正也。正其不正，以歸於正也」一句。這一句話涵有二種層次：第一箇層次是在「經驗心」上下工夫。也就是說，凡是在經驗層面上的「不正之意」皆須「正其不正，以歸於正」。這種見解顯然是將「正」與「不正」截然地分割爲二，認爲凡落在「正」之一邊的，便不是「不正」，反之亦然。可以說，朱子的「經

〔註99〕《王陽明全集》，卷一，〈語錄一〉，〈傳習錄上〉，頁6，上海古籍出版社。
〔註100〕《王陽明全集》，卷一，〈語錄一〉，〈傳習錄上〉，頁38，上海古籍出版社。
〔註101〕《王陽明全集》，卷二十六，〈續編一〉，〈大學問〉，頁973，上海古籍出版社。
〔註102〕《甘泉文集》，〈答陽明王都憲論格物書〉。
〔註103〕《甘泉文集》，〈答王宜學〉。

驗心」或「人心」說，便是此類意見。而第二箇層次的工夫則是悟之以「心之本體」。陽明曾說：「無善無惡是心之體」。〔註104〕這是說，「心之本體」本無善惡對待之相，故謂其「無善無惡」。〔註105〕陽明又曾云：「無善無惡者理之靜，有善有惡者氣之動。不動於氣，即無善無惡，是至善」。〔註106〕這是說，心依於天理本體故是「無善無惡」的，而氣之動因心有「作好」、「作惡」，出於現象，所以是「有善有惡」的。由此再來看「格者，正也。正其不正，以歸於正也」一句，便可以知道第一種見解亦是出於現象，出於經驗，所以便落於相對。因此，既然心之本體「無善無惡」，我們亦可以說，心之本體「無正無不正」了。那末，既然心體「無正無不正」，我們又該如何做「正其不正，以歸於正」的工夫呢？關鍵便在一箇「理」字。因為「正」與「不正」已是現象上的相對，所以不是指的「本體之正」。也就是說，符合「本體之正」的工夫必須要「正其不正」一循於理。〔註107〕是以陽明纔說：「格物如孟子『大人格君心』之格，是去其心之不正，以全其本體之正。但意念所在，即要去其不正，以全其正。即無時無處不是存天理。即是窮理」。〔註108〕歸納以上二種層次的「格心」工夫，可知：第一種工夫只在「經驗心」上著力，在經驗上，心是「有善有惡」的，因此，纔「離著善，便是惡」。所以要去惡，便必須要除得盡。如此，纔能復得本體之全善。〔註109〕而第二種工夫雖仍在經驗

〔註104〕《王陽明全集》，卷三，〈語錄三〉，〈傳習錄下〉，頁117，上海古籍出版社。

〔註105〕蔡仁厚先生曾經指明，說：「『無善無惡心之體』，與告子所謂『無善無不善』並不相同，二者不可混視。無善無惡的『無』，意在遮撥善惡相對的對待相，以指出這潛隱自存的心體不落於善惡對待之境，藉以凸顯其超越性、純善性」。（參見蔡仁厚，《儒家心性之學論要》，頁52，文津出版社。）

〔註106〕《王陽明全集》，卷一，〈語錄一〉，〈傳習錄上〉，頁29，上海古籍出版社。

〔註107〕這種觀點明顯地是本之於孔子思想。例如孔子便曾說：「君子之於天下也，無適也，無莫也，義之與比」。這是指的君子行於天下，無所適往，亦無不可適往，唯以義比準。而所謂義，便是指的宜，指的義理。上述引文，請參照《四書章句集註》，〈論語集注〉，頁71，鵝湖出版社。

〔註108〕《王陽明全集》，卷一，〈語錄一〉，〈傳習錄上〉，頁6，上海古籍出版社。

〔註109〕朱子曾說：「心是動底物事，自然有善惡。且如惻隱是善也，見孺子入井而無惻隱之心，便是惡矣。離著善，便是惡。然心之本體未嘗不善，又卻不可說惡全不是心」。（《朱子語類》，卷第五，〈性理二〉，頁86，中華書局。）又曾說：「心猶鏡也，但無塵垢之蔽，則本體自明，物來能照」。（《文集》四十九，〈答王子合十二〉。）可見得，朱子認為，經驗心有善惡，而心之本體則是全善。然而，要復得本體之全或心之本體之功，則必須明善，要全「無塵垢之蔽」。

層面上，仍要「正念頭」，但卻是以「心之本體」爲指導。正如陽明所說的，理「無善無惡」並非全無善惡，而只是善惡「一循於理」。同樣的，意念本身的「正」與「不正」並無絕對的善惡標準，因爲我們的意念決定於我們的「好惡」，而我們的「好惡」卻是出於一種私意、私心。而這種私心本身卻是喜怒不定、變幻無常的。因此，陽明認爲，「誠意只是循天理」。〔註110〕很顯然地，第二種層次的工夫纔是陽明所謂的「格心」工夫。因爲「格心」的心不僅僅只是「經驗心」，還關連著陽明「心即理」（心之本體即是天理）的一套思想。所以「誠意」便是陽明學說之精神，「學問的大頭腦」。

那末，爲甚麼陽明說朱子的工夫或方法先在於「窮格事物之理」，要加添箇「誠敬」的工夫，方纔有著落處，纔牽扯得向身心上來呢？這是因爲朱子曾經說過：「且如今格一物，若自家不誠不敬，纔格不到，便棄了，又如何了得！工夫如何成得！」〔註111〕又說：「用誠敬涵養爲格物致知之本」。〔註112〕也就是說，格物的工夫在乎誠敬，而誠敬便是格物工夫之本。那末，甚麼又是「敬」呢？對此，朱子有言：「伊川多說敬，敬則此心不放，事事皆從此做去」。〔註113〕由此可見，朱子認爲，「敬」就是「此心不放」。所以的確如陽明所言，朱子的「格物」便是用一箇「敬」字將其牽扯得向「身心」上來的。然而在這裏，我們千萬不能誤以爲朱子的「格物」工夫，一開始便用了一箇「敬」字將其收攝向內。其實，正如朱子自己所言的：「敬則此心不放，事事皆從此做去」。「敬」的工夫雖然是使得此心常「主一」不放，但其目的卻是爲了去從事做事。事實上，這裏的「事」，便是格「物」。〔註114〕而朱子的「格物」便是向外去窮「事理」、「物理」。因爲朱子的工夫是「由外向內」的。所以陽明便說：「然終是沒根源」。對此，陽明曾有一段嚴苛的批評，如：「士德問曰：『格物之說，如先生所教，明白簡易，人人見得。文公聰明絕世，於此反有未審。何也？』先生曰：『文公精神氣魄大，是他早年合下便要繼往開來，故一向只就考索著述上用功。若先切己自修，自然不暇及此。到得德盛後，果憂道之不明。如孔子退修六籍，刪繁就簡，開示來學，亦大段不費甚考索。文公早歲便著許多書，晚年方悔，

〔註110〕《王陽明全集》，卷一，〈語錄一〉，〈傳習錄上〉，頁30，上海古籍出版社。
〔註111〕《朱子語類》，卷第十八，〈大學五〉，頁403，中華書局。
〔註112〕《朱子語類》，卷第十八，〈大學五〉，頁407，中華書局。
〔註113〕《朱子語類》，卷第十八，〈大學五〉，頁404，中華書局。
〔註114〕朱子曾說：「格，至也。物，猶事也。」（《四書章句集註》，〈大學章句〉，頁4，鵝湖出版社。）

是倒做了。』」〔註115〕由此可以見得，陽明是極爲反對朱子「先知後行」的工夫論了。因爲朱子的學問不重視先向內「切己自修」而強調先向外「格物窮理」。所以陽明便認爲「晚年方悔，是倒做了」。是故，陽明認爲，他的學問是有「著落處」〔註116〕的。而這箇「著落處」便在於「誠意」（格心）。所以，陽明認爲「誠意」便是自己學問的大頭腦。那末，我們亦同樣可以追問：朱子的學問是不是也有箇「著落處」？也就是說，朱子的學問是不是有箇旋乾轉坤的所在，將重心從外在的「道德知識」轉向內心的「德性自覺」？對於這一問題，我們等到下一節再做分析。然而，陽明學問的「大頭腦」雖然在於「誠意」，但其下手工夫則在乎「格物」或「格心」。

是以陽明說：

> 格物者，大學之實下手處。徹頭徹尾，自始學至聖人，只此工夫而已。非但入門之際有此一段也。夫正心、誠意、致知、格物，皆所以修身而格物者。其所用力，日可見之地。故格物者，格其心之物也，格其意之物也，格其知之物也。正心者，正其物之心也。誠意者，誠其物之意也。致知者，致其物之知也。此豈有內外彼此之分哉？理一而已。以其理之凝聚而言則謂之性。以其凝聚之主宰而言則謂之心。以其主宰之發動而言則謂之意。以其發動之明覺而言則謂之知。以其明覺之感應而言則謂之物。故就物而言謂之格。就知而言謂之致。就意而言謂之誠。就心而言謂之正。正者，正此也。誠者，誠此也。致者，致此也。格者，格此也。皆所謂窮理以盡性也。〔註117〕

陽明認爲，「格物」是《大學》的工夫下手處。然「格物」之工夫，並非只是入門之工夫而已。事實上，「格物」者「徹頭徹尾，自始學以至於聖人」，皆須用此工夫。在朱子的工夫論體系裏面，「格物、致知」是屬的「道問學」，「誠意、正心」是屬的「尊德性」。所以朱子的工夫論重視「先知後行」。在陽明則不然，「格物」「致知」「誠意」「正心」皆是一路，皆是同一套「尊德性」的工夫，只是「爲之有要，作用不同」罷了。究其要，只是一心；詳其不同，便是所謂「心」、

〔註115〕《王陽明全集》，卷一，〈語錄一〉，〈傳習錄上〉，頁28，上海古籍出版社。

〔註116〕這裏的所謂「著落處」，根據陽明的看法，是指的將學問收攝向「身心」或「內在之德性自覺」上來。

〔註117〕《王陽明全集》，卷二，〈語錄二〉，〈傳習錄中〉，頁76，上海古籍出版社。

「意」、「知」、「物」。在這裏所謂的「物」，當然不是指的山川草木的外物，亦不是指的「析心與理為二」的物理。根據陽明在這裏的定義，指的是「以其明覺之感應」而言。所以陽明便說：「格物者，格其心之物也，格其意之物也，格其知之物也。正心者，正其物之心也。誠意者，誠其物之意也。致知者，致其物之知也」。那末，為甚麼「格物」要「格其心之物」、「格其意之物」、「格其知之物」呢？因為「心之本體，本無不正」，但常人之心已有蔽於心之本體。所以要「正心不正，以歸於正」。而意念之發「有善有惡」，未可謂之「誠意」。所以要「正意不正，以歸於正」。至於良知之「知善知惡」，本是「真誠惻怛」之體，當知善不能好，知惡不能惡時，良知便有弗忍，便不能「自謙」。所以要「正知不正，以歸於正」。反過來說，「正心」、「誠意」、「致知」便是「正其物之心也」、「誠其物之意也」、「致其物之知也」。所以陽明便說：「此豈有內外彼此之分哉」？然而，陽明不是常常指謂朱子的學問是「求之於外」、是「義外」嗎？那末，既然陽明認為自己的學問是「有根源」的學問，而這箇根源便在「身心」上。是否暗指了自己的學問是「求之於內」呢？既然如此，為甚麼陽明這裏又說「無分內外」呢？因為這裏的「心」、「意」、「知」、「物」，皆是指心的不同作用。作用雖不同，然皆是「一心」之作用。因此當然是無內外彼此之分的了。所以陽明說：「正者，正此也。誠者，誠此也。致者，致此也。格者，格此也」。而所謂的「此」，便是指此「心性本體」了。

在看完了陽明的格物之後，我們接著便進入下一節。

第三節　陽明與朱子格物工夫的不同進路之比較

一、陽明與朱子對「窮理」思想的不同理解

由以上的分析可知，朱子與陽明對於〈大學〉一文的格物各有其不同的解釋。根據〈大學章句〉，朱子的解釋是：「格，至也。物，猶事也。窮至事物之理，欲其極處無不到也」。〔註118〕很顯然地，朱子是根據《爾雅》與〈繫辭傳〉來解釋格物的義理的。〔註119〕至於朱子以「至」訓格，陽明對此則

〔註118〕《四書章句集註》，〈大學章句〉，頁4，鵝湖出版社。
〔註119〕如《爾雅·釋詁》曰：「格，至也」。(《爾雅校箋》，雲南人民出版社。)；〈說卦傳〉云：「窮理盡性以至於命」。(《周易王韓注》，大安出版社。) 對於朱子的統合訓詁與義理這一點，錢穆先生曾說：「惟朱子，一面固最能創新義，

頗有微詞，他說：「且大學格物之訓，又安知不以『正』字爲義乎？如以『至』字爲義者，必曰窮至事物之理，而後其說始通。是其用功之要全在一『窮』字，用力之地全在一『理』字也。若上去一『窮』字，下去一『理』字，而直曰『致知在至物』，其可通乎？夫窮理盡性，聖人之成訓見於繫辭者也。苟格物之說而果即窮理之義，則聖人何不直曰『致知在窮理』，而必爲此轉折不完之語，以啓後世之弊耶」？〔註120〕對於這一問題，我們之前已經引用過朱子的話加以回答了。朱子又說：「理不外物，若以物爲道則不可。物只是物，所以爲物之理乃道」。〔註121〕因此，「格物只是格物中之理，格物中之道」。〔註122〕那末，陽明對於將格解爲「正」、將物釋爲「事」，又有甚麼根據呢？陽明有謂：「『格』字之義，有以『至』字訓者。如『格於文祖』，必純孝誠敬，幽明之間，無一不得其理，而後謂之格；有苗之頑，實文德誕敷而後格，則亦兼有『正』字之義在其間，未可專以『至』字盡之也。如『格其非心』，『大臣格君心之非』之類，是則一皆正其不正以歸於正之義，而不可以『至』字爲訓矣」。〔註123〕陽明認爲，「格於文祖」、「有苗來格」之格，雖可以「至」字爲訓，然卻不能盡解「格其非心」或「大臣格君心之非」之格。反之，以「正」爲訓則皆能包涵於其中。其實，將「格」字引申爲「正」字之義似乎始於孟子。〔註124〕孟子曰：「惟大人爲能格君心之非。君仁莫不仁，君義莫不義，君正莫不正。一正君而國定矣」。〔註125〕況且以「正」訓格亦非始於陽明，朱子在其〈孟子集注〉曾引：「趙氏曰：『格，正也。』徐氏曰：『格者，物之所取正也。書曰：格其非心。』」而接下來朱子又自注說：「惟有大人之德，則能格其君心之不正以歸於正，而國無不治矣。大人者，

一面又最能守傳統。其爲注解，無論古今人書，皆務爲句句而解，字字而求，此正是漢儒傳經章句訓詁工夫，只求發明書中之本義與眞相，不容絲毫臆見測說之參雜。此正是經學上傳統工夫。明得前人本意，與發揮自己新意，事不相妨。故經學之與理學，貴在相濟，不在獨申。合則兩美，分則兩損。朱子學之著精神處正在此」。（參見錢穆，《朱子新學案》，第一冊，頁35，三民書局。）當然，這文字訓詁背後的一套義理根據便是朱子所建構的理氣思想。

〔註120〕《王陽明全集》，卷三十五，〈年譜三〉，頁1295，上海古籍出版社。
〔註121〕《朱子語類》，卷第五，〈性理二〉，中華書局。
〔註122〕參見錢穆，《朱子新學案》，第二冊，頁505，三民書局。
〔註123〕《王陽明全集》，卷三十五，〈年譜三〉，頁1295，上海古籍出版社。
〔註124〕參見蔡仁厚，《儒家心性之學論要》，頁223，文津出版社。
〔註125〕《四書章句集註》，〈孟子集注〉，頁285，鵝湖出版社。

大德之人，正己而物正者也」。〔註126〕可見得陽明的解釋亦有其根據。而這箇根據可求之於孟子，證之於朱子。

然而，事實上，陽明認爲他自己與朱子對格物的解釋的不一致僅僅是表面上的，而最主要地是他們二者對於「窮理」思想的理解有所不同。對此，陽明說：「蓋大學格物之說，自與繫辭窮理大旨雖同，而微有分辨。窮理者，兼格致誠正而爲功也；故言窮理，則格致誠正之功皆在其中；言格物，則必兼舉致知、誠意、正心，而後其功始備而密。今偏舉格物而遂謂之窮理，此非惟不得格物之旨，并窮理之義而失之矣」。〔註127〕根據陽明思想，所謂窮理，當然是指的窮「此」本心之天理了。而此心，便可分爲「心」、「意」、「知」、「物」之不同作用。故言窮理，必定包涵格物、致知、誠意、正心等等不同層次、不同條理的工夫。講工夫，則須兼賅格致誠正，而始稱完備；言窮理，則必格而後致、致而後誠、誠而後正，而始歸於密。因此，朱子僅將格物謂之窮理，當然是失了陽明窮理工夫之義旨的了。因爲，在「格物」之工夫階段，朱子確實不贊成「心即理」或「心與理一」的思想。朱子認爲，心乃形而下，理則形而上，而格物窮理便是「就那形而下之器上，便尋那形而上之道」。〔註128〕其實，窮其理的目的是爲了「致知」與「用智」。如朱子說：「物物各具此理，而物物各異其用，然莫非一理之流行也。聖人所以『窮理盡性而至於命』，凡世間所有之物，莫不窮極其理，所以處置得物物各得其所，無一事一物不得其宜」。〔註129〕而隨著對於事物之理的運用不斷地加深，「一旦豁然貫通焉，則眾物之表裏精粗無不到，而吾心之全體大用無不明矣」。〔註130〕由此，我們便能洞明此心之全體而推行於大用。也就是說，朱子言格物是爲了返致吾之知。

總之，陽明與朱子二者對於「窮理」的思想之所以不同，關鍵便在於這箇「理」字。陽明的窮理，直接便從本體之天理開始入手；而朱子的窮理，則先由現象界的眾理開始窮格。然而無論是從本體還是現象開始，窮理者當然不離其心。因此，陽明學說便是「本心即理」；朱子思想則是「以心窮理」。至於性與理之間的關係，陽明曾言：「聖人之道，吾性自足，向之求理於事物

〔註126〕《四書章句集註》，〈孟子集注〉，頁285，鵝湖出版社。
〔註127〕《王陽明全集》，卷三十五，〈年譜三〉，頁1295，上海古籍出版社。
〔註128〕《朱子語類》，卷第六十二，〈中庸一〉，頁1498，中華書局。
〔註129〕《朱子語類》，卷第十八，〈大學五〉，頁398，中華書局。
〔註130〕《四書章句集註》，〈大學章句〉，頁7，鵝湖出版社。

者，誤也」。〔註131〕這便是說，天理之於吾性，本自具足，故不須向外於事物求理。而朱子則直言：「性即是理」。是以，很顯然地，「窮理」思想實與「心性」問題息息相關。因此，我們可以直截的說：「對於心性的看法有了不同，對於工夫的進路亦隨之不同。並且，對於心性的見解愈直截，其對於至道的工夫亦愈易簡」。尤其對朱子而言，「心與性」的問題便相當於「本體與現象」的關係。因爲朱子哲學之所以建構起理氣論，便是爲了心性論。而其工夫論的目的便是爲了從現象返回本體，由形下復歸形上。所以順著朱子這一思路，接下來，我們便以「心性」理論爲中心，去比較陽明與朱子格物工夫的不同進路。

二、陽明的「窮理盡性」與朱子的「窮理識性」

對於朱子之格物，陽明曾經反問說：

> 先儒解格物爲格天下之物，天下之物如何格得？且謂一草一木亦皆有理，今如何去格？縱格得草木來，如何反來誠得自家意？我解格作正字義，物作事字義。〔註132〕

一般說來，雖然朱子反對「格盡天下萬物」。然而，卻也說了不少不相一致的意見。如他說：「所存既非一物能專，則所格亦非一端而盡」。〔註133〕又說：「蓋人心之靈莫不有知，而天下之物莫不有理，惟於理有未窮，故其知有不盡也。是以大學始教，必使學者即凡天下之物，莫不因其已知之理而益窮之，以求至乎其極」。〔註134〕當然，這裏陽明並非認爲朱子的格物要「格盡天下之物」，而只是問說：「如何去格天下之物」？很顯然，這箇答案便在他的第二問之中。也就是說，必須要先從一草一木的物理開始窮格。對於要如何去格草木之理，朱子的學生曾有疑問：「所謂『一草一木亦皆有理』，不知當如何格？（朱子）曰：『此推而言之，雖草木亦有理存焉。一草一木，豈不可以格。如麻麥稻粱，甚時種，甚時收，地之肥，地之磽，厚薄不同，此宜植某物，亦皆有理。』」〔註135〕其實，對於物理之窮格，朱子的態度似乎是曖昧不明的。如他說：「所謂『不必盡窮天下之物』者，如十事已窮得八九，則其一二雖未窮得，將來

〔註131〕《王陽明全集》，卷三十三，〈年譜一〉，頁 1228，上海古籍出版社。

〔註132〕《王陽明全集》，卷三，〈語錄三〉，〈傳習錄下〉，頁 119，上海古籍出版社。

〔註133〕《朱子語類》，卷第十八，〈大學五〉，頁 391，中華書局。

〔註134〕《四書章句集註》，〈大學章句〉，頁 6，鵝湖出版社。

〔註135〕《朱子語類》，卷第十八，〈大學五〉，頁 420，中華書局。

湊會，都自見得。又如四旁已窮得，中央雖未窮得，畢竟是在中間了，將來貫通，自能見得。程子謂『但積累多後，自當脫然有悟處』，此語最好。若以爲一草一木亦皆有理，今日又一一窮這草木是如何，明日又一一窮這草木是如何，則不勝其繁矣」。〔註 136〕有時甚或否定窮格草木之物理而認爲學問必要得力乎窮天理、格事理始當脫然有懸悟處。如朱子又云：「格物之論，伊川意雖謂眼前無非是物，然其格之也，亦須有緩急先後之序，豈遽以爲存心於一草木器用之間而忽然懸悟也哉？且如今爲此學而不窮天理、明人倫、講聖言、通世故，乃兀然存心於一草木、一器用之間，此是何學問？如此而望有所得，是炊沙而欲其成飯也」。〔註 137〕所以，錢穆先生便接著評說：「若陽明見此書，決不一意去格庭前竹子」。〔註 138〕然而朱子在另一方面，則又十分強調格物的次第順序，如他的弟子有問：「格物雖是格天下萬物之理，天地之高深，鬼神之幽顯，微而至於一草一木之間，物物皆格，然後可也；然而用工之始，伊川所謂『莫若察之吾身者爲急』。不知一身之中，當如何用力，莫亦隨事而致察否？（朱子）曰：次第亦是如此。但如今且從頭做將去。若初學，又如何便去討天地高深、鬼神幽顯得」？這裏所謂初學者應「且從頭做將去」，不該一開始便「去討天地高深、鬼神幽顯」，其實就是明確的指出要從「一草一木之物理」次第格起。因此，在下一段朱子便緊接著說：「前既說當察物理，不可專在性情」。〔註 139〕所以，陽明年輕時將「一草一木，皆涵至理」的格竹之舉視爲入手處，正是符合朱子格物工夫的次第。

事實上，以上二問皆不是陽明眞正的目的所在，其用意只是爲了導出第三問題，亦即：朱子學問的窮格外在物理又如何「反來誠得自家意」？至於朱子對這箇問題的回答，我們最後再談。當然，依陽明自己的解釋便是「解格作正字義，物作事字義」。其實就是指的「正意之所在之不正，以歸於正也」。而陳來先生則以「格心」俞之。對於格心之說，陳來先生又言：「在朱熹看來，心之念慮固然在窮格範圍之內，但決不占主要的地位。他堅決反對

〔註 136〕《朱子語類》，卷第十八，〈大學五〉，頁 396，中華書局。

〔註 137〕事實上，朱子這裏雖然表明學問須得存心於天理人事，然觀其在《語類》中的〈理氣下〉多談宇宙曆數，甚至連鬼神問題亦有研究而自成一卷，便可知朱子的興趣是多方面的。引文參見《朱子全書》，第二十二冊，〈晦庵先生朱文公文集〉，卷第三十九，〈答陳齊仲〉，頁 1756，上海古籍出版社。

〔註 138〕參見錢穆，《朱子新學案》，第二冊，頁 533，三民書局。

〔註 139〕以上所引二段請參見《朱子語類》，卷第十八，〈大學五〉，頁 401，中華書局。

以格物爲格心的思想」。〔註140〕接下來，我們便來看看朱子所以反對的理由。

朱子說：

> 因顧賀孫曰：「公鄉間陳叔向正是如此。如他說格物云：『物是心，
> 須是格住這心。致知如了了的當，常常知覺。』他所見既如彼，便
> 將聖賢說話都入他腔裏面；不如此，則他所學無據。這都是不曾平
> 心讀聖賢之書，只把自家心下先頓放在這裏，卻捉聖賢說話壓在裏
> 面。如說隨事而思，無事不消思，聖賢也自有如此說時節，又自就
> 他地頭說。只如公說『思不出其位』，也不如公說這『位』字卻不是
> 只守得這軀殼。這『位』字煞大，若見得這意思，天下甚麼事不關
> 自家身己！極而至於參天地、贊化育，也只是這箇心，都只是自家
> 分內事。」蔡云：「陸子靜正是不要理會許多。」〔註141〕

因爲朱子學問是「從理以契道」，所以，當然是反對以心釋物的了。而當時朱
子所與聞的格心便是「格住這心」。這顯然與陽明的格心說頗些類似。值得注
意的是陳氏對於致知的解釋，他解致知爲「了了的當，常常知覺」，可以推知
便是在指的良心。所以，很可以肯定的說，此人確是屬於象山思想或心學一
路的人物。那末，爲甚麼朱子反對以心作爲學問的根據呢？因爲這箇根據必
須固有於性而不在乎心；並且，在現實上我們都不是聖人，故我們皆須以「古
者大學教人之法，聖經賢傳之指」而學焉。〔註142〕是以，在朱子看來，心學
之直截將心視爲先天、頓成之見，正是反客爲主、倒果爲因的說法。因爲根
據朱子的體系：第一，在經驗層面，我們皆已落入現象界，是以；第二，我
們作用著的心只能是爲經驗心，因此；第三，我們必須即物而窮理，要藉由
讀聖賢之書以把握那形上之理。說穿了，從儒家的道統觀上看，朱子一開首

〔註140〕參見陳來，《朱子哲學研究》，頁295，華東師範大學出版社。

〔註141〕《朱子語類》，卷第一百二十，〈朱子十七〉，頁2894，中華書局。

〔註142〕朱子的反對以心爲學，除了他對於格物思想的理解以外，我們還可以在其〈大
學章句序〉一文的脈絡中獲悉。如他一開頭便說：「大學之書，古之大學所以
教人之法也。蓋自天降生民，則既莫不與之以仁義禮智之性矣。然其氣質之
稟或不能齊，是以不能皆有以知其性之所有而全之也。一有聰明睿智能盡其
性者出於其間，則天必命之以爲億兆之君師，使之治而教之，以復其性」。下
一段又說：「及其十有五年，則自天子之元子、眾子，以至公、卿、大夫、元
士之適子，與凡民之俊秀，皆入大學，而教之以窮理、正心、修己、治人之
道。此又學校之教、大小之節所以分也」。因此，我們必定皆要效法能盡其性
而又聰明睿智的聖人以復己之性。（《四書章句集註》，〈大學章句序〉，頁1，
鵝湖出版社。）

之所以執定心必須認作經驗的心，無非是爲了承認聖人的地位。唯有承認聖人之極位，我們纔有道統可繼、纔有工夫能做。〔註143〕而聖人之所以爲聖人，便是其能盡其性而「德無不實，故無人欲之私，而天命之在我者，察之由之，巨細精粗，無毫髮之不盡也。人物之性，亦我之性，但以所賦形氣不同而有異耳。能盡之者，謂知之無不明而處之無不當也」〔註144〕至於聖人盡性之道，不過曰：「格物窮理而已矣」！那末，「心之官則思」，此心之官又須窮思至何種地位呢？朱子當然不同意將此「位」之範圍只「守得這軀殼」。正是因爲「這位字煞大」，所以「天下甚麼事不關自家身己！極而至於參天地、贊化育，也只是這箇心，都只是自家分內事」。而這種「心窮眾理」、「心具眾理」的看法，後來則被與陽明同時期的好友湛甘泉加以引申而表述爲「隨處體認天理」的思想。

因爲朱子始終站在須先窮格現象界的眾理的立場，是以他的弟子便直截地說：「陸子靜正是不要理會許多」。其實，象山並非反對「理會許多」。而是

〔註143〕請查閱「中庸何爲而作也？……而動靜云爲自無過不及之差矣。」一段。（《四書章句集註》，〈中庸章句序〉，頁 14，鵝湖出版社。）值得題外說話的是，對於心性，朱子與荀子似乎有所不謀而合之處。如荀子在〈性惡〉篇一開首便說：「人之性惡，其善者僞也」。而其所以論人之性惡，便是爲了保證爲善工夫之可能。他反駁孟子性善說的理由正是：假使現實上確是性善，「順是」，則人人將自然爲善去惡，又何需隆禮義？又何需法聖王？何況根據荀子的經驗觀察，「從人之性，順人之情，必出於爭奪，合於犯分亂理，而歸於暴」。因此，他結論說：「立君上，明禮義，爲性惡也」。故朱子有所謂氣質之性焉。而且荀子對於心的看法也能納歸於朱子的經驗心之中。如蔡仁厚先生有說：「孟子是以仁識心，荀子是以智識心」。又說：「以智識心，所識的乃知性層的認知心。認知心的活動，是在主客對列的格局中進行。以主觀面的能知之心，去認知客觀面的所知之物（對象）」。（參見蔡仁厚先生，〈荀子心論的特色及其時代意義〉。）不過，「荀子的思想，是純經驗的性格。他只願把握現實性地現象，而不肯探究現象之所以然」。（參見徐復觀，《中國人性論史》，第八章，〈由心善向心知 —— 荀子經驗主義的人性論〉，頁232，台灣商務印書館。）所以實際上，與朱子那種欲從現象以把握本體，由其所當然以求其所以然的用心仍然不同。最後，必須附帶一提的是，筆者將朱子的心視爲經驗心而非認知心，是因爲經驗心的範圍較爲廣泛且包涵一切相對性。例如，天道人道、理之與氣、形上形下、主體客體、能知所知之類，還有甚爲重要的「有善有惡」之分別。因爲朱子的心雖然偏於「用智」，然其「有善有惡」之分別並非僅僅是限於認知上的判斷而已。事實上，是涵有著「或危殆而不安，或微妙而難見」的端緒之情的。

〔註144〕《四書章句集註》，〈中庸章句〉，頁33，鵝湖出版社。

因爲「宇宙便是吾心，吾心即是宇宙」〔註145〕、「滿心而發，充塞宇宙，無非此理」，〔註146〕，故不需去「向外」有所理會。正是所謂：此理「我固有之，非由外鑠我也」。〔註147〕職此之故，陽明便接著批評朱子「以心窮理」之義外了。

對於朱子之「認理爲外、認物爲外」，《傳習錄》上陽明對此曾有所批評，其記云：

> 愛問：「『知止而後有定』，朱子以爲『事事物物皆有定理』，似與先生之説相戻。」先生曰：「於事事物物上求至善，卻是義外也。至善是心之本體，只是『明明德』到『至精至一』處便是。然亦未嘗離卻事物，本註所謂『盡夫天理之極，而無一毫人欲之私』者得之。」
> 〔註148〕

要瞭解陽明的批評，則我們必須先知道徐曰仁所引之原文究是何指。《大學或問》朱子以爲：「然非先有以知夫至善之所在，則不能有以得其所當止者而止之。如射者固欲其中夫正鵠，然不先有以知其正鵠之所在，則不能有以得其所當中者而中之也。知止云者，物格知至，而於天下之事，皆有以知其至善之所在，是則吾所當止之地也。能知所止，則方寸之間，事事物物，皆有定理矣」。〔註149〕所謂「定理」，是指的固定不變的理則。然而，天地之間，事事物物皆各有其不同之定理；同時，現象界的一切事物咸爲一氣之流行。因此，朱子認爲，我們在這箇變化無常、不斷遷流的現象間必須「知其所當止而止」以「得其所當中而中」，從變中以把握常。以是，朱子有言之：「今且當理會常，未要理會變。常底許多道理未能理會得盡，如何便要理會變！聖賢說話，許多道理平鋪在那裏，且要濶著心胸平去看，通透後自能應變。不是硬捉定一物，便要討常，便要討變」。〔註150〕可見得，朱子之喜歡「用智」，之強調「智慧」。〔註151〕那末，爲甚麼陽明特別留意到朱子的理是爲「至善」

〔註145〕《陸九淵集》，卷三十六，〈年譜〉，頁483，中華書局。
〔註146〕《陸九淵集》，卷三十四，〈語錄上〉，頁423，中華書局。
〔註147〕《陸九淵集》，卷一，〈與曾宅之〉，頁5，中華書局。
〔註148〕《王陽明全集》，卷一，〈語錄一〉，〈傳習錄上〉，頁2，上海古籍出版社。
〔註149〕《朱子全書》，第六冊，〈大學或問〉，頁510，上海古籍出版社。
〔註150〕《朱子語類》，卷第一百一十七，〈朱子十四〉，頁2830，中華書局。
〔註151〕可以無尤地說，朱子之「致知」與「用智」決非流爲淺陋的智術，而是一種人事上的高度「睿智」。當然，這是指「從萬理以窮至一理」之後的行爲表現。

呢？〔註152〕對於陽明這一留意，在此，亦値得我們一提。因爲這一點對於陽明著實深有影響。

　　因爲朱子認爲「理則一而已」、「理無有不善」，以是推之，便知「天地只是一理，則亦只是一善」。〔註153〕而自本體之理產生了現象的氣之後，纔由理一而衍爲分殊之眾。然而，事實上，理與氣、形上與形下、本體與現象並非完全割截得爲兩箇世界，而只不過是同一箇世界本身罷了。〔註154〕例如，〈繫辭傳〉謂「一陰一陽之謂道」，朱子便解陰陽爲氣、解道爲理。然陰陽者固然是氣，而其「所以一陰一陽」則實爲理了。乍見之下，朱子這種解釋似乎容易令我們認爲，在現象之氣的背後有某一操縱者，而現象界的一切便是爲形上之理所主宰的。其實，朱子的意思顯然是指，氣之生生不已雖是一陰一陽，然則何以其「一陰一陽」後不是續之以「一陽一陰」，而總是如此規律地繼之者。很明顯，這「一陰一陽」本身自有其「所以一陰一陽」的恆常法則。換句話說，理氣雖分言不雜而實屬不離。如朱子有謂：「理則一而已，其形者，謂之器。其不形者，則謂之道。然而道非器不形，器非道不立。蓋陰陽亦器也，而所以陰陽者，道也。是以一陰一陽，往來不息，而聖人指是以明道之全體也」。〔註155〕這是說，聖人爲了指明道之全體，迫於不得已，只好以理氣分言之。〔註156〕並且，「理無有不善」，是以氣之繼之亦當無有不善了。朱子

〔註152〕所謂「至善」，便是指的「絕對至善」的標準，而這箇「絕對至善」的標準便是不落於善惡之相對的。對此，朱子曾說：「物必有對，乃就事言之。但只是一箇道理，理則無對，又至善也」。而陽明有言：「至善者，心之本體」。又説：「無善無惡是心之體」。至於朱子的「理」對於陽明的影響，請參照第四章第三節的「知善知惡」之知與「有善有惡」之意一處。

〔註153〕參見錢穆，《朱子新學案》，第一冊，頁395，三民書局。

〔註154〕此論朱子嘗以「不離不雜」稱之，而錢穆先生則以「一體兩分」述之。

〔註155〕《朱子語類》，中華書局。

〔註156〕朱子之所以要建立一套以理爲本的體系，顯然是爲了針對佛學、爲了替儒家爭道統。如佛家的世界觀講無常，朱子卻言常理；佛家的心性謂空，朱子則有實理。又朱子曾說：「禪學最害道，老莊於義理絕滅猶未至盡，佛則人倫已壞。禪則又將許多義理，掃滅無餘，故其爲害最深」。（《續近思錄》，卷十三。）復云：「佛老之學，不待深辨而明。只是廢三綱五常這一事，已是極大罪名，其他更不消說」。（《續近思錄》，卷十三。）說穿了，朱子認爲，佛學之大病正在其講無常、謂空性，而爲現象之變化所左右、所遷流。而不能守綱常、重義理的結果，必然會流於虛無寂滅了。對此，朱子總言之，曰：「異端虛無寂滅之教，其高過於大學而無實」。（《四書章句集註》，〈大學章句序〉，頁2，鵝湖出版社。）因此，在朱子的眼中，禪宗的「作用見性」實被視爲告子之「生之謂性」了。（其實，禪宗之自性是爲本體，而非爲現象。）還有，必須

認爲：「陰陽之氣相勝而不能相無，其爲善惡之象則異乎此。蓋以氣言則動靜無端、陰陽無始，其本固並立而無先後之序、善惡之分也」。又以爲：「且以陰陽善惡論之，則陰陽之正皆善也，其沴皆惡也」。〔註157〕對此，錢穆先生說道：「俗常以陰陽分善惡，朱子則謂陰陽不可相無，一陰一陽，乃是一善之相繼，其體即是一道，無善惡可分。善惡之分，乃在陰陽之正沴。正沴不可謂其亦不能相無，則善惡亦非不能相無也」。〔註158〕這是說有陰必有陽，其相繼一善，而體本一道。至於善惡之分，乃在「陰陽之正沴」。然而朱子這裏的意思並非否定善惡之相對，而只是主張在工夫所達至的境界上，能夠全「無塵垢之蔽」，已復得「本體自明」。對此，朱子曾總言之，曰：「然陰陽動靜是造化之機，不能相無者。若善惡，則有眞妄之分，人當克彼以復此，然後可耳」。〔註159〕至於陰陽與善惡這種微妙之不同分別，錢穆先生很明確地說道：「凡朱子論理氣，論陰陽，論天人，皆主一體兩分，不認爲兩體對立。惟辨善惡則不同，善惡不能認爲一體，亦不可謂其不能相無」。〔註160〕在理論上，我們雖然可以分別理氣、陰陽與天人之相對，然朱子認爲，此種相對與「有善有惡」之相對實有著絕然的不同。而這箇關鍵的不同處便在於是否其爲「一體」？例如，陰陽二氣本是不斷地生生不已或「動靜無端」的動力。然則，其所以如此者何故？這必然是由於太極的「動靜之理」了。而所謂之理，是爲本體之理。這是因爲太極必定爲陰陽之本體。是以朱子纔會主張「理生氣」或「理先氣後」了。〔註161〕

注意的是，與其說朱子的言論是爲了攻擊佛教，毋寧說是站在儒家道統的立場上去別以禮義。

〔註157〕以上所引二段，參見《朱子全書》，第二十二冊，〈晦庵先生朱文公文集〉，卷第四十九，〈答王子合〉，頁2256，上海古籍出版社。

〔註158〕參見錢穆，《朱子新學案》，第一冊，頁397，三民書局。

〔註159〕《朱子全書》，第二十二冊，〈晦庵先生朱文公文集〉，卷第四十九，〈答王子合〉，頁2249，上海古籍出版社。

〔註160〕參見錢穆，《朱子新學案》，第一冊，頁397，三民書局。

〔註161〕一般説來，「理先氣後」大致上可有三種解釋：第一，時間上的先後。然而朱子明明說過：「未有無理之氣，亦未有無氣之理」。第二，理論上或邏輯上的先後。如陳來先生有言：「理氣的先後是一種邏輯上的關係。應當承認，馮友蘭先生在舊著《中國哲學史》中把這種思想概括爲邏輯在先還是恰當的。這裏所說的邏輯不是如某些人所以爲的只是某種形式邏輯的關係，而是廣義地指理論上的聯繫」。也就是説，理在邏輯上乃是第一性的先在。(參見陳來，《朱子哲學研究》，頁96，華東師範大學出版社。) 第三，形而上的先後。如劉述先先生説：「理和氣同時並存，無分先後，故由宇宙論的觀點言孰先孰後乃

　　那末，「有善有惡」之判斷的根據又何在呢？如朱子弟子問說：「程子曰：『天下善惡皆天理』，何也？（朱子）曰：『惻隱是善，於不當惻隱處惻隱即是惡；剛斷是善，於不當剛斷處剛斷即是惡。雖是惡，然原頭若無這物事，卻如何做得？本皆天理，只是被人欲反了，故用之不善而爲惡耳。』」〔註162〕朱子又曾說：「善，只是當恁地底；惡，只是不當恁地底。善惡皆是理，但善是那順底，惡是反轉來底。然以其反而不善，則知那善底自在，故『善惡皆理』也，然卻不可道有惡底理」。〔註163〕對此，錢穆先生曾言：「善惡之起皆由理。若無此理，又從何處起此惡。但不可謂之有惡底理。此一分辨，極精極要。不可謂有惡底理，但又不可謂無善底理。如惻隱之心仁之端，本是一至善之理。其過而爲姑息，反而爲殘忍，則是氣。理管不得氣，然卻不能謂善惡各是一理相對立」。〔註164〕這是說理本身便是「絕對至善」的標準。只要合當理的，便是善，不合當理的，便是惡。然而理自身始終又不落於善惡之相對。所以朱子說：「物必有對，乃就事言之。但只是一箇道理，理則無對，又至善也」。〔註165〕所以錢穆先生言道：「物必有對，然相對之上仍有合一之體。如有善便有惡，是相對。亦是理當恁地，是合一。天下無無理之惡，惡亦自理中來，即是自善中生出也。天道至善，而人道中則有惡。然在天道中仍得講人道。若人道亦至善無惡，一如天道，則可不再講人道。若

一無意義的問題，是由形上學的觀點看始可以說理先氣後」。（參見劉述先，《朱子哲學思想的發展與完成》，頁274，學生書局。）這是因爲理氣並非僅是一種理論，而是現實上的眞實存在，故理氣實際上無分先後，亦不屬理論中之第一性、第二性。正如朱子所言的：「且如萬一山河大地都陷了，畢竟理卻只在這裏」。這是指的理是無生滅、無動靜的太極，是恆常、不變之實理。所以與生滅動靜不已之氣有著本質上的殊異。是故能生天地萬物之現象者，必定是爲本體的天地萬物之理了。換句話說，形而上之道必先於形而下之器。對此，劉述先先生說道：「具體的存有物有成有毀，但形上的理卻無生滅。且必有此理，始有此物。山河大地陷了，還是有此理；天地未判時，亦已有此理。若根本無此理，自也不可能有是氣。有是氣，是因爲有此理；不是因爲有是氣，而後才有此理。在這一意義之下，我們乃必須說理先氣後」。（參見劉述先，《朱子哲學思想的發展與完成》，頁275，學生書局。）而筆者認爲，這裏的理氣關係是屬的第三種關係。因爲朱子很明確地說過：「理未嘗離乎氣。然理形而上者，氣形而下者。自形而上下言，豈無先後！理無形，氣便粗，有渣滓」。（《朱子語類》，卷第一，〈理氣上〉，頁3，中華書局。）

〔註162〕《朱子語類》，卷第九十七，〈程子之書三〉，頁2487，中華書局。
〔註163〕《朱子語類》，卷第九十七，〈程子之書三〉，頁2488，中華書局。
〔註164〕參見錢穆，《朱子新學案》，第一冊，頁403，三民書局。
〔註165〕《朱子語類》，卷第九十六，〈程子之書二〉，中華書局。

謂天道亦一如人道，有善有惡，則天道固何在，又何從於人道之上重立天
道」。〔註166〕

　　現在，我們便接著來看看本節的第二點——陽明的「窮理盡性」與朱子
的「窮理識性」。當然地，這攸關了陽明與朱子二人的「心性」理論。因為陽
明的「心即理」是第二章的主題。所以陽明之「窮理盡性」在此僅述及陽明
的「格心」與「存天理、去人欲」的關係，而接著再對朱子的「心」「性」理
論作論述。

　　而所謂朱子的「窮理識性」，是指的前面尚未處理的三箇問題，共有：一、
朱子學問的「著落處」，亦即如何將外在的「道德知識」轉向內心的「德性自
覺」；二、陽明所問的窮格外在物理如何「反來誠得自家意」；三、陽明批評
朱子的「認理為外」、「認物為外」之義外。而這三箇問題皆可用朱子之「窮
理識性」來加以說明。以下我們便先來看看陽明的「窮理盡性」。

　　在《傳習錄》上曾載：

> 先生謂學者曰：「為學須得箇頭腦工夫，方有著落。縱未能無間，如
> 舟之有舵，一提便醒。不然，雖從事於學，只做箇義襲而取，只是
> 行不著，習不察，非大本達道也。」又曰：「見得時，橫說豎說皆是。
> 若此處通，彼處不通，只是未見得。」〔註167〕

我們知道，陽明工夫之頭腦的「著落處」便在於「誠意」。對此，徐愛曾有說：
「格物是誠意的工夫」、「窮理是盡性的工夫」〔註168〕。而這箇一提便醒的著
行察習之原便在於「心性」。所以陽明認為自己是「橫說豎說皆是」的學問。
因為只要立了大本達道，便是大學問，便能無所不通。

　　那末，陽明的「格心」說如何著行察習，如何「存天理、去人欲」呢？
欲省察克治，陽明曾舉靜坐為入手法。《年譜》三十九歲條下，陽明曾云：「前
在寺中所云靜坐事，非欲坐禪入定也。蓋因吾輩平日為事物紛拏，未知為己，
欲以此補小學收放心一段功夫耳」。〔註169〕事實上，陽明以靜坐之高明一路接
引學者時，曾有入虛寂、為新奇之弊病產生，後來便專以「存天理、去人欲」
教人。對此，陽明曰：「吾年來欲懲末俗之卑污，引接學者多就高明一路，以

〔註166〕參見錢穆，《朱子新學案》，第一冊，頁404，三民書局。

〔註167〕《王陽明全集》，卷一，〈語錄一〉，〈傳習錄上〉，頁30，上海古籍出版社。

〔註168〕《王陽明全集》，卷一，〈語錄一〉，〈傳習錄上〉，頁10，上海古籍出版社。

〔註169〕《王陽明全集》，卷三十三，〈年譜一〉，頁1230，上海古籍出版社。

救時弊。今見學者漸有流入空虛，爲脫落新奇之論，吾已悔之矣。故南畿論學，只教學者存天理，去人欲，爲省察克治實功」。〔註170〕是以，陽明認爲，他自己的靜坐工夫卻是集義。如陽明說：「學以明善誠身，只兀兀守此昏昧雜擾之心，卻是坐禪入定，非所謂『必有事焉』者矣。聖門寧有是哉？但其毫釐之差，千里之謬，非實地用功，則亦未易辯別」。〔註171〕

王天宇曾有云：「格物之說，昔人以扞去外物爲言矣。扞去外物則此心存矣。心存，則所以致知者，皆是爲己」。對此，陽明答云：

> 如此說，卻是「扞去外物」爲一事，「致知」又爲一事。「扞去外物」之說，亦未爲甚害，然止捍禦於其外，則亦未有拔去病根之意，非所謂「克己求仁」之功矣。區區格物之說亦不如此。大學之所謂「誠意」，即中庸之所謂「誠身」也。大學之所謂「格物致知」，即中庸之所謂「明善」也。博學、審問、慎思、明辯、篤行，皆所謂明善而爲誠身之功也，非明善之外別有所謂誠身之功也。格物致知之外，又豈別有所謂誠意之功乎？書之所謂「精一」，語之所謂「博文約禮」，中庸之所謂「尊德性而道問學」，皆若此而已。是乃學問用功之要，所謂毫釐之差，千里之謬者也。〔註172〕

陽明認爲，所謂「格物」並非爲了抵禦於其外，亦不是爲了扞去外物而爲言。而不過是「拔去病根」而已矣！這「省察克治」實功，即是「克己求仁」之功。亦即是「誠意」、亦即是「格心」。是以「格物」「致知」決非二事，而實爲一事了。而這「精一」之功便即相通乎「博文約禮」、相通乎「尊德性而道問學」。因爲，這些實功皆是窮此「心性」之天理而已。而陽明以窮「此」之故，便自然而然地反對朱子「格物」工夫之「從事於學，只做箇義襲而取」了。

那末，陽明又要如何窮此「心性」之天理呢？

> 孟源問：「靜坐中思慮紛雜，不能強禁絕。」先生曰：「紛雜思慮，亦強禁絕不得，只就思慮萌動處省察克治，則天理精明後，有箇『物各付物』的意思，自然精專，無紛雜之念。大學所謂『知止而後有定』也。」〔註173〕

〔註170〕《王陽明全集》，卷三十三，〈年譜一〉，頁1237，上海古籍出版社。
〔註171〕《王陽明全集》，卷四，〈文錄一〉，〈與王純甫三〉，頁157，上海古籍出版社。
〔註172〕《王陽明全集》，卷四，〈文錄一〉，〈答王天宇二〉，頁164，上海古籍出版社。
〔註173〕《王陽明全集》，卷三十二，〈補錄〉，〈傳習錄拾遺〉，頁1179，上海古籍出版社。

無論博學、審問、慎思、明辯、篤行，甚或是靜坐，皆是「存天理、去人欲」的工夫。因爲此心無間於動靜。就猶如陽明所曾反問的：「靜與動有二心乎」？〔註174〕所以想要在靜坐中強禁絕思慮之紛雜只是偏於靜時之工夫，而絕不可得。眞正的工夫只是於思慮萌動處「省察克治」而「於物付物」，則天理精明後思慮自然精專而「無分雜之念」。陽明認爲，能「止心」「定性」而「存天理」便是《大學》所謂的意思。其實，所謂「物各付物」便是格物。而「格物」根據陽明的定義便是：「格者，正也。正其不正，以歸於正也」。〔註175〕所以吳怡先生說，陽明「把『格物』解作格除心中的欲念」。〔註176〕這是因爲「格除心中的欲念」便是「存正心中的天理」。〔註177〕因爲在陽明看來，「存天理、去人欲」本非二事，而皆爲窮理了。所以有人問說：「窮理何以即是盡性」？陽明便謂：「心之體，性也，性即理也。窮仁之理，眞要仁極仁；窮義之理，眞要義極義：仁義只是吾性，故窮理即是盡性」。〔註178〕

　　然而，朱子的學問眞箇是「只做箇義襲而取，只是行不著，習不察，非大本達道」嗎？對於這箇問題，我們便必須看看朱子的工夫如何「將人心轉爲道心，由物格化爲知至」了。

　　朱子「格物窮理」的目的，其實，便在於識覺本體或者「從作用以契入本體」。例如，從事之「所當然而不容已」中便須窮箇「當然之則」；由氣之「陰陽」裏便要格其「所以然之故」。而這箇「當然之則」，這箇「所以然之故」，便是本體之理了。因爲「格物、致知」，說穿了，不過只是爲了「思索義理，涵養本原」〔註179〕罷了。

　　我們現在便來看看朱子究是如何涵養這箇本體、本原。

〔註174〕《王陽明全集》，卷四，〈文錄一〉，〈答王天宇〉，頁162，上海古籍出版社。

〔註175〕《王陽明全集》，卷一，〈語錄一〉，〈傳習錄上〉，頁25，上海古籍出版社。

〔註176〕這是因爲，所謂的「物」便是「意之所在」、「意之所著」與「意之涉著處」之意。因此可知，所謂的「物」，事實上，便是指的「意欲」、指的「物欲」。引文參見吳怡，《生命的轉化》，頁36，東大圖書公司。

〔註177〕其實，本章上述所言之陽明的「格心」工夫，皆只不過是在「意念」上著力的相對工夫而已。若會得時，只一句「格者，正也。正其不正，以歸於正也」便可以了手。因爲，所謂「格心」的「本體工夫」便是「格其心之物也」，便是在於將「人心之不正扭轉爲道心之正」。而事實上，這正是陽明龍場悟道所悟的「心即理」。是以，陽明便說：「格物者，大學之實下手處。徹頭徹尾，自始學至聖人，只此工夫而已。非但入門之際有此一段也」。

〔註178〕《王陽明全集》，卷一，〈語錄一〉，〈傳習錄上〉，頁33，上海古籍出版社。

〔註179〕《朱子語類》，卷第九，〈學三〉，頁149，中華書局。

或人問龜山曰:「『以先知覺後知』,知、覺如何分?」龜山曰:「知
是知此事,覺是覺此理。」且如知得君之仁,臣之敬,子之孝,父
之慈,是知此事也;又知得君之所以仁,臣之所以敬,父之所以慈,
子之所以孝,是覺此理也。〔註180〕

林安卿問:「『介然之頃,一有覺焉,則其本體已洞然矣。』須是就
這些覺處,便致知充擴將去。」(朱子)曰:「然。昨日固已言之。
如擊石之火,只是些子,纔引著,便可以燎原。若必欲等大覺了,
方去格物、致知,如何等得這般時節!那箇覺,是物格知至了,大
徹悟。到恁地時,事都了。若是介然之覺,一日之間,其發也無時
無數,只要人識認得操持充養將去。」〔註181〕

劉述先先生曾說:「在朱子這樣的思想間架之中,作先天功夫如象山的為學先
立其大是絕無可能的。只有不斷作後天的功夫,到了某個階段,乃有一神祕
的異質的跳躍,而達到一種豁然貫通的境界。然而我們卻不容易看得出,如
何由道德習俗的追隨與奉行的過程之中,忽然能夠轉出一條新途徑而把握到
自覺地作道德的踐履的工夫的樞紐」?〔註182〕其實,朱子的道問學工夫便是
「窮格外在物理而反致吾之知」的。而格物致知實際上只不過是同一件事罷
了。所以朱子說:「致知、格物,只是一事,非是今日格物,明日又致知。格
物,以理言也;致知,以心言也」。〔註183〕因為「心之官則思」,所以格物工
夫的窮其所以然之理,可以說是對於外在事理的不斷反思所達到的介然有
覺。那末,我們又要如何充養這點介然之覺呢?朱子認為,工夫便在於致知。
對於「致知」,朱子曾謂:「致,推極也。知,猶識也。推極吾之知識,欲其
所知無不盡也」。〔註184〕是以,「致知」的這箇知,事實上,乃「致知所以求
為真知。真知,是要徹骨都見的透」。〔註185〕

實際上,當朱子的工夫論從格物轉為致知時,便是「從萬理以窮致一理」
的階段。在〈格致補傳〉〔註186〕中,朱子曾云:「所謂致知在格物者,言欲致

〔註180〕《朱子語類》,卷第十七,〈大學四〉,頁383,中華書局。
〔註181〕《朱子語類》,卷第十七,〈大學四〉,頁376,中華書局。
〔註182〕參見劉述先,《朱子哲學思想的發展與完成》,頁204,學生書局。
〔註183〕《朱子語類》,卷第十五,〈大學二〉,頁292,中華書局。
〔註184〕《四書章句集註》,〈大學章句〉,頁4,鵝湖出版社。
〔註185〕《朱子語類》,卷第十五,〈大學二〉,頁283,中華書局。
〔註186〕對於朱子的「格物」工夫與豁然貫通之關係,請參閱楊儒賓先生的〈格物與

吾之知，在即物而窮其理也。蓋人心之靈莫不有知，而天下之物莫不有理，惟於理有未窮，故其知有不盡也。是以《大學》始教，必使學者即凡天下之物，莫不因其已知之理而益窮之，以求至乎其極。至於用力之久，而一旦豁然貫通焉，則眾物之表裏精粗無不到，而吾心之全體大用無不明矣。此謂物格，此謂知之至也」。〔註187〕在這裏，值得我們注意的是這箇「極」字。因為這箇「極」，便是渾淪不分的「一理」，渾淪不分的「太極」。而性即理，理即性，〔註188〕所以朱子說：「性猶太極也，心猶陰陽也。太極只在陰陽之中，非能離陰陽也。然至論太極，自是太極；陰陽自是陰陽。惟性與心亦然。所謂一而二，二而一也」。〔註189〕因此，朱子認為：「聖人只是識得性」。〔註190〕並且，因為「性畢竟無形影，只是心中所有底道理」〔註191〕、「仁，渾淪言，則渾淪都是一箇生意，義禮智都是仁」，〔註192〕是以聖人之「窮理識性」實際上就是「識仁」了。在這裏，朱子極為成功地融會了伊川與明道的思想體系。

那末，朱子窮格外在物理又如何「反來誠得自家意」呢？對此，朱子說：

物格者，物理之極處無不到也。知至者，吾心之所知無不盡也。知既盡，則意可得而實矣，意既實，則心可得而正矣。〔註193〕

我們必須注意，「致知」的知字雖有「覺」、「識」和「真知」的意思在，然這致真知、識仁體只是識得「本心全體」而已，而不是「本心全體」之涵養

豁然貫通——朱子〈格物補傳〉的詮釋問題〉一文。(參見《朱子學的開展——學術篇》，頁219，漢學研究中心。)

〔註187〕《四書章句集註》，〈大學章句〉，頁6，鵝湖出版社。

〔註188〕所謂的天理本體，從外在天道一面來看，固然是天地與萬物之理，如朱子有言：「伊川說得好，曰：『理一分殊。』合天地萬物而言，只是一箇理；及在人，則又各自有一箇理」。(《朱子語類》，卷第一，〈理氣上〉，頁2，中華書局。)然由內在人道一面看來，則只是人心中的性，如朱子有說：「性即理也。在心喚做性。」(《朱子語類》，卷第五，〈性理二〉，頁83，中華書局。)然而實際上，無論是主觀內的性，亦或外在客觀的理，皆只是同樣的「性即理」罷了。正如朱子所謂之：「道即性，性即道，固只是一物。然須看因甚喚做性，因甚喚做道」。(《朱子語類》，卷第五，〈性理二〉，頁82，中華書局。)在這裏，所謂的天道人道、外在內在、主體客體等，都可以用「一而二，二而一」的方式加以貫通。而所謂的貫通，不過是在說明：「性即理」、「天道即人道」、「內在即外在」或「主體即客體」罷了。

〔註189〕《朱子語類》，卷第五，〈性理二〉，頁87，中華書局。

〔註190〕《朱子語類》，卷第五，〈性理二〉，頁84，中華書局。

〔註191〕《朱子語類》，卷第四，〈性理一〉，頁63，中華書局。

〔註192〕《朱子語類》，卷第六，〈性理三〉，頁107，中華書局。

〔註193〕《四書章句集註》，〈大學章句〉，頁4，鵝湖出版社。

的完成，而仍落在「吾心之所知無不盡也」的工夫階段。所以朱子云：「致知乃本心之知。如一面鏡子，本全體通明，只被昏翳了，而今逐旋磨去，使四邊皆照見，其明無所不到」。〔註194〕又說：「覺在知上卻多，只些小搭在仁邊」。〔註195〕因此之故，朱子明確地說：「覺，決不可以言仁，雖足以知仁，自屬智了」。〔註196〕至於誠意，根據朱子的解釋是：「誠，實也。意者，心之所發也。實其心之所發，欲其一於善而無自欺也」。〔註197〕也就是說，朱子「誠意」的工夫就好似一面鏡子一般，如實地映照本心所發之意，而無所自欺。所以，當有人問朱子「『知至而後意誠』，如何知既盡後，意便能實？」時，他便說道：「如以燈照物，照見處所見便實；照不見處便有私意，非真實」。〔註198〕

結　語

　　最後，我們進到陽明所批評朱子的「認理爲外」、「認物爲外」之義外此一問題上。對此，黃宗羲曾站在陽明心學的立場上來批評朱子之後學，而說：「先生（陽明）憫宋儒之後學者，以知識爲知，謂『人心之所有者不過明覺，而理爲天地萬物之所公共，故必窮盡天地萬物之理，然後吾心之明覺與之渾合而無間』。說是無內外，其實全靠外來聞見以填補其靈明者也」。〔註199〕其實對於這一問題，朱子有云：「心與理一，不是理在前面爲一物。理便在心之中」。〔註200〕這是因爲心與理本來便貫通的緣故。而事實上，「本心元無不善」〔註201〕之所以然便是「性則純是善底」〔註202〕了。這是因爲，「心之本體」便是「性之本體」。而朱子所以要窮理的目的，便是爲了「從作用以契入本體」。〔註203〕然而，這裏所謂的「契入」，並非爲了「與之渾合而無間」。而其實只

〔註194〕《朱子語類》，卷第十五，〈大學二〉，頁283，中華書局。
〔註195〕《朱子語類》，卷第六，〈性理三〉，頁119，中華書局。
〔註196〕《朱子語類》，卷第六，〈性理三〉，頁118，中華書局。
〔註197〕《四書章句集註》，〈大學章句〉，頁4，鵝湖出版社。
〔註198〕《朱子語類》，卷第十四，〈大學一〉，頁276，中華書局。
〔註199〕《明儒學案》，卷十，〈姚江學案〉，頁180，中華書局。
〔註200〕《朱子語類》，卷第五，〈性理二〉，頁85，中華書局。
〔註201〕《朱子語類》，卷第五，〈性理二〉，頁89，中華書局。
〔註202〕《朱子語類》，卷第五，〈性理二〉，頁89，中華書局。
〔註203〕朱子曾說：「心之理是太極，心之動靜是陰陽」。（《朱子語類》，卷第五，〈性理二〉，頁84，中華書局。）太極之理是性、是本體，而動靜之陰陽則爲情、

是要「信入」心體與性體本一，而「固是本心元無不善，誰教你而今卻不善了」！〔註204〕這一點，蕺山先生言之鑿確，其曰：「第一書先見得天地間一段發育流行之機，無一息之停待，乃天命之本然，而實有所謂未發者存乎其間，即已發處窺未發，絕無彼此先後之可言者也。第二書則以前日所見爲儱侗，浩浩大化之中，一家自有一箇安宅，爲立大本行達道之樞要，是則所謂性也。第三書又以前日所見爲未盡，而反求之于心，以性情爲一心之蘊，心有動靜，而中和之理見焉，故中和只是一理，一處便是仁，即向所謂立大本行達道之樞要，然求仁工夫只是一敬，心無動靜、敬無動靜也。最後一書又以工夫多用在已發爲未是，而專求之涵養一路，歸之未發之中云。合而觀之，第一書言道體也，第二書言性體也，第三書合性于心，言工夫也，第四書言工夫之究竟處也。見解一層進一層，工夫一節換一節。孔、孟而後，幾見小心窮理如朱子者！」〔註205〕

　　然而，因爲朱子的格物窮理是以「經驗心」去窮究物理、事理之本體。〔註206〕是以，至少在「格物」階段，朱子的工夫的確如陽明所言的，是「以

為作用。而我們之所以不贊同朱子「以心窮理」之目的——「從作用以契入本體」——是爲了令「人心之明覺與理渾合而無間」的理由便是，這不過只說明了心與性不雜的一面，卻忽略了心性不離的另一面。如朱子說：「心以性爲體，心將性做餡子模樣。蓋心之所以具是理者，以有性故也」。（《朱子語類》，卷第五，〈性理二〉，頁89，中華書局。）換句話說，在朱子學說裏面，便是指的「心無間於已發未發。徹頭徹尾都是，那處截做已發未發！」（《朱子語類》，卷第五，〈性理二〉，頁86，中華書局。）在這裏，我們可以下之道心、人心與天地之性、氣質之性的關係來加以說明：
　　人心＝氣質之性（不離），道心－氣質之性（不雜）；
　　人心－天地之性（不雜），道心＝天地之性（不離）。
〔註204〕正如朱子所言的：「此心之靈，其覺於理者，道心也；其覺於欲者，人心也」。（《朱文公文集》，〈答鄭子上八〉，卷五十六。）又言：「天理者，此心之本然」。（《朱子全書》，第二十冊，〈晦庵先生朱文公文集〉，卷第十三，〈辛丑延和奏箚二〉，頁639，上海古籍出版社。）又說：「性無不善。心所發爲情，或有不善。說不善非是心，亦不得。卻是心之本體本無不善」。（《朱子語類》，卷第五，〈性理二〉，頁92，中華書局。）引文參見《朱子語類》，卷第五，〈性理二〉，頁89，中華書局。
〔註205〕《宋元學案》，卷四十八，〈晦翁學案〉，中華書局。
〔註206〕《傳習錄》曾載：「愛問：『『知止而後有定』，朱子以爲『事事物物皆有定理』，似與先生之說相戾。」先生曰：「於事事物物上求至善，卻是義外也。至善是心之本體，只是『明明德』到『至精至一』處便是。然亦未嘗離卻事物，本註所謂『盡夫天理之極，而無一毫人欲之私』者得之。」（《王陽明全集》，卷一，〈語錄一〉，〈傳習錄上〉，頁2，上海古籍出版社。）

心窮理」之義外，是「析心與理而爲二」了。

　　雖然如此，無論是陽明或是朱子，他們二者都深得於孔、孟之道的這箇「一」，〔註207〕都確爲儒家中之的傳。

〔註207〕對於這箇「道一」，孔子曾言：「吾道一以貫之」；而孟子又云：「夫道一而已矣」。

第二章　陽明的「心即理」

前　言

　　宋明理學的兩大分支，便是：程朱的「性即理」與陸王的「心即理」。我們都知道，在朱子思想中，天理便是本體。而在其心性論中，無論是「心之本體」或是「性之本體」（天地之性），亦皆同樣是爲本體。是以，在朱子的體系中，性之本體便是本心。換句話說，在某種意義上，我們亦可謂朱子是「心即理」。〔註1〕只不過在盡心識性之前，必須加以一段格物窮理的工夫而已。然而，「程朱派把心分作情和性，認爲心中之性是理，心中之情因爲有欲的緣故卻不是理。可是心學派，對於這個心中是否有情的問題不談，他們把欲排除在心之外，而把情純化爲性，因此他們所指的心，就是性」。〔註2〕因此，陽明的工夫論便不須格物而後致知，因爲無論格物或者致知，皆不過是「窮此本心之天理」而已矣！而陽明的龍場悟道便是悟箇「心即理」。事實上，陽明對於「心即理」的徹悟，不僅僅是對於朱子格物窮理的工夫的超越，而其實是一種旋乾轉坤的轉向。因爲這箇心已不再是「以心窮理」的經驗心，而是「本心即理」的心之本體。尤其陸王對於心的理解，不過只是同一體的兩箇面罷了。

〔註1〕因爲「窮理識性」便自能識得「心與理一」。而所謂「心與理一」，便是指的心體與天理本一。

〔註2〕參見吳怡，《中國哲學發展史》，第二十一章，〈陸王的思想及其在心學上的成就〉，頁485，三民書局。

當然，不論程朱或陸王，都深受著佛學思想的影響，甚或是其主要的敵手。而「宋明理學均有禪宗色彩。王學爲理學中心學之極高峰，其禪宗色彩更厚，自不待言」。〔註 3〕所以，陸王心學與禪宗在外貌上便似乎有些鶻突而混作一片。其實，心學家的心中充滿了理，而佛家的心性卻是空。對此，陳榮捷先生說：「陽明之批評禪宗思想，在學理方面，比宋儒爲尤甚。蓋陽明專意攻擊禪家關於心之見解，此其與程朱之所不同。朱子評佛，乃從社會、倫理、歷史、哲學各方面著手。程頤亦側重實際方面。惟陽明集其全力於禪家基本觀念，指出禪家心說之無理與其『不著心』說之自相矛盾。如是陽明攻擊禪宗之中心學說，視宋儒爲進一步。陽明本人之根本思想亦在乎心，則其攻擊禪家心說亦至自然」。〔註 4〕

而本章主要地在闡明「心」、「理」的思想。第一節論述儒學與禪學的「心體」，分別是儒學的「動心忍性」與禪學的「明心見性」。第二節是聖學的「心心相印」——此心同此理同，首先是象山的「心即理」，其次是陽明的「心即理」。而重點便在於這箇「一心」、「一理」。而第三節則是進一步申論陽明的心外無事、心外無理，故心外無學思想。

第一節　儒學與禪學的「心體」

我們都知道，心性這一概念的最早使用，起始於《孟子》。而孟氏之心性又實本源自孔子的仁。是以對於心體的論述，我們便必須涉及至孔孟思想。然而，由於儒家思想在漢代受到獨尊的緣故，所以，無論是「仁」或者是「心性」的觀念，對於後來的禪宗便產生了些許風波。例如《六祖壇經》第一品便載著：「值印宗法師講《涅槃經》。時有風吹旛動，一僧曰風動，一僧曰旛動，議論不已。慧能進曰：『不是風動，不是旛動，仁者心動。』一眾駭然。」〔註 5〕雖然這裏的仁者心動是在指摘二人心底中的執著，而並非儒家原有的惻隱之心之感動焉。但在佛家的經典中卻出現了儒家的術語，確是使我們感到有些欣慰。因爲這一點明示了儒佛兩家表面上雖然浪起風波，然而實際上，卻是在交流，在影響著彼此的心性思想。猶如《壇經》第三品便有〈無相頌〉

〔註 3〕參見陳榮捷，《王陽明與禪》，頁 73，學生書局。
〔註 4〕參見陳榮捷，《王陽明與禪》，頁 77，學生書局。
〔註 5〕《六祖壇經》，〈行由品第一〉。

一首，其記云：「心平何勞持戒，行直何用修禪？恩則孝養父母，義則上下相憐。讓則尊卑和睦，忍則眾惡無喧。」〔註6〕而這便是因為孔子曾謂：「君子坦盪盪」；孟子有云：「枉己者，未有能直人者也」〔註7〕之故。然而，儒學與禪學的心性之所以不同，亦正在於這箇心動的「動」字上。

一、儒學的「動心忍性」

　　孔子自述其「五十知天命」。可見得，五十之數對於孔子是一大關鍵。而其對於天命的追求，亦有著深切的信仰。所以曾熱情地說過：「朝聞道，夕死可矣！」至於孔子的讀《易》，亦是眾所周知的。如他言：「加我數年，五十以學《易》，可以無大過矣」。〔註8〕那末，為甚麼孔子五十要學《易》呢？這是因為《易經》是一本談論天道的書。〔註9〕而《易》之變易，便在乎一箇「時」字。而僅是《論語》的第一篇〈學而〉，便至少出現了兩句有關「時」字的段落。如：「學而時習之，不亦說乎」？又如：「道千乘之國：敬事而信，節用而愛人，使民以時」。是以，孟子即稱孔子是「聖之時者也」。然而，天道不僅加了孔子數年，而且是二十年。因此我們可以斷定，孔子自五十「知天命」至七十「從心所欲，不踰矩」，便都是走在體驗天道的路子上的。是以，孔子在臨川上時便留下了一句名言，其云：「逝者如斯夫！不舍晝夜」。對此，程子曾謂：「此道體也。天運而不已，日往則月來，寒往則暑來，水流而不息，物生而不窮，皆與道為體，運乎晝夜，未嘗已也。是以君子法之，自強不息。及其至也，純亦不已焉」。又曰：「此見聖人之心，純亦不已也。純亦不已，乃天德也」。〔註10〕因此，對於天道的體驗實在是根植乎心性的。因為根據程子的說法，孔子便是法乎天道而證得了心性的純亦不已，而打通了「性與天道」。

　　那末，儒家在天道的「時易」方面與佛家對「無常」的體會，又有何不同呢？關鍵便在「體」、「用」二字。例如，佛家觀察到天地間皆是生滅不已、不斷流轉的。所以其所體會的世間觀便是「無常、苦、空、非我」，〔註11〕其

〔註6〕　《六祖壇經》，〈疑問品第三〉。

〔註7〕　《四書章句集註》，〈孟子集注〉，頁265，鵝湖出版社。

〔註8〕　《四書章句集註》，〈論語集注〉，頁97，鵝湖出版社。

〔註9〕　如孔子便曾說：「不知命，無以為君子也」。（《四書章句集註》，〈論語集注〉，頁195，鵝湖出版社。）

〔註10〕　《四書章句集註》，〈論語集注〉，頁113，鵝湖出版社。

〔註11〕　如《雜阿含經》記載：「過去、未來色無常，況現在色！聖弟子如是觀者，不

所建立的心性便是「空性」，〔註12〕其所踐履的工夫便是「應無所住而生其心」。〔註13〕然而，同樣的現象，儒家所看到的卻是天之行健，天道的生生流行不已。其所體察的天道觀爲「至誠無息」，〔註14〕其所證得的心性爲「性善」，其所實踐的工夫爲「我欲仁，斯仁至矣」。〔註15〕是以，我們可以說，儒家的工夫重視一箇「欲」字，〔註16〕而佛家的修行則強調「離欲」。以心性論來說，佛家的心性本體是「空性」，其作用自然是「無執」；而儒家的心性本體爲「性善」，其運用當然爲「爲仁」、「行義」與「執禮」了。〔註17〕也就是說，由於對心性本體的不同理解，佛家的工夫偏於自然作用的「明心見性」，而儒家的工夫則重於義理上的運用，必須能「動心忍性」。

顧過去色，不欣未來色，於現在色厭、離欲、正向滅盡。如是過去未來受、想、行、識無常，況現在識！聖弟子如是觀者，不顧過去識，不欣未來識，於現在識厭、離欲、正向滅盡。如無常、苦、空、非我，亦復如是」。(《雜阿含經》，〈五陰誦第一〉，八，〈過去無常經〉。)

〔註12〕如《維摩詰經》記云：「法同法性，入諸法故」。又云：「知諸法，如幻相；無自性，無他性，本自不然，今則無滅」。(《維摩詰經》，〈弟子品第三〉。) 值得注意的是，在《維摩詰經》裏，已有了所謂本體（猶如法性、眞如、實相）的思想。然而，這並不是說有離開現象而存在的本體，而是現象即是本體，本體便在現象之中。而這便是「法同法性」。

〔註13〕如《金剛經》載云：「諸菩薩摩訶薩，應如是生清淨心：不應住色生心，不應住聲、香、味、觸、法生心，應無所住而生其心」。(《金剛經》，〈正宗分一〉。) 而「應無所住而生其心」是指的，應自然產生清淨心的作用而無所執著。

〔註14〕吳怡先生曾說：「首先把中庸的誠字和易傳的乾道打成一片的，就是周濂溪，他在通書中說：『誠者，聖人之本，大哉乾元，萬物資始，誠之源也，乾道變化，各正性命，誠斯立焉，純粹至善者也，故曰：一陰一陽之謂道，繼之者善也，成之者性也。元亨，誠之通；利貞，誠之復。大哉，易也，性命之源乎！』這種用誠扣緊乾道去釋儒家的形而上思想，正寫出了儒家形而上思想的充實而有動力，這和佛家形而上思想的易偏於空寂，正好是一個對比」。(參見《中庸誠的哲學》，第八章，〈誠可以針砭佛學思想的空疏〉，頁130，東大圖書公司。)

〔註15〕《四書章句集註》，〈論語集注〉，頁100，鵝湖出版社。

〔註16〕如孔子有言：「欲而不貪」。而「欲而不貪」，根據孔子自己的說法，便是「欲仁而得仁，又焉貪」？(《四書章句集註》，〈論語集注〉，頁194，鵝湖出版社。)

〔註17〕以《易經》來說，六十四卦皆是對於天地間的現象所做的一種歸納。當我們占得每一卦、每一爻後，便能得知我們現在所處的時位。而我們所占得的吉凶悔吝，便是對我們的一種指示，對於人事上的一種運用。然而無論是卦是爻，皆是爲「爲道也屢遷，變動不居，周流六虛，上下無常，剛柔相易，不可爲典要，唯變所適」。所以，我們研究《易經》，便需要研幾。(此一觀點筆者聽於吳怡先生2004年在南華大學所做的演講錄音。)

對於「動心忍性」，孟子曾說：

> 天將降大任於是人也，必先苦其心志，勞其筋骨，餓其體膚，空乏
> 其身，行拂亂其所為，所以動心忍性，曾益其所不能。人恒過，然
> 後能改；困於心，衡於慮，而後作；徵於色，發於聲，而後喻……
> 然後知生於憂患而死於安樂也。〔註18〕

這一段話，顯然道出了儒家的最大特色。可以說，在儒家的眼中，天將命令
大任於斯人時，必「使之所為不遂，多背戾也」。〔註19〕而天命之所以如此的
原因，便在於令其「動心忍性，曾益其所不能」。對於「動心忍性」，朱子注
說：「謂竦動其心，堅忍其性也。然所謂性，亦指氣稟食色而言耳」。〔註20〕
在這裏，朱子的解釋顯然不符孟子的原意。因為孟子的心是「良心」，性是「善
性」；而並非朱子所謂之「經驗心」，所謂的「氣質之性」。因此，「動心忍性」
的動字便是指的「怵惕惻隱」之意。所以謝氏曰：「人須是識其真心。方乍見
孺子入井之時，其心怵惕，乃真心也。非思而得，非勉而中，天理之自然也」。
〔註21〕那末，「忍性」又該作何解呢？《說文解字》云：「忍，能也。」段玉
裁又注解：「忍之義亦兼行止。敢於殺人謂之忍，俗所謂忍害也；敢於不殺人
亦謂之忍，俗所謂忍耐也。其為能一也。仁義本無二事。先王不忍人之心，
不忍人之政中，皆必兼斯二者。」〔註22〕這是因為，良知良能便是心性本體。
〔註23〕而所謂的「曾益其所不能」，便正如孟子所言，是指的「苟得其養，無
物不長；苟失其養，無物不消。孔子曰：『操則存，舍則亡；出入無時，莫知
其鄉。』惟心之謂與？」〔註24〕然而，我們不能忘記，儒家的「心性」是與
「天命」息息相關的。〔註25〕這是因為，無論人道或天道，皆是共同一箇道。

〔註18〕《四書章句集註》，〈孟子集注〉，頁348，鵝湖出版社。
〔註19〕《四書章句集註》，〈孟子集注〉，頁348，鵝湖出版社。
〔註20〕《四書章句集註》，〈孟子集注〉，頁348，鵝湖出版社。
〔註21〕《四書章句集註》，〈孟子集注〉，頁237，鵝湖出版社。
〔註22〕《說文解字》，頁519，萬卷樓。
〔註23〕所謂的「良知」，便是「不忍人之心」。而「不忍人之心」便是指的不能害人
　　　的「良心」。所謂的「良能」，便是「忍性」。而「忍性」便是指的能無不善的
　　　「善性」。是以，「動心忍性」事實上就是指的「良知良能」之心性本體。
〔註24〕《四書章句集註》，〈孟子集注〉，頁331，鵝湖出版社。
〔註25〕如桓魋欲加害孔子時，孔子便說：「天生德於予，桓魋其如予何」？（《四書
　　　章句集註》，〈論語集注〉，頁98，鵝湖出版社。）又，孔子受圍於匡時，便道：
　　　「文王既沒，文不在茲乎？天之將喪斯文也，後死者不得與於斯文也；天之
　　　未喪斯文也，匡人其如予何」？（《四書章句集註》，〈論語集注〉，頁110，鵝

〔註26〕

是以，我們現在便來看看陽明的「動心忍性」究竟如何上達天道？

我們知道，陽明三十七歲的龍場之悟是啟因於他於三十五歲時所上的一封〈乞宥言官去權奸以章聖德疏〉。根據《年譜》當時的記載，是「疏入，亦下詔獄。已而廷杖四十，既絕復甦。尋謫貴州龍場驛驛丞」。〔註27〕面臨此種處境，陽明在貴陽曾有居夷詩，很明白地表露他自己的心境：

> 採蕨西山下，扳援陟崔嵬。遊子望鄉國，淚下心如摧；
>
> 浮雲塞長空，頹陽不可回。南歸斷舟楫，北望多風埃；
>
> 已矣供子職，勿更貽親哀！〈採蕨〉〔註28〕

雖然〈採蕨〉這首詩並未描畫出採蕨草的景況，但我們在其他詩中卻能夠發現，直至此時，陽明已是把握到了朱子的格物窮理工夫。如他說：「下田既宜稌，高田亦宜稷。種蔬須土疏，種薯須土濕。寒多不實秀，暑多有螟螣。去草不厭頻，耘禾不厭密。物理既可玩，化機還默識；即是參贊功，毋為輕稼穡！」（〈觀稼〉）〔註29〕可以見得，這時候的陽明已經「通過實踐和觀察，掌握了不少做農活的技術和規律。比如，他弄明白了低矮地方的田適合栽水稻，高的地方適合種高粱一類作物；栽蔬菜土要鬆，栽薯類土要濕；溫度低果實不飽滿，溫度高容易長蟲；多除草莊稼長得好，至於稻秧，就沒必要抽的很稀疏」。〔註30〕看到這裏，不禁令我們想起朱子亦曾說：「雖草木亦有理存焉。一草一木，豈不可以格。如麻麥稻粱，甚時種，甚時收，地之肥，地之磽，厚薄不同，此宜植某物，亦皆有理」。〔註31〕

然而，就在陽明這「動心忍性」之時，使他悟入的卻並非朱子「窮理識性」的方法，而正好是孟子早就說過的：「盡其心者，知其性也。知其性，則知天矣。

湖出版社。）可以見得，孔子每遭憂患時往往自信於天命。而這便是因為他能樂知天命的緣故。

〔註26〕正如孔子所云：「吾道一以貫之」。又曾有言：「不怨天，不尤人。下學而上達。知我者其天乎」？（《四書章句集註》，〈論語集注〉，頁157，鵝湖出版社。）然而「人能弘道，非道弘人」，所以，「不怨天，不尤人」是下學的工夫，而「知我其天」便是上達於天道了。

〔註27〕《王陽明全集》，卷三十三，〈年譜一〉，頁1227，上海古籍出版社。

〔註28〕《王陽明全集》，卷十九，〈外集一〉，頁696，上海古籍出版社。

〔註29〕《王陽明全集》，卷十九，〈外集一〉，頁695，上海古籍出版社。

〔註30〕參見袁仁琮，《解讀王陽明》，12，巴蜀書社。

〔註31〕《朱子語類》，卷第十八，〈大學五〉，頁420，中華書局。

存其心，養其性，所以事天也。殀壽不貳，修身以俟之，所以立命也。」〔註32〕
對於這一點，《年譜》早有記載，其曰：「時瑾憾未已，自計得失榮辱皆能超脫，
惟生死一念尚覺未化，乃爲石墎自誓曰：『吾惟俟命而已！』日夜端居澄默，以
求靜一；久之，胸中灑灑……因念：『聖人處此，更有何道？』忽中夜大悟格物
致知之旨，寤寐中若有人語之者，不覺呼躍，從者皆驚。始知聖人之道，吾性
自足，向之求理於事物者誤也」。〔註33〕顯然地，這裏的「俟命」並非待死，而
是「修身以俟命」。並且，由於「莫之爲而爲者，天也；莫之致而至者，命也」，
〔註34〕是以天命所賦予的，聖人所悟道的必定是性了。〔註35〕當然地，陽明所
自道的「始知聖人之道，吾性自足，向之求理於事物者誤也」，必定本原於孟子，
而非來源於禪宗。這是由於孟子曾道：「萬物皆備於我矣。反身而誠，樂莫大焉。
強恕而行，求仁莫近焉」。〔註36〕那末，爲甚麼孟子會認爲「萬物皆備於我」，
會覺得「反身而誠，樂莫大焉」呢？這是因爲「誠者，天之道也；思誠者，人
之道也」，只要我們反身思誠，便能證得本體，便能證得「性與天道」。而這箇
「反身思誠」的工夫，便在於一箇「己所不欲，勿施於人」、「推己及人」的「恕」
字。然而，求仁便是求性，那末，何以會「求仁莫近焉」呢？這是因爲「推己」
便是仁心的命意發端處。正如孔子所謂：「夫仁者，己欲立而立人，己欲達而達

〔註32〕《四書章句集註》，〈孟子集注〉，頁349，鵝湖出版社。
〔註33〕《王陽明全集》，卷三十三，〈年譜一〉，頁1228，上海古籍出版社。
〔註34〕《四書章句集註》，〈孟子集注〉，頁308，鵝湖出版社。
〔註35〕對於《中庸》的「天命之謂性，率性之謂道」，吳怡先生曾說：「率性的性字，
　　　必然有所限定。所以中庸在『率性之謂道』上，又加了一句『天命之謂性』」。
　　　又說：「『率性之謂道』，是說這個『道』，在於『率』性。這個『率』字含有
　　　遵循的意思，違背了性，當然不是『率』，放任於性，偏於本能欲望，也不能
　　　稱爲『率』，所以都不是『道』。『天命之謂性』，是說這個『性』，是由『天』
　　　所命，命字含有賦予的意思，本來性字可以用『生而自然』爲定義，如告子
　　　的『生之謂性』，荀子的『生之所以然者謂之性』，但單以『生』去講性，易
　　　限於『食色』的本能，和『精合感應』的生理現象。而中庸的這個性字上加
　　　了一個天字，無異使得這個性能夠契合於天道的至眞，所以性既然得之於天
　　　道，率性自然是道了」。（參見吳怡，《中庸誠的哲學》，頁39，東大圖書公司。）
　　　事實上，這箇「天道的至眞」，顯然是在指的「至善」，而由天所賦予的性，
　　　當然是「性善」了。正猶如孟子所云的：「悅親有道：反身不誠，不悅於親矣；
　　　誠身有道：不明乎善，不誠其身矣。是故誠者，天之道也；思誠者，人之道
　　　也。至誠而不動者，未之有也；不誠，未有能動者也。」（《四書章句集註》，
　　　〈孟子集注〉，頁282，鵝湖出版社。）我們也可以說，這箇「怵惕能動」的
　　　心性，亦必定來自於天道的至誠了。
〔註36〕《四書章句集註》，〈孟子集注〉，頁350，鵝湖出版社。

人。能近取譬，可謂仁之方也已」。〔註37〕在此，值得我們注意的是「求仁莫近焉」和「能近取譬，可謂仁之方也已」的「近」字。因爲欲「推己及人」，卻必須得「近裏」、「向內」去求，而這纔是求仁之方。〔註38〕而陽明在龍場所悟的，眞實儒家之心性。如他說：「守仁蚤歲業舉，溺志辭章之習。既乃稍知從事正學，而苦於眾說之紛撓疲薾，茫無可入，因求諸老、釋，欣然有會於心，以爲聖人之學在此矣！然於孔子之教間相出入，而措之日用，往往闕漏無歸。依違往返，且信且疑。其後謫官龍場，居夷處困，動心忍性之餘，恍若有悟，體驗探求，再更寒暑，證諸六經四子，沛然若決江河而放之海也。然後嘆聖人之道坦如大路」。〔註39〕可以知道，陽明早年曾有契會於佛、老之心體。然因其「日用常行」往往闕漏無歸，故居夷於龍場驛時便悟得孔孟「動心忍性」之心性本體。這是因爲，儒家的心性之體是「仁心」，故其用便必然導出「仁政」、必然導至人倫。而佛家的心性本體則爲「空性」，是以其所見所聞便是「凡所有相，皆是虛妄。若見諸相非相，則見如來」。〔註40〕這是因爲，相即現象。而現象都是生滅法，都是虛妄不實的，而並非眞如本體。即使其所云之菩薩應「滅度一切眾生」，但其菩薩仍「於法應無所住，行於布施。所謂不住色布施，不住聲、香、味、觸、法布施。須菩提，菩薩應如是布施，不住於相」。〔註41〕而所謂「不住於相」，便是指的「無我、無人、無眾生、無壽者」四相。是以，「若菩薩通達無我法者，如來說名眞是菩薩」。〔註42〕雖然其「不住相」布施境界甚高，然其眞正之精神

〔註37〕《四書章句集註》，〈論語集注〉，頁92，鵝湖出版社。

〔註38〕孔子曰：「性相近也，習相遠也」。對此，朱子解釋說：「此所謂性，兼氣質而言者也。氣質之性，固有美惡之不同矣。然以其初而言，則皆不甚相遠也。但習於善則善，習於惡則惡，於是始相遠耳」。(《四書章句集註》，〈論語集注〉，頁175，鵝湖出版社。)然而朱子以性關連於性之初始而言，似乎不符合本意。因爲時間並非本句的主詞。其實，本句明白地指出爲孔子所言，所以是以第一人稱來說的。而本句之主詞便應是「性」字與「習」字。而「近」和「遠」皆應作動詞用。事實上，對「近」和「遠」作動詞用在《論語》一書本有例可循，有如：「唯女子與小人爲難養也，近之則不孫，遠之則怨」。是以本句應是指的：「性須向近於內，習則遠求於外」。而筆者認爲，所謂「性相近」便是理學的「德性之知」；所謂「習相遠」便是理學的「聞見之知」。是以，孟子便說：「萬物皆備於我矣。反身而誠，樂莫大焉。強恕而行，求仁莫近焉」。

〔註39〕《王陽明全集》，卷七，〈文錄四〉，〈朱子晚年定論序〉，頁240，上海古籍出版社。

〔註40〕《金剛經》，〈正宗分一〉。

〔註41〕《金剛經》，〈正宗分一〉。

〔註42〕《金剛經》，〈正宗分三〉。

卻在「應生無所住心」〔註43〕上。這畢竟與儒家所謂之「己欲立而立人，己欲達而達人」有著絕然的不同。因為儒家之真正精神便是「立己便在於立人上，達己便在於達人上」的。是以陽明便說：「舜不遇瞽瞍，則處瞽瞍之物無由格；不遇象，則處象之物無由格。周公不遇流言憂懼，則處流言憂懼之物無由格。故凡動心忍性，增益其所不能者，正吾聖門致知格物之學，正不宜輕易放過，失此好光陰也。知此則夷狄患難，將無入不自得矣」。〔註44〕

那末，陽明的「心性」又是如何與「天命」息息相關的呢？對此，陽明有云：「盡心、知性、知天，是生知安行事；存心、養性、事天，是學知利行事；夭壽不貳，修身以俟，是困知勉行事」。接著又解釋說：

> 性是心之體，天是性之原，盡心即是盡性。「惟天下至誠為能盡其性，知天地之化育。」存心者，心有未盡也。知天，如知州、知縣之知，是自己分上事，已與天為一；事天，如子之事父，臣之事君，須是恭敬奉承，然後能無失，尚與天為二，此便是聖賢之別。至於「夭壽不貳其心」，乃是教學者一心為善，不可以窮通夭壽之故，便把為善的心變動了，只去修身以俟命；見得窮通壽夭有箇命在，我亦不必以此動心。事天雖與天為二，已自見得箇天在面前；俟命便是未曾見面，在此等候相似：此便是初學立心之始，有箇困勉的意在。
>
> 〔註45〕

對於此一段話，陽明在〈答顧東橋書〉亦有所云，其曰：「夫心之體，性也；性之原，天也。能盡其心，是能盡其性矣。《中庸》云：『惟天下至誠為能盡其性』；又云：『知天地之化育；質諸鬼神而無疑，知天也』，此惟聖人而後能然，故曰：『此生知安行，聖人之事也』。存其心者，未能盡其心者也，故須加存之之功；必存之既久，不待於存而自無不存，然後可以進而言盡。蓋『知天』之『知』，如『知州』、『知縣』之『知』，知州則一州之事皆己事也，知縣則一縣之事皆己事也，是與天為一者也；事天則如子之事父，臣之事君，猶與天為二也。天之所以命於我者，心也，性也，吾但存之而不敢失，養之而不敢害，如父母全而生之、子全而歸之者也，故曰：『此學知利行，賢人之

〔註43〕《金剛經》，〈正宗分二〉。

〔註44〕《王陽明全集》，卷三十二，〈補錄〉，〈傳習錄拾遺〉，頁116，上海古籍出版社。

〔註45〕《王陽明全集》，卷一，〈語錄一〉，〈傳習錄上〉，頁5，上海古籍出版社。

事也』。至於『殀壽不貳』，則與存其心者又有間矣。存其心者雖未能盡其心，故已一心於爲善，時有不存，則存之而已；今使之殀壽不貳，是猶以殀壽貳其心者也，猶以殀壽貳其心，是其爲善之心猶未能一也，存之尙有所未可，而何盡之可云乎？今且使之不以殀壽貳其爲善之心，若日死生殀壽皆有定命，吾但一心於爲善，修吾之身，以俟天命而已，是其平日尙未知有天命也。事天雖與天爲二，然已眞知天命之所在，但惟恭敬奉承之而已耳；若俟之云者，則尙未能眞知天命之所在，猶有所俟者也，故日所以立命。『立』者，『創立』之『立』，如『立德』、『立言』、『立功』、『立名』之類，凡言『立』者，皆是昔未嘗有而本始建立之謂，孔子所謂：『不知命，無以爲君子』者也，故日：『此困知勉行，學者之事也』。」〔註46〕而陽明於龍場所悟的道，便是箇本體始建立之道、「不知命，無以爲君子」之命了。是以，儒家的心性本體便必須建立於天命之上。而這，便是孔子所知的「性與天道」。

二、禪學的「明心見性」

「禪宗的這個禪字本來是從梵文『禪那』的音譯變來的，但其間意義上有很大的差別。『禪那』是指一種精神的集中，是指一種有層次的冥想，而『禪』，以中國祖師所了解的，那是指對本體的一種頓悟，或是指對自性的一種參証。他們一再的提醒學生，冥想和思索，都會失去了禪的精神。」〔註47〕我們可以說，佛學傳到了中國禪宗，便已經捨離了對於形而上的繁瑣思維，而完全轉化爲一種對心性本體的頓悟之學了。而所謂的「頓悟」，便是指的「明心見性」。是以，「佛法最重要的就是見性，所謂戒定慧只是一種見性的手段而已。以他（慧能）的看法，我們的精神生命是從自性智慧中泉湧而出，並沒有階段可分。一切都在於『覺』。自覺之後，自然便會『諸惡不作，眾善奉行』，唯有這樣，才能享受到不可思議的自由和平靜，才能在自己的心中開發出智慧的活泉」。〔註48〕因此，「我們做人，只求做到救世的『大乘人』，而不再進一步，達到最高智慧的『上乘人』，仍然是有所不足」。〔註49〕所以接下來，我們便先來看看五祖弘忍禪師所述作的《最上乘論》。

〔註46〕《王陽明全集》，卷二，〈語錄二〉，〈傳習錄中〉，頁43，上海古籍出版社。
〔註47〕參見吳經熊著、吳怡譯，《禪學的黃金時代》，頁2，台灣商務印書館。
〔註48〕參見吳經熊著、吳怡譯，《禪學的黃金時代》，頁34，台灣商務印書館。
〔註49〕參見吳經熊著、吳怡譯，《禪學的黃金時代》，頁34，台灣商務印書館。

　　若說儒家的心性工夫必在於「盡心、知性、知天」的話，那末，禪家的工夫便在乎直信入此本來清淨的本心自性而不妄求諸佛菩薩。正如五祖弘忍在其《最上乘論》一開首便說道：「夫修道之本體，須識當身。心本來清淨，不生不滅，無有分別，自性圓滿，清淨之心。此是本師，乃勝念十方諸佛」。〔註50〕可見得，對於禪家來說，這箇道的本體便在於我們的心性之中。因此若要修道，最重要的，便是悟此心性之體，須悟箇「心本來清淨，不生不滅，無有分別，自性圓滿，清淨之心」。那末，爲甚麼自信此本心自性更勝念十方諸佛呢？這是因爲「常念彼佛，不免生死；守我本心，則到彼岸。《金剛經》云：『若以色見我，以音聲求我，是人行邪道，不能見如來。』故云：守本眞心勝念他佛。又云：勝者只是約行勸人之語，其實究竟果體平等無二」。〔註51〕這是指的求念於諸佛菩薩，仍難免有漏生死輪迴之苦，不若直信本心，纔能證入涅槃。這是因爲求諸他佛，便是求之於外，便是行於邪道。然而，「守我本心」就難道是求諸於內嗎？顯然不是。因爲這箇清淨之心是「無有分別」，是「不在內，不在外，亦不在中間」的。也就是說，這箇心性本體是「平等無二」的。那末，何以知道自心是本來清淨的呢？對此，《最上乘論》有云：「《十地經》云：『眾生身中有金剛佛性，猶如日輪，體明圓滿，廣大無邊。只爲五陰黑雲之所覆，如瓶內燈光，不能照輝。』譬如世間雲霧，八方俱起，天下陰闇。日豈爛也？何故無光。光原不壞，只爲雲霧所覆。一切眾生清淨之心，亦復如是。只爲攀援妄念煩惱諸見，黑雲所覆，但能凝然守心，妄念不生，涅槃法自然顯現。故知自心，本來清淨」。〔註52〕這是指我們身體內的自性便猶似太陽之輪，其本體光明圓滿，且廣漠無邊無際。只是由於爲五陰闇雲所遮覆，是以纔產生不了照用。然而這並非日體本身有了敗爛，而只是其作用暫時被雲霧覆蓋住罷了。故我們不該執著於現象，而應該悟入其本體。而所謂的「清淨之心」，便是悟箇「妄念不生」的眞心。即所謂之「此眞心者，自然而有，不從外來，不屬於修。於三世中，所有至親莫過自守於心。若識心者，守之則到彼岸。迷心者，棄之則墮三塗。故知三世諸佛以自心爲本師。故《論》云：了然守心，則是妄念不起，則是無生，故知心是本師」。〔註53〕

〔註50〕《最上乘論》。
〔註51〕《最上乘論》。
〔註52〕《最上乘論》。
〔註53〕《最上乘論》。

事實上，這裏的「不生」，這裏的「不起」，便是在指的「不生不滅」。所以《最上乘論》說：「《維摩經》云：如，無有生；如，無有滅。如者，眞如佛性，自性清淨。清淨者，心之原也。眞如本有，不從緣生。又云：一切眾生，皆如也，眾賢聖亦如也。一切眾生者，即我等是也。眾賢聖者，諸佛是也。名相雖別，身中眞如法性，並同不生不滅。故言皆如也。故知自心本來不生不滅」。〔註54〕所謂的「如」，便是指的「不生不滅」的眞如佛性。而這箇眞如自性便是心的本來面目。對於這箇眞如法性，《維摩詰經》有云：「法不屬因，不在緣故；法同法性，入諸法故；法隨於如，無所隨故」。〔註55〕這是說，有緣便有因，然法性本身並無有原因，爲其不屬於因緣之故。是以，眞如法性便是自如自隨的。換句話說，本心自性本來即不生不滅。

而根據筆者的看法，儒禪之分在心性方面，主要地有下述二點：

第一、儒家之心性與天道相即不離；而禪家則特重個人心性之悟。〔註56〕比如，孔子所與聞的「性與天道」、孟子所與知的「盡心、知性、知天」和陽明龍場悟道所悟的聖人之道，所證的「天命之性」皆是如此。對於儒家的心性本體，陽明說：

> 聖人之心，纖翳自無所容，自不消磨刮。若常人之心，如斑垢駁雜之鏡，須痛加刮磨一番，盡去其駁蝕，然後纖塵即見，纔拂便去，亦自不消費力。到此已是識得仁體矣。若駁雜未去，其間固自有一點明處，塵埃之落，固亦見得，亦纔拂便去。至於堆積於駁蝕之上，終弗之能見也。此學利困勉之所由異，幸弗以爲煩難而疑之也。凡人情好易而惡難，其間亦自有私意氣習纏蔽，在識破後，自然不見其難矣。古之人至有出萬死而樂爲之者，亦見得耳。向時未見得向裏面意思，此工夫自無可講處。今已見此一層，卻恐好易惡難，便流入禪釋去也。〔註57〕

聖人之心，當然是無所容翳的。正如孔子所言的：「苟志於仁矣，無惡也」。〔註

〔註54〕《最上乘論》。

〔註55〕《維摩詰經》，〈弟子品第三〉。

〔註56〕如蕺山曾說：「夫一者，誠也，天之道也；誠之者，明也，人之道也，致良知是也。因明至誠，以人合天之謂聖，禪有乎哉！」（《明儒學案》，〈師說〉，頁7，中華書局。）

〔註57〕《王陽明全集》，卷四，〈文錄一〉，〈答黃宗賢應原忠〉，頁146，上海古籍出版社。

〔註58〕《四書章句集註》，〈論語集注〉，頁70，鵝湖出版社。

58〕故欲識得仁體，便必須明白「性相近」的道理。因爲「性須向近於內」，便是陽明所謂「向裏面」的工夫。而這，正是儒家的「克己，復禮爲仁」。所謂的「學利困勉」，便是指的「存之而不敢失，養之而不敢害」，但「一心於爲善，修吾之身，以俟天命而已」。因爲在儒家，所謂的「命」，不僅僅是「天命」，而且是「性命」。是以，儒家的「爲仁」便須體會「天將降大任於是人，必先違其所樂而投之於其所不欲，所以衡心拂慮而增其所不能」。〔註59〕而這箇「增益其所不能」的工夫便需要建立在「動心忍性」的本體之上。對此，陽明有謂：「『其然哉？子以聖人之道爲有方體乎？爲可拘之以時，限之以地乎？世未有既醒之人而復赴湯火，蹈荊棘者。子務醒其心，毋徒湯火荊棘之爲懼！』日孚良久曰：『焯近之矣。聖人之道，求之於心，故不滯於事；出之以理，故不泥於物；根之以性，故不拘以時；動之以神，故不限以地。苟知此矣，焉往而非學也！』予（陽明）莞爾而笑曰：『近之矣！近之矣！』」〔註60〕那末，爲甚麼陽明會認爲禪宗的工夫會流於好易惡難呢？〔註61〕因爲禪家

〔註59〕《王陽明全集》，卷七，〈文錄四〉，〈別三子序〉，頁227，上海古籍出版社。

〔註60〕《王陽明全集》，卷七，〈文錄四〉，〈別梁日孚序〉，頁242，上海古籍出版社。

〔註61〕正如伊川有言：「釋氏之說，若欲窮其說而去取之，則其說未能窮，固已化而爲佛矣！只且於迹上考之，其設教如是，則其心果如何，固難爲取其心不取其迹，有是心，則有是迹。王通言心迹之判，便是亂說，故不若且於迹上斷定，不與聖人合。其言有合處，則吾道固已有；有不合者，固所不取，如是立定卻省易」。（《近思錄》，卷十三。）對此，吳怡先生說道：「伊川所謂『迹』，就是指作用；所謂『心』，就是指本質。伊川的意思是要我們從作用上去判別佛學思想的本質是否有毛病。而不必一開始就從佛學的形而上方面去鑽研，如果轉不出來，反爲佛學所迷，因爲『大抵二氏（佛老）之學，其妙與聖人只有毫釐之間。』（陽明語，見傳習錄上），可見佛學和儒學在形而上方面只差幾希，不易把捉。反不如從作用上去透視，較爲直截了當。事實上，這所差的幾希，乃是差在佛學的形上思想沒有一段切實的下學工夫，這是站在儒家立場來看佛學的眞正病痛所在」。（參見《中庸誠的哲學》，第八章，〈誠可以針砭佛學思想的空疏〉，頁126，東大圖書公司。）可以說，「心」指體，而「迹」是用。而禪宗的本體是自性，因此，用便是自性的自然作用。所以在他們眼中，「茶來喝茶，飯來吃飯，運水搬柴，莫非是道」，皆無非是「作用見性」的工夫。然而，「因爲禪宗的平常心把重點放在自性和自然之間，高明的人，固然可以順本性的自然，以返眞歸樸；等而下之的狂禪，卻只是順生理之自然，反而有違於人情，但儒家的下學卻是把重點放在我與人之間，從倫理上去擴充本性，完成人性，以立功立德。由以上宋明儒家的所論看來，他們都一致的認爲佛學之病，乃是病在下學的空疏。這裡所謂的空疏，並非說沒有下學，而是說佛家的下學走偏了，離於人倫，遠於日用，便自然會流於空疏。儘管他們也立誓救世救人，甚之，也推崇一般的德行」。（參見《中

的工夫便是「明心見性」。而六祖慧能悟道的偈子便是：「菩提本無樹，明鏡亦非臺。本來無一物，何處惹塵埃。」〔註62〕所謂樹，所謂臺，皆是物。而本心是爲本體，而非爲現象之物的。是以，對於這箇「本來無一物」的清淨本心，黃檗希運曾說：「學道人勿疑四大爲身。四大無我，我亦無主，故知此身無我亦無主；五陰無我亦無主，故知此心無我亦無主。六根六塵六識和合生滅，亦復如是。十八界既空，一切皆空，唯有本心，蕩然清淨，……佛惟直下頓了自心，本來是佛，無一法可得，無一行可修，此是無上道，此是真如佛。學道之人只怕一念有，即與道隔矣！念念無相，念念無爲，即是佛。學道人若欲得成佛，一切佛法總不用學，惟學無求無著，無求則心不生，無著則心不染，不生不染即是佛」。〔註63〕可見得，禪宗的工夫便是「無念」、「無求」、「無著」，便是悟得「無一法可得，無一行可修」的心體。所以工夫是看似容易的。而禪家的頓悟成佛則必須「守此本心」，如五祖弘忍言道：「若願自早成佛者，會是守本真心。三世諸佛，無量無邊，若有一人不守真心得成佛者，無有是處。故《經》云：『制心一處，無事不辦。』故知守本真心，是入道之要門也」。〔註64〕並且，諸佛菩薩皆是由心性中生，如《最上乘論》所云：「三世諸佛，皆從心性中生。先守真心，妄念不生，我所心滅，後得成佛。故知守本真心，是三世諸佛之祖也」。〔註65〕

第二、儒家的本心便是善端，便是當下之一念〔註66〕；而禪家的本心則超脫兩邊，連一念之善亦要不思。〔註67〕《六祖壇經》曾載慧能之云：「不思

庸誠的哲學》，第八章，〈誠可以針砭佛學思想的空疏〉，頁129，東大圖書公司。）是以，儒家的本心不僅據於這點善端，更重視一箇「擴充」，一箇「推己」。因爲，在不同的人倫、綱常之中，便須有不同的德行之運用，之把握。由此見得，儒家既重內在的德性，亦重外在的德行。

〔註62〕《六祖壇經》，〈行由品第一〉。

〔註63〕《希運傳心法要》。

〔註64〕《最上乘論》。

〔註65〕《最上乘論》

〔註66〕如孟子以孺子之入井爲喻，便是在說明這當下一念之至善。而所謂「一念之至善」，當然並非禪宗所批評的「分別心」或「執著心」了。因此，若存養得至善的「本心」，便自然能達至「不動心」的境界。

〔註67〕如六祖慧能曾說：「學道之人，一切善念惡念，應當盡除。無名可名，名於自性。無二之性，是名實性」。（《六祖壇經》，〈頓漸品第八〉。）然這盡除善惡之念卻並非沒有念頭，而只是「不起分別想」（《六祖壇經》，〈機緣品第七〉。）罷了。

善，不思惡，正與麼時，那個是明上座本來面目」？〔註68〕對於這一公案，
吳怡先生有道：「首先慧能說：『不思善、不思惡。』對於這句話，我們要把
重點放在『思』字上，這裡所謂善惡只是表示相對的觀念，包括了是非、好
壞、高下、聖凡等。這些相對觀念是相生相成的，正如老子所謂『天下皆知
美之爲美，斯惡已；皆知善之爲善，斯不善已』。慧能的意思是叫我們在思想
上不要黏著在善惡兩邊的觀念上，這樣我們的心才能歸於清淨。然後慧能說：
『正恁麼時，阿那個是明上座本來面目？』這是問話，是要對方在這個時候，
好好做工夫，去參一參什麼是自己的本來面目」。〔註69〕也就是說，這箇做工
夫處，便是要我們參箇絕對的心體。如《最上乘論》有云：「識心故悟，失性
故迷。緣合即合，說不可定；但信眞諦，守自本心。故《維摩經》云：『無自
性，無他性，法本無生，今即無滅。』此悟即離二邊，入無分別智。若解此
義，但於行知法要，守心第一。此守心者，乃是涅槃之根本，入道之要門，
十二部經之宗，三世諸佛之祖」。〔註70〕可見得，禪宗的「明心見性」便是悟
箇離善惡之念，離兩邊的無分別之心。然而，儒家的「動心忍性」則在擴充
此「本心」之善端，存養此「一念」之至善。正如孟子所謂：「今人乍見孺子
將入於井，皆有怵惕惻隱之心。非所以內交於孺子之父母也，非所以要譽於
鄉黨朋友也，非惡其聲而然也。由是觀之，無惻隱之心，非人也；無羞惡之
心，非人也；無辭讓之心，非人也；無是非之心，非人也。惻隱之心，仁之
端也；羞惡之心，義之端也；辭讓之心，禮之端也；是非之心，智之端也。
人之有是四端也，猶其有四體也……凡有四端於我者，知皆擴而充之矣，若
火之始然，泉之始達。苟能充之，足以保四海；苟不充之，不足以事父母」。
〔註71〕事實上，這四善端皆只不過是同一體之本心罷了。然而儒家的「本心」
之善端卻並非禪宗所謂之現象上有善有惡的分別心，而是「絕對至善」、「絕
對至眞」的心體。是以，對於這箇「人所不學而能，所不慮而知」的良知良
能，陽明便說：「蓋良知只是一箇天理自然明覺發見處，只是一箇眞誠惻怛，
便是他本體。故致此良知之眞誠惻怛以事親，便是孝；致此良知之眞誠惻怛
以從兄，便是弟；致此良知之眞誠惻怛以事君，便是忠：只是一箇良知，一

〔註68〕《六祖壇經》，〈行由品第一〉。
〔註69〕參見吳怡，《公案禪語》，頁19，東大圖書公司。
〔註70〕《最上乘論》。
〔註71〕《四書章句集註》，〈孟子集注〉，頁237，鵝湖出版社。

箇真誠惻怛」。〔註72〕因此，我們可以說，禪學的心性是空性，而所謂的「空」便是指的無自性，亦即是沒有一箇不變的實體。所以他們的心性工夫難免會衍生出「滯空」的情形，是以對於這箇「滯空」的情況還需進一步加以「空」掉，纔算徹底。從這裏便可以看出，禪宗心性的「虛而不實」而容易流於「虛無寂滅」一途。而儒家之心性既講「至善」之端倪，〔註73〕便只是箇實理。孟子認為，只要我們實實在在的擴此善端，便能「達之天下」。

第二節　聖學的「心心相印」——此心同此理同

　　毫無置疑地，陸王心學，是孟子學。如象山便曾言：「因讀孟子而自得之於心也」。〔註74〕陽明便有云：「予不能有出於孟氏之言也」。〔註75〕而象山與陽明的學問便只是相印箇「心即理」。對於「心即理」，孟子曾說：「口之於味也，有同耆焉；耳之於聲也，有同聽焉；目之於色也，有同美焉。至於心，獨無所同然乎？心之所同然者何也？謂理也，義也。聖人先得我心之所同然耳」。〔註76〕而所謂的「心之所同然乎理」，當然便是「心即理」了。然而無論是聖人之心或是我之心，皆是一樣地「此心同此理同」。並且，這箇所同的，必定是共同於這箇「一」。接下來，我們便進入象山的「心即理」。

一、象山的「心即理」

　　《年譜》曾記載：「毛剛伯必彊云：『先生（象山）之講學也，先欲復本心以為主宰，既得此本心，從此涵養，使日充月明。讀書考古，不過欲明此理，盡此心耳。其教人為學，端緒在此，故聞者感動。』」〔註77〕可以知道，象山之學所謂的「收拾精神，自作主宰」，不過在於先得本心。而其所云之工夫，亦全在涵養此本心上。那末，甚麼是本心呢？《年譜》又載：「（楊敬仲）反富陽，三月二十一日，先生過之，問：『如何是本心？』先生曰：『惻隱，

〔註72〕《王陽明全集》，卷二，〈語錄二〉，〈傳習錄中〉，頁84，上海古籍出版社。
〔註73〕可以說，禪宗的心性是「空性」，是「無二之性」，所以異於儒家的「性善」。是以，宋明儒家便常常指謂禪宗是「異端」。也就是「異於儒家的善端」之意。而這纔是儒家與禪宗的「心體」的真正區別所在。
〔註74〕《陸九淵集》，卷三十六，〈年譜〉，頁498，中華書局。
〔註75〕《王陽明全集》，卷七，〈文錄四〉，〈自得齋說〉，頁266，上海古籍出版社。
〔註76〕《四書章句集註》，〈孟子集注〉，頁330，鵝湖出版社。
〔註77〕《陸九淵集》，卷三十六，〈年譜〉，頁502，中華書局。

仁之端也；羞惡，義之端也；辭讓，禮之端也；是非，智之端也。此即是本心。』對曰：『簡兒時已曉得，畢竟如何是本心？』凡數問，先生終不易其說，敬仲亦未省。偶有鬻扇者訟至于庭，敬仲斷其曲直訖，又問如初。先生曰：『聞適來斷扇訟，是者知其為是，非者知其為非，此即敬仲本心。』敬仲忽大覺，始北面納弟子禮。故敬仲每云：『簡發本心之問，先生舉是日扇訟是非答，簡忽省此心之無始末，忽省此心之無所不通。』」〔註78〕可以知道，這裏楊簡所悟的，只是悟箇「此心之無始末」、「此心之無所不通」的本心，只是悟箇絕對的本體。而這箇「絕對的本體」便必須涉及乎宇宙。

是以，《年譜》有云：

> 先生至三四歲時，思天地何所窮際不得，至於不食。宣教公呵之，遂姑置，而胸中之疑終在。後十餘歲，因讀古書至宇宙二字，解者曰：「四方上下曰宇，往古來今曰宙。」忽大省曰：「元來無窮。人與天地萬物，皆在無窮之中者也。」乃援筆書曰：「宇宙內事乃己分內事，己分內事乃宇宙內事。」又曰：「宇宙便是吾心，吾心即是宇宙。東海有聖人出焉，此心同也，此理同也。西海有聖人出焉，此心同也，此理同也。南海北海有聖人出焉，此心同也，此理同也。千百世之上至千百世之下，有聖人出焉，此心此理，亦莫不同也。」故其啓悟學者，多及宇宙二字。如曰：「道塞宇宙，非有所隱遁。在天曰陰陽，在地曰剛柔，在人曰仁義。仁義者，人之本心也。」又曰：「是理充塞宇宙。天地順此而動，故日月不過而四時不忒；聖人順此而動，故刑罰清而民服。」〔註79〕

朱子五六歲時，便在煩惱天地四邊之外是否有箇盡處；而象山於三四歲時亦在思想天地是否有所窮際？這都同樣是反思到了「絕對無限」的天道。是以，象山十餘歲後纔會忽然省發宇宙之「元來無窮。人與天地萬物，皆在無窮之中者也」。那末，本心和宇宙又有甚麼關係呢？正是因為「盡其心，則知其性，知其性則知天」的緣故。因為既然悟得了絕對的「心體」，自然便能悟得絕對的「天道」了。是以，象山便說道：「宇宙便是吾心，吾心即是宇宙。」對此，象山又曾言：「今之學者，只用心於枝葉，不求實處。孟子云：『盡其心者知其性，知其性則知天矣。』心只是一箇心，某之心，吾友之心，上而千百載

〔註78〕《陸九淵集》，卷三十六，〈年譜〉，頁487，中華書局。
〔註79〕《陸九淵集》，卷三十六，〈年譜〉，頁482，中華書局。

聖賢之心，下而千百載復有一聖賢，其心亦只如此。心之體甚大，若能盡我之心，便與天同」。〔註 80〕然而在經驗上，我們的心明明無法「盡與天同」，爲甚麼象山卻說箇「宇宙便是吾心，吾心即是宇宙」呢？這是因爲，我們爲「經驗心」所自限，而不悟箇「心之本體」。所以，象山便說：「宇宙不曾限隔人，人自限隔宇宙」。〔註 81〕

是以，萬事萬物皆備於本心之中，亦包涵乎宇宙，亦包涵了此理。因此，象山有云：

> 萬物森然於方寸之間，滿心而發，充塞宇宙，無非此理。孟子就四端上指示人，豈是人心只有這四端而已？又就乍見孺子入井皆有怵惕惻隱之心一端指示人，又得此心昭然，但能充此心足矣。〔註82〕

既然萬物皆備於此心，而所謂此心，即「無非此理」。所以象山曰：「塞宇宙一理耳，學者之所以學，欲明此理耳。此理之大，豈有限量？程明道所謂有憾於天地，則大於天地者矣，謂此理也」。〔註83〕那末，既然「此理之大，豈有限量」，我們又要如何「明此理」呢？對此，象山有謂：「此理塞宇宙，古先聖賢常在目前，蓋他不曾用私智。『不識不知，順帝之則。』此理豈容識知哉？『吾有知乎哉？』此理豈容有知哉」？〔註84〕所謂的「私智」，便是孟子所批評的「所惡於智者，爲其鑿也」。而不用私智，便是箇「不識不知，順帝之則」，便是箇「行其所無事」。事實上，這裏的「不識」、「不知」和「無事」，並沒有道家的玄味，而只是儒家講的「無私」。而所謂的「無私」，便只是箇「順乎此理」罷了。正如象山所言的：「此理在宇宙間，未嘗有所隱遁，天地之所以爲天地者，順此理而無私焉耳。人與天地並立而爲三極，安得自私而不順此理哉？孟子曰：『先立乎其大者，則其小者不能奪也。』人惟不立乎大者故爲小者所奪，以叛乎此理，而與天地不相似」。〔註85〕

因此，我們可以知道，此心此理皆是共同於這箇「一」。所以，象山說：「千古聖賢若同堂合席，必無盡合之理。然此心此理，萬世一揆也」。〔註86〕

〔註80〕《陸九淵集》，卷三十五，〈語錄下〉，頁 444，中華書局。

〔註81〕《陸九淵集》，卷三十四，〈語錄上〉，頁 401，中華書局。

〔註82〕《陸九淵集》，卷三十四，〈語錄上〉，頁 423，中華書局。

〔註83〕《陸九淵集》，卷十二，〈書〉，〈與趙詠道・四〉，頁 161，中華書局。

〔註84〕《陸九淵集》，卷十二，〈書〉，〈與張誠子〉，頁 163，中華書局。

〔註85〕《陸九淵集》，卷十一，〈書〉，〈與朱濟道〉，頁 142，中華書局。

〔註86〕《陸九淵集》，卷三十四，〈語錄上〉，頁 405，中華書局。

對於這箇「心一，理一」，象山有云：

> 蓋心，一心也，理，一理也，至當歸一，精義無二，此心此理，實
> 不容有二。故夫子曰：「吾道一以貫之。」孟子曰：「夫道一而已矣。」
> 又曰：「道二，仁與不仁而已矣。」如是則爲仁，反是則爲不仁。仁
> 即此心也，此理也。求則得之，得此理也；先知者，知此理也；先
> 覺者，覺此理也；愛其親者，此理也；敬其兄者，此理也；見孺子
> 將入井而有怵惕惻隱之心者，此理也；可羞之事則羞之，可惡之事
> 則惡之，此理也；是知其爲是，非知其爲非，此理也；宜辭而辭，
> 宜遜而遜者，此理也；敬此理也，義亦此理也；內此理也，外亦此
> 理也。故曰：「直方大，不習無不利。」孟子曰：「所不慮而知者，
> 其良知也；所不學而能者，其良能也。」「此天之所與我者」，「我固
> 有之，非由外鑠我也。」故曰：「萬物皆備於我矣，反身而誠，樂莫
> 大焉。」此吾之本心也，所謂安宅、正路者，此也；所謂廣居、正
> 位、大道者，此也。古人自得之，故有其實。言理則是實理，言事
> 則是實事，德則實德，行則實行。〔註87〕

我們都知道，朱子的格物窮理是「從萬理以窮至一理」；而象山則是一開始便把
握住這「一理」以便應用及於眾理。因爲朱子格物的目的便是爲了「就那形而
下之器上，便尋那形而上之道」，便是爲了「窮理識性」。也就是說，只是爲了
「將人心轉爲道心」而已。然而，象山卻非難朱子爲支離，故曰：「書云：『人
心惟危，道心惟微。』解者多指人心爲人欲，道心爲天理，此說非是。心一也，
人安有二心？自人而言，則曰惟危；自道而言，則曰惟微。罔念作狂，克念作
聖，非危乎？無聲無臭，無形無體，非微乎？」〔註88〕所以，此心「存則得之，
捨則失之」。對此，象山有謂：「『君子之所以異於人者，以其存心也。』又曰：
『非獨賢者有是心也，人皆有之，賢者能勿喪耳。』又曰：『人之所以異於禽獸
者幾希，庶民去之，君子存之。』去之者，去此心也，故曰『此之謂失其本心』。
存之者，存此心也，故曰：『大人者，不失其赤子之心』。四端者，即此心也；
天之所以與我者，即此心也。人皆有是心，心皆具是理，心即理也，故曰『理
義之悅我心，猶芻豢之悅我口』。所貴乎學者，爲其欲窮此理，盡此心也」。〔註

〔註87〕 《陸九淵集》，卷一，〈書〉，〈與曾宅之〉，頁4，中華書局。

〔註88〕 《陸九淵集》，卷三十四，〈語錄上〉，頁395，中華書局。

〔註89〕 《陸九淵集》，卷十一，〈書〉，〈與李宰・二〉，頁149，中華書局。

89〕而由於「此心此理，我固有之，所謂萬物皆備於我，昔之聖賢先得我心之所同然耳」之故，〔註90〕所以象山便主張「心即理」了。

二、陽明的「心即理」

因爲陽明早年曾有困於朱子「以心窮理」之格物說，所以後來在龍場悟道時便悟得了「心之本體」，而走向了象山「心即理」的路子。是以對於這箇心，陽明有說：

> 所謂汝心，亦不專是那一團血肉。若是那一團血肉，如今已死的人，那一團血肉還在，緣何不能視聽言動？所謂汝心，卻是那能視聽言動的，這箇便是性，便是天理。有這箇性纔能生。這性之生理便謂之仁。這性之生理，發在目便會視，發在耳便會聽，發在口便會言，發在四肢便會動，都只是那天理發生，以其主宰一身，故謂之心。這心之本體，原只是箇天理，原無非禮，這箇便是汝之真己。這箇真己是軀殼的主宰。若無真己，便無軀殼，真是有之即生，無之即死。〔註91〕

可以知道，陽明所謂的心，並非僅僅是朱子所言的「知覺」，所言的「氣」。因爲朱子所言的「經驗心」便是受了氣質之所限，所以纔需要加以「格物窮理」的一段工夫去盡心識性。而陽明既然已悟得了「心之本體」，是以這箇心「便是性，便是天理」。換句話說，這箇心並非僅是一般視聽言動的氣質之性，而是「能視聽言動」的「性之天理」，亦即所謂之仁。是以，陽明便說：「這心之本體，原只是箇天理，原無非禮，這箇便是汝之真己」。而這箇真己纔是軀殼的主宰，是「有之即生，無之即死」的。是以，陽明云：「心者身之主宰，目雖視而所以視者心也，耳雖聽而所以聽者心也，口與四肢雖言動而所以言動者心也，故欲修身在於體當自家心體，常令廓然大公，無有些子不正處。主宰一正，則發竅于目，自無非禮之視；發竅于耳，自無非禮之聽；發竅于口與四肢，自無非禮之言動：此便是修身在正其心」。〔註92〕因此，陽明與象山一樣，其學問皆在先「盡其本心」。

是以，對於這箇「心之本體」，陽明有云：

〔註90〕《陸九淵集》，卷一，〈書〉，〈與姪孫濬〉，頁13，中華書局。

〔註91〕《王陽明全集》，卷一，〈語錄一〉，〈傳習錄上〉，頁36，上海古籍出版社。

〔註92〕《王陽明全集》，卷三，〈語錄三〉，〈傳習錄下〉，頁119，上海古籍出版社。

　　人者，天地萬物之心也；心者，天地萬物之主也。心即天，言心則
　　天地萬物皆舉之矣，而又親切簡易。故不若言「人之爲學，求盡乎
　　心而已。」〔註93〕

吳震先生說：「陽明講『心即天』，并不是將心──天簡單地等同起來，而是
另有意圖。如果我們誤認爲這是在說心可以涵蓋天，或者反過來說，天可以
界定心，那麼就會成爲一句語意不通的命題」。〔註94〕這是因爲如此解釋「我
們就碰到了一個難題。既然『人心是天淵』？又爲什麼說『心之本體，無所
不該，原是一個天』？這顯然是違反常識的說法，用經驗知識無法對此進行
判斷。陽明在這裡用的是一種比喻性的說法，他是把心比作天」。〔註95〕事實
上，依筆者之見，陽明便是將心等同於天的。因爲陽明很明確地說：「心即天」。
那末，這豈不是「違反常識的說法」嗎？這是因爲，陽明這裏所謂的心並不
是用經驗知識進行判斷的「經驗心」，而是「言心則天地萬物皆舉之矣」的「心
體」。因爲心體便是「仁」，而「仁者，以天地萬物爲一體」，是以，這箇「本
心」便是包涵了天地萬物的「本體」。所以，陽明便說：「心之本體，無所不
該，原是一箇天」。並且，這箇心體雖是「不滯乎見聞」的，然亦是「不離乎
見聞」的。是以，陽明便說：「人之爲學，求盡乎心而已」。而這箇「盡其心」，
便是從孟子傳到象山的「絕對」的「心體」，所以是親切簡易的。故陽明有說：
「象山之學簡易直截，孟子之後一人。其學問思辯、致知格物之說，雖亦未
免沿襲之累，然其大本大原斷非餘子所及也」。〔註96〕

　　那末，既然陽明的學問便在於涵養這箇「大本大原」上，爲甚麼他又反
對甘泉的「大心」說與「隨處體認天理」思想呢？〈答甘泉〉書陽明有謂：

　　此心同，此理同，苟知用力於此，雖百慮殊途，同歸一致。不然，
　　雖字字而證，句句而求，其始也毫釐，其末也千里。老兄造詣之深，
　　涵養之久，僕何敢望？至共向往直前，以求必得乎此之志，則有不
　　約而契、不求而合者……崑崙之源，有時而伏流，終必達於海也。
　　僕竇人也，雖獲夜光之璧，人將不信，必且以謂其爲妄爲僞。金璧
　　入於猗頓之室，自此至寶得以昭明於天下，僕亦免於遺璧之罪矣。

〔註93〕《王陽明全集》，卷六，〈文錄三〉，〈答季明德〉，頁213，上海古籍出版社。
〔註94〕參見吳震，《王陽明著述選評》，頁61，上海古籍出版社。
〔註95〕參見吳震，《王陽明著述選評》，頁57，上海古籍出版社。
〔註96〕《王陽明全集》，卷五，〈文錄二〉，〈與席元山〉，頁180，上海古籍出版社。

雖然，是喻猶二也。夜光之璧，外求而得也；此則於吾所固有，無
待於外也，偶遺忘之耳；未嘗遺忘也，偶蒙翳之耳。〔註97〕

陽明認為，苟知用力於「此心此理」，則雖殊途而同歸，百慮而一致。不然，
雖於字字句句上求證，則必將有著毫釐千里之謬。然而，「湛若水所了解的『心』
包羅萬物，又內在于萬物之中，因而對他來說不存在有心內、心外的差別。
在他看來，只有把心理解為個體的心的人，才會把天地萬物看做心外之物，
這樣的看法把心看得太小了。他說『吾之所謂心者，體萬物而不遺者也，故
無內外；陽明之所謂心者，指腔子裏而為言者也，故以吾之說為外』……基
于這種立場，他認為他的格物說雖然主張在萬事萬物上體認天理，但並不是
求之『心』外，他認為自己仍然是『心學』」。〔註98〕事實上，陽明的「心體」
與甘泉的「大心」並沒有甚麼差別。而根據陽明的看法，差別就在於這箇所
體的道究竟是「外求而得」的，還是「於吾所固有而無待於外」的。對此，
陽明曾云：「《大學》舊本之復，功尤不小，幸甚幸甚！其論象山處，舉孟子
『放心』數條，而甘泉以為未足，復舉『東西南北海有聖人出，此心此理同』，
及『宇宙內事皆己分內事』數語。甘泉所舉，誠得其大，然吾獨愛西樵子之
近而切也。見其大者，則其功不得不近而切，然非實加切近之功，則所謂大
者，亦虛見而已耳。自孟子道性善，心性之原，世儒往往能言，然其學卒入
於支離外索而不自覺者，正以其功之未切耳」。〔註99〕可見得，在本體上，陽
明與甘泉同見其大。然而，正如蕺山所言的：「不識本體，果如何下工夫？但
既識本體，即須認定本體用工夫。工夫愈精密，則本體愈昭熒。今謂既識後
遂一無事事，可以縱橫自如，六通無礙，勢必至猖狂縱恣，流為無忌憚之歸
而後已」。〔註100〕由此可知，陽明與蕺山之特重工夫論。

那末，「盡其本心」之功又何如呢？對此，陽明曰：

君子之學以明其心。其心本無昧也，而欲為之蔽，習為之害。故去
蔽與害而明復，匪自外得也。心猶水也，污入之而流濁；猶鑑也，
垢積之而光昧。孔子告顏淵『克己復禮為仁』，孟軻氏謂『萬物皆備
於我』、『反身而誠』。夫己克，而誠固無待乎其外也。世儒既叛孔、

〔註97〕《王陽明全集》，卷四，〈文錄一〉，〈答甘泉〉，頁173，上海古籍出版社。
〔註98〕參見陳來，《宋明理學》，頁221，華東師範大學。
〔註99〕《王陽明全集》，卷四，〈文錄一〉，〈答方叔賢〉，頁175，上海古籍出版社。
〔註100〕《劉宗周全集》，第二冊，〈語類十四〉，〈會錄〉，頁507，浙江古籍出版社。

孟之説，昧於《大學》「格致」之訓，而徒務博乎其外，以求益乎其

內，皆入污以求清，積垢以求明者也，弗可得已。〔註101〕

陽明認爲，所謂君子之學，不過在欲明其「心之本體」而已矣！而這箇「心之本體」是本無昏翳、本無暗昧的，而只不過是由於爲欲所遮蔽，爲習所遷害罷了。有如陽明之言：「此道之在人心，皎如白日，雖陰晴晦明千態萬狀，而白日之光未嘗增減變動」。〔註102〕是以，君子之學，首務便在於解蔽、去害，而復此「明體」。雖則從工夫來說是「去蔽與害」，然則從本體看來便只是箇明「其心之本無昧」也。然而，陽明之學，「即本體即工夫」。〔註103〕是以可以說，「仁」是本體，而「克己復禮」便是工夫；「誠者」是本體，而「反身而誠」便是工夫了。而這箇「明體」是「我固有之，非由外鑠」，因此，當然是「誠固無待乎其外」也。所以，陽明便批評當世儒者，〔註104〕謂其「徒務博乎其外，以求益乎其內，皆入污以求清，積垢以求明者也」。而這正如黃宗羲所言的：「先生（陽明）憫宋儒之後學者，以知識爲知，謂『人心之所有者不過明覺，而理爲天地萬物之所公共，故必窮盡天地萬物之理，然後吾心之明覺與之渾合而無間』。說是無內外，其實全靠外來聞見以填補其靈明者也」。〔註105〕而所謂的「弗可得已」，便是在謂其：「弗能自得之矣」！

而事實上，「人心天理渾然」，〔註106〕是以，陽明有云：

理，一而已矣；心，一而已矣。故聖人無二教，而學者無二學。博文以約禮，格物以致其良知，一也。故先後之説，後儒支繆之見也。夫禮也者，天理也。天命之性具於吾心，其渾然全體之中，而條理節目森然畢具，是故謂之天理。天理之條理謂之禮。是禮也，其發見於外，則有五常百行，酬酢變化，語默動靜，升降周旋，隆殺厚薄之屬；宣之於言而成章，措之於爲而成行，書之於冊而成訓；炳然蔚然，其條理節目之繁，至於不可窮詰，是皆所謂文也。是文也者，禮之見於外者也；禮也者，文之存於中者也。文，顯而可見之

〔註101〕《王陽明全集》，卷七，〈文錄四〉，〈別黃宗賢歸天台序〉，頁233，上海古籍出版社。

〔註102〕《王陽明全集》，卷六，〈文錄三〉，〈與戚秀夫〉，頁221，上海古籍出版社。

〔註103〕參見於《明儒學案》〈師説〉之〈王陽明守仁〉一條下。

〔註104〕在此所謂「世儒」並非指的朱子，本章最末將會述及。

〔註105〕《明儒學案》，卷十，〈姚江學案〉，頁180，中華書局。

〔註106〕《王陽明全集》，卷一，〈語錄一〉，〈傳習錄上〉，頁11，上海古籍出版社。

禮也；禮，微而難見之文也。是所謂體用一源，而顯微無間者也。
是故君子之學也，於酬酢變化、語默動靜之間而求盡其條理節目焉，
非他也，求盡吾心之天理焉耳矣；於升降周旋、隆殺厚薄之間而求
盡其條理節目焉，非他也，求盡吾心之天理焉耳矣。求盡其條理節
目焉者，博文也；求盡吾心之天理焉者，約禮也。文散於事而萬殊
者也，故曰博；禮根於心而一本者也，故曰約。博文而非約之以禮，
則其文為虛文，而後世功利辭章之學矣；約禮而非博學於文，則其
禮為虛禮，而佛、老空寂之學矣。是故約禮必在於博文，而博文乃
所以約禮。二之而分先後焉者，是聖學之不明，而功利異端之說亂
之也。〔註107〕

所謂的共同於這箇「一」，無非在說：「此心此理，一而已矣」！故陽明言道：
「聖人無二教，而學者無二學」。而所謂天理即天命之性，而天命之性便具於
吾心。是以，亦可以說：「心之本體即是性，性即是理」了。然而，這箇天理
本體是「其渾然全體之中，而條理節目森然畢具」的。是以可知，一切的「事
理」、「物理」或者「條理」皆包羅統括於其中。這是因為，「天理」便是指的
「渾然之全體」。所以，「心之本體」便是「渾然全體之中」了。而這便是「理，
一而已矣；心，一而已矣」。然此天理之本體，能發為許多作用條理之禮。是
即所謂的「文散於事而萬殊者也，故曰博；禮根於心而一本者也，故曰約」、
「文，顯而可見之禮也；禮，微而難見之文也。是所謂體用一源，而顯微無
間者也」。在這裏，所謂的「一本」，所謂的「萬殊」，似有朱子「理一分殊」
的思想影響。然而，所謂「一本」與「萬殊」，卻並非「一」與「多」的對立。
實際上，本是「即一即多」、「即一本即萬殊」，或者說，是「即本體即作用」
的。正如陽明所言的：「是所謂體用一源，而顯微無間者也」。是以，便可以
說，「求盡其條理節目焉，非他也，求盡吾心之天理焉耳矣」。而由於「求盡
其條理節目焉者，博文也；求盡吾心之天理焉者，約禮也」，所以，我們可以
說，陽明的學問是「即內即外」、「無內無外」的。有如陽明曾曰：「禮字即是
理字。理之發見可見者，謂之文；文之隱微不可見者，謂之理：只是一物。
約禮只是要此心純是一箇天理。要此心純是天理，須就理之發見處用功。如
發見於事親時，就在事親上學存此天理；發見於事君時，就在事君上學存此
天理；發見於處富貴貧賤時，就在處富貴貧賤上學存此天理；發見於處患難

〔註107〕《王陽明全集》，卷七，〈文錄四〉，〈博約說〉，頁266，上海古籍出版社。

夷狄時，就在處患難夷狄上學存此天理；至於作止語默，無處不然，隨他發見處，即就那上面學箇存天理。這便是博學之於文，便是約禮的功夫。『博文』即是『惟精』，『約禮』即是『惟一』。」〔註108〕

是以，陽明便同象山一樣主張「心即理」。《傳習錄》上云：

> 先生（陽明）曰：「心即理也。天下又有心外之事，心外之理乎？」
> 愛曰：「如事父之孝，事君之忠，交友之信，治民之仁，其間有許多理在，恐亦不可不察。」先生嘆曰：「此說之蔽久矣，豈一語所能悟！今姑就所問者言之：且如事父，不成去父上求箇孝的理？事君，不成去君上求箇忠的理？交友治民，不成去友上、民上求箇信與仁的理？都只在此心，心即理也。此心無私欲之蔽，即是天理，不須外面添一分。以此純乎天理之心，發之事父便是孝，發之事君便是忠，發之交友治民便是信與仁。只在此心去人欲、存天理上用功便是。」
> 愛曰：「聞先生如此說，愛已覺有省悟處。但舊說纏於胸中，尚有未脫然者。如事父一事，其間溫凊定省之類有許多節目，不亦須講求否？」先生曰：「如何不講求？只是有箇頭腦。只是就此心去人欲、存天理上講求。就如講求冬溫，也只是要盡此心之孝，恐怕有一毫人欲間雜；講求夏凊，也只是要盡此心之孝，恐怕有一毫人欲間雜：只是講求得此心。此心若無人欲，純是天理，是箇誠於孝親的心，冬時自然思量父母的寒，便自要去求箇溫的道理；夏時自然思量父母的熱，便自要去求箇凊的道理。這都是那誠孝的心發出來的條件。卻是須有這誠孝的心，然後有這條件發出來。譬之樹木，這誠孝的心便是根，許多條件便是枝葉，須先有根然後有枝葉，不是先尋了枝葉然後去種根。」〔註109〕

在這裏，陽明反對朱子的「格物窮理」須先向外求理，而認為一切的理都只在此「心」。對於君臣之理，朱子曾說：「事事物物皆有箇極，是道理之極至。蔣元進曰：『如君之仁，臣之敬，便是極。』」〔註110〕是以，陽明便問說：「且如事父，不成去父上求箇孝的理？事君，不成去君上求箇忠的理？交友治民，不成去友上、民上求箇信與仁的理」？這是因為，所謂的理「都只在此心，

〔註108〕《王陽明全集》，卷一，〈語錄一〉，〈傳習錄上〉，頁6，上海古籍出版社。
〔註109〕《王陽明全集》，卷一，〈語錄一〉，〈傳習錄上〉，頁2，上海古籍出版社。
〔註110〕《朱子語類》，卷第九十四，〈周子之書〉，頁2375，中華書局。

心即理也」。在此，陽明的心與象山的心都是同一箇心，都是這箇「一心」。對此，陽明說：「心一也，未雜於人謂之道心，雜以人僞謂之人心。人心之得其正者即道心；道心之失其正者即人心：初非有二心也。程子謂人心即人欲，道心即天理，語若分析而意實得之。今日道心爲主而人心聽命，是二心也。天理人欲不並立，安有天理爲主，人欲又從而聽命者」？〔註111〕是以，「此心無私欲之蔽，即是天理，不須外面添一分」。因此，切己工夫只在此心上「存天理、去人欲」便是。而溫凊定省之類的殊多節目便只是「此心之天理」發出來的條理，發出來的條件而已。由於一般的看法皆認爲象山的「尊德性」偏內，而朱子的「道問學」向外，是以，陽明便調和二者而以爲應：「先內次外」、「由內而外」了。

是以可知，陽明的「心之本體即是天理」與朱子的「事事物物皆有定理」有著本末先後的不同了。對此，《傳習錄》載云：

> 愛問：「『知止而後有定』，朱子以爲『事事物物皆有定理』，似與先生之說相戾。」先生（陽明）曰：「於事事物物上求至善，卻是義外也。至善是心之本體，只是『明明德』到『至精至一』處便是。然亦未嘗離卻事物，本註所謂『盡夫天理之極，而無一毫人欲之私』者得之。」〔註112〕

對於《大學》「知止而後有定」一段，朱子曾在《大學或問》中謂：「知止云者，物格知至，而於天下之事，皆有以知其至善之所在，是則吾所當止之地也。能知所止，則方寸之間，事事物物，皆有定理矣；理既有定，則無以動其心而能靜矣；心既能靜，則無所擇於地而能安矣；能安，則日用之間，從容閒暇，事至物來，有以揆之而能慮矣；能慮，則隨事觀理，極深研幾，無不各得其所止之地而止之矣」。〔註113〕我們知道，朱子的工夫於「物格知至」後，便已識得此「本然之性」之本體。而所謂的「知其至善之所在」，所謂的「吾所當止之地」，便是在指此「本心之明德」。對於「明德」，朱子曾言：「明德者，人之所得乎天，而虛靈不昧，以具眾理而應萬事者也。但爲氣稟所拘，人欲所蔽，則有時而昏；然其本體之明，則有未嘗息者」。〔註114〕

〔註111〕《王陽明全集》，卷一，〈語錄一〉，〈傳習錄上〉，頁7，上海古籍出版社。
〔註112〕《王陽明全集》，卷一，〈語錄一〉，〈傳習錄上〉，頁2，上海古籍出版社。
〔註113〕《朱子全書》，第六冊，〈大學或問〉，頁510，上海古籍出版社。
〔註114〕《四書章句集註》，〈大學章句〉，頁3，鵝湖出版社。

也就是說，這箇本心本是「虛靈不昧」，本是「本體之明」，但由於為氣稟人欲所拘蔽、所昏昧，是以必須先加一段「格物窮理」的工夫以致其「本心之知」。因此，在識得萬事萬物之理「具吾心」、「即是性」之後，便要接著下「存天理、去人欲」的工夫。對此，朱子曰：「明明德、新民，皆當至於至善之地而不遷。蓋必其有以盡夫天理之極，而無一毫人欲之私也」。〔註115〕而陽明便謂朱子得之。其所反對的，只是反對朱子的工夫須先向外「格物窮理」，須先以「經驗心」去窮「物理、事理之本體」。是以，陽明便說：「於事事物物上求至善，卻是義外也」。應該說，朱子的學問重視循序漸進，認為須由格「物理」、格「事理」而窮至「天理」，而一旦豁然貫通便會自然明白這箇「天理即是本性」，這箇「天理即具本心」。〔註116〕而陽明學問的直截處便在於先悟箇「心之本體即是天理」，其他方纔有商量的餘地。而與朱子的「無以動其心而能靜矣」一樣，陽明亦曾說：「心之本體原自不動。心之本體即是性，性即是理，性元不動，理元不動。集義是復其心之本體」。〔註117〕至於這箇「至善」的所在，《傳習錄》上曾有詳論，其記云：「鄭朝朔問：『至善亦須有從事物上求者？』先生（陽明）曰：『至善只是此心純乎天理之極便是，更於事物上怎生求？且試說幾件看。』朝朔曰：『且如事親，如何而為溫凊之節，如何而為奉養之宜，須求箇是當，方是至善，所以有學問思辯之功。』先生曰：『若只是溫凊之節　奉養之宜，可一日二日講之而盡，用得甚學問思辯？惟於溫凊時，也只要此心純乎天理之極；奉養時，也只要此心純乎天理之極。此則非有學問思辯之功，將不免於毫釐千里之謬，所以雖在聖人猶加『精一』之訓。』」〔註118〕是以，《傳習錄》有載：「問：『知止者，知至善只在吾心，元不在外也，而後志定？』（陽明）曰：『然。』」〔註119〕同理，朱子在《四書集註》亦說：「止者，所當止之地，即至善之所在也。知之，則志有定向」。〔註120〕顯然地，朱子這裏所謂「至善」，便是在指的

〔註115〕《四書章句集註》，〈大學章句〉，頁3，鵝湖出版社。
〔註116〕可以說，朱子學問在「格物窮理」的工夫階段仍是以「經驗心」去窮理。而在「窮理識性」識得「性之本體」或「心之本體」之後，亦可如陸王心學一樣言：「心即理」。不過，朱子通常所用的名辭仍為「心具理」。因為，「心之體」纔是理、纔是性。然在朱子的體系中，心是包含體、用的。
〔註117〕《王陽明全集》，卷一，〈語錄一〉，〈傳習錄上〉，頁24，上海古籍出版社。
〔註118〕《王陽明全集》，卷一，〈語錄一〉，〈傳習錄上〉，頁3，上海古籍出版社。
〔註119〕《王陽明全集》，卷一，〈語錄一〉，〈傳習錄上〉，頁25，上海古籍出版社。
〔註120〕《四書章句集註》，〈大學章句〉，頁3，鵝湖出版社。

「性之天理」。而「心以性爲體」，〔註 121〕所以能知「心之體」當然便志有定向了。是以，蕺山便言道：「『天理人欲』四字是朱、王相印合處，奚必晚年定論」。〔註 122〕

而陽明對於朱子的「心體」的發露，我們可以看看〈朱子晚年定論序〉一文，其記曰：

> 其後謫官龍場，居夷處困，動心忍性之餘，恍若有悟。體驗探求，再更寒暑，證諸六經四子，沛然若決江河而放之海也。然後嘆聖人之道坦如大路，而世之儒者妄開竇徑，蹈荊棘，墮坑塹，究其爲說，反出二氏之下。……獨於朱子之說有相牴牾，恆疚於心。切疑朱子之賢，而豈其於此尚有未察？及官留都，復取朱子之書而檢求之，然後知其晚歲固已大悟舊說之非……而世之學者局於見聞，不過持循講習於此，其於悟後之論，概乎其未有聞。則亦何怪乎予言之不信，而朱子之心無以自暴於後世也乎？予既自幸其說之不繆於朱子，又喜朱子之先得我心之同然，且慨夫世之學者徒守朱子中年未定之說，而不復知求其晚歲既悟之論，競相呶呶以亂正學，不自知其已入於異端。〔註 123〕

陽明的「龍場悟道」不僅僅是對於朱子「以心窮理」的工夫的超越，而事實上是對於孟子和象山的「絕對本心」的體悟。因此，龍場悟道實質上便是對朱子的「格物」工夫之「經驗心」的旋乾轉坤的一種轉向。而這種轉向，便是悟箇「心即理」。是以，陽明在超越朱子後便說道：「獨於朱子之說有相牴牾，恆疚於心」。然而，陽明之心的大公處便在於其能「切疑朱子之賢，而豈其於此尚有未察」？且能「知其晚歲固已大悟舊說之非」。因此，陽明便認爲當世學者只困於「格物窮理」的一段工夫，卻不知朱子晚歲之聞道，不識箇「悟後之論」。〔註 124〕是以，陽明之說，不繆於朱子；而陽明之心，亦不異於

〔註 121〕《朱子語類》，卷第五，〈性理二〉，頁 89，中華書局。

〔註 122〕《劉宗周全集》，第五冊，〈補遺一〉，〈陽明傳信錄三〉，頁 52，浙江古籍出版社。

〔註 123〕《王陽明全集》，卷七，〈文錄四〉，〈朱子晚年定論序〉，頁 240，上海古籍出版社。

〔註 124〕蕺山亦認爲：「朱子聞道畢竟在晚年」。（《劉宗周全集》，第五冊，〈補遺一〉，〈陽明傳信錄三〉，頁 40，浙江古籍出版社。）而這箇所聞的道，便是悟箇「心之本體」。事實上，陽明〈朱子晚年定論序〉一文的眞正貢獻正在於發明朱子的「心之本體」。至此陽明已知朱子的「格物」工夫便是爲了貫通「心與

朱子。而這便是因為朱子已「先得我心之同然」矣！而這箇道理陽明在〈答羅整庵少宰書〉已很明白地說出：「其為《朱子晚年定論》，蓋亦不得已而然。中間年歲早晚誠有所未考，雖不必盡出於晚年，固多出於晚年者矣。然大意在委曲調停以明此學為重，平生於朱子之說如神明蓍龜，一旦與之背馳，心誠有所未忍，故不得已而為此。『知我者，謂我心憂；不知我者，謂我何求』，蓋不忍牴牾朱子者，其本心也；不得已而與之牴牾者，道固如是，不直則道不見也」。〔註125〕

　　事實上，陽明亦嘗深思朱子之學。如〈答汪石潭內翰〉曾載：

　　來教云：「昨日所論乃是一大疑難。」又云：「此事關係頗大，不敢不言。」僕意亦以為然，是以不能遽已。夫喜怒哀樂，情也。既曰不可謂未發矣。喜怒哀樂之未發，則是指其本體而言，性也。斯言自子思，非程子而始有。執事既不以為然，則當自子思《中庸》始矣。喜怒哀樂之與思與知覺，皆心之所發。心統性情。性，心體也；情，心用也。程子云：「心，一也。有指體而言者，寂然不動是也；有指用而言者，感而遂通是也。」斯言既無以加矣，執事姑求之體用之說。夫體用一源也，知體之所以為用，則知用之所以為體者矣。雖然，體微而難知也，用顯而易見也。執事之云不亦宜乎？夫謂「自朝至暮，未嘗有寂然不動之時」者，是見其用而不得其所謂體也。君子之於學也，因用以求其體。凡程子所謂「既思」，即是已發；既有知覺，即是動者。皆為求中於喜怒哀樂未發之時者言也，非謂其無未發者也。朱子於未發之說，其始亦嘗疑之，今其集中所與南軒論難辯析者，蓋往復數十而後決，其說則今之《中庸註疏》是也。其於此亦非苟矣。獨其所謂「自戒懼而約之，以至於至靜之中；自謹獨而精之，以至於應物之處」者，亦若過於剖析。而後之讀者遂以分為兩節，而疑其別有寂然不動、靜而存養之時，不知常存戒慎恐懼之心，則其工夫未始有一息之間，非必自其不睹不聞而存養也。吾兄且於動處加工，勿使間斷。動無不和，即靜無不中。而所謂寂然不動之體，當自知之矣。〔註126〕

理一」，便是為了悟箇「心之本體」。然則其對於「《集註》、《或問》之類，乃其中年未定之說」與「《語類》之屬，又其門人挾勝心以附己見」之看法，則實非正確。

〔註125〕《王陽明全集》，卷二，〈語錄二〉，〈傳習錄中〉，頁78，上海古籍出版社。
〔註126〕《王陽明全集》，卷四，〈文錄一〉，〈答汪石潭內翰〉，頁146，上海古籍出版社。

顯然地，此段便是陽明對於程朱的思想體系之論述。陽明認為，所謂「喜怒哀樂之已發」，是指的作用，是指的「情」；而所謂「喜怒哀樂之未發」，便是指的本體，便是指的「性」。即所謂的「性，心體也；情，心用也」。然而，無論是「心體」或者「心用」，皆是在指的「一心」。而這便是朱子所謂的「心統性情」。對於「心」之「體」「用」，程子亦曾說：「心，一也。有指體而言者，寂然不動是也；有指用而言者，感而遂通是也。」是以，對這箇「心」之「體」「用」，陽明認為不過是在說明「體用一源」的道理而已。正如他所言：「體用一源也，知體之所以為用，則知用之所以為體者矣」。以朱子的思想來說，性有別於情，因為性是體之所以為體，而這是不雜；然性又不離於情，因為性即在情之中，而這便是不離。而這箇「不離不雜」之性情，便可以用「一心」來統括，便可以說「心統性情」。因為事實上，正如朱子所言：「此心無間於已發未發。徹頭徹尾都是，那處截做已發未發」！〔註127〕而陽明之意正是如此，因為「體用一源」便是在說「體必有用，而用原於體」罷了。然而，一般人往往只見其用，而不得其所謂體，是以可知「體微而難知也，用顯而易見也」。因此，君子之學便在於「因用以求其體」。而這箇「用」，根據孟子學說，便是指的「惻隱、羞惡、辭讓、是非」四端了。因為「動無不和，即靜無不中」。對此，陽明便認為朱子學問時有「過於剖析」之病，而遂令「後之讀者分為兩節」，便使「已發」、「未發」截斷了。

是以，陽明的「性」與朱子的「性」，〔註128〕事實上，只是同樣的「性」而已。《傳習錄》有云：

> 澄問：「仁、義、禮、智之名，因已發而有？」（陽明）曰：「然。」
> 他日，澄曰：「惻隱、羞惡、辭讓、是非，是性之表德邪？」（陽明）
> 曰：「仁、義、禮、智，也是表德。性一而已：自其形體也謂之天，主宰也謂之帝，流行也謂之命，賦於人也謂之性，主於身也謂之心。心之發也，遇父便謂之孝，遇君便謂之忠，自此以往，名至於無窮，只一性而已。猶人一而已：對父謂之子，對子謂之父，自此以往，至於無窮，只一人而已。人只要在性上用功，看得一性字分明，即萬理燦然。」〔註129〕

〔註127〕《朱子語類》，卷第五，〈性理二〉，頁86，中華書局。
〔註128〕這裏的「性」，便是「性即理」的「天理」。而「天理」則包涵了眾理、萬理。
〔註129〕《王陽明全集》，卷一，〈語錄一〉，〈傳習錄上〉，頁15，上海古籍出版社。

而陽明的思想體系，便只是箇「即體即用」。因此，他認為「惻隱、羞惡、辭讓、是非」之「情」為表德，而「仁、義、禮、智」之「性」亦是表德。而所謂的「表德」，便是指「表現之德用」或「作用」之意。正如陽明所言：「即體而言用在體，即用而言體在用，是謂體用一源」。〔註130〕而在朱子之言中，亦似有這種思想，《朱子語類》曾載：「問：『前夜說體、用無定所，是隨處說如此。若合萬事為一大體、用，則如何？』（朱子）曰：『體、用也定。見在底便是體，後來生底便是用。此身是體，動作處便是用。天是體，『萬物資始』處便是用。地是體，『萬物資生』處便是用。就陽言，則陽是體，陰是用；就陰言，則陰是體，陽是用。』」〔註131〕而陽明認為，此「性」只是「一性而已」。以形體言，便謂之天；主宰言，便謂之帝；流行言，便謂之命；賦於人言，便謂之性；主於身言，便謂之心。其實，這些分殊皆只是「性一」罷了。而這箇「性一」，事實上，即「具眾理」，即「萬理燦然」。

　　而「心之本體即是性，性即是理」，是以，陽明的「心即理」亦可謂之「性即理」。對此，陽明有曰：

　　　　心之體，性也，性即理也。天下寧有心外之性？寧有性外之理乎？
　　　　寧有理外之心乎？外心以求理，此告子「義外」之說也。理也者，
　　　　心之條理也。是理也，發之於父則為孝，發之於君則為忠，發之於
　　　　朋友則為信。千變萬化，至不可窮竭，而莫非發於吾之一心。〔註132〕

我們可以知道，陽明所謂的「心體」，就是朱子所言的「性」。而「性即理也」。所以，這箇理便是「天理」。而根據朱子的思想，所謂的「天理」，是統括了天地萬物之理的，是包涵了「事理」與「物理」的。是以，陽明便說：「天命之性具於吾心，其渾然全體之中，而條理節目森然畢具，是故謂之天理」。又說：「看得一性字分明，即萬理燦然」。因此，陽明便極為反對「外心以求理」，便認為這是告子的「以仁內為心，以義外為理」，卻不知此已「析心與理為二」了。

　　是以，陽明便接著批評朱子的「格物」工夫須向外窮格萬事萬物之理。對此，陽明云：

　　　　夫萬事萬物之理不外於吾心，而必曰窮天下之理，是殆以吾心之良

〔註130〕《王陽明全集》，卷一，〈語錄一〉，〈傳習錄上〉，頁31，上海古籍出版社。
〔註131〕《朱子語類》，卷第六，〈性理三〉，頁101，中華書局。
〔註132〕《王陽明全集》，卷八，〈文錄五〉，〈書諸陽伯卷〉，頁277，上海古籍出版社。

> 知爲未足，而必外求於天下之廣，以裨補增益之，是猶析心與理而
> 爲二也。夫學、問、思、辨、篤行之功，雖其困勉至於人一己百，
> 而擴充之極，至於盡性知天，亦不過致吾心之良知而已。良知之外，
> 豈復有加於毫末乎？今必曰窮天下之理，而不知反求諸其心，則凡
> 所謂善惡之機，眞妄之辨者，舍吾心之良知，亦將何所致其體察乎？
> 吾子所謂「氣拘物蔽」者，拘此蔽此而已。今欲去此之蔽，不知致
> 力於此，而欲以外求，是猶目之不明者，不務服藥調理以治其目，
> 而徒悵悵然求明於其外，明豈可以自外而得哉！〔註133〕

陽明之所以反對向外窮萬事萬物之理，是因爲此「心即理」矣！而所謂的「心
即理」，無非只是在說明這箇「心之本體」便已具足了「萬事萬物之理」。是
以「學、問、思、辨、篤行之功」，便只是擴充「此心」之極，以至於「盡性、
知天」罷了。而對於朱子的「以心窮理」，《傳習錄》曾記載：「或問：『晦庵
先生曰：『人之所以爲學者，心與理而已。』此語如何？』」（陽明）曰：『心即
性，性即理，下一『與』字，恐未免爲二。此在學者善觀。』」〔註134〕朱子的
「格物窮理」的目的便是在以「經驗心」窮得「渾淪不分的一理」後，便自
然會識得「心與理一」的道理。那末，爲甚麼世儒又會「窮天下之理，而不
知反求諸其心」呢？這是因爲他們不知道「性即理」也。而「性，心體也」。
這正是陽明所指出的：「心即性，性即理，下一『與』字，恐未免爲二。此在
學者善觀」。

那末，陽明的學問要在悟箇「心即理」。是否有「務內遺外」之嫌呢？對
此，陽明曰：

> 「專求本心，遂遺物理」，此蓋失其本心者也。夫物理不外於吾心，
> 外吾心而求物理，無物理矣！遺物理而求吾心，吾心又何物邪？心
> 之體，性也，性即理也。故有孝親之心，即有孝之理，無孝親之心，
> 即無孝之理矣。有忠君之心，即有忠之理，無忠君之心，即無忠之
> 理矣。理豈外於吾心邪？晦庵謂：「人之所以爲學者，心與理而已。
> 心雖主乎一身，而實管乎天下之理；理雖散在萬事，而實不外乎一
> 人之心。」是其一分一合之間，而未免已啓學者心、理爲二之弊。
> 此後世所以有「專求本心，遂遺物理」之患，正由不知「心即理」

〔註133〕《王陽明全集》，卷二，〈語錄二〉，〈傳習錄中〉，頁46，上海古籍出版社。
〔註134〕《王陽明全集》，卷一，〈語錄一〉，〈傳習錄上〉，頁15，上海古籍出版社。

耳。夫外心以求物理，是以有闇而不達之處；此告子「義外」之說，

孟子所以謂之不知義也。〔註135〕

陽明認爲，所謂「務內遺外」的批評，實已失其本心。這是因爲「心即天，言心則天地萬物皆舉之矣」。是以這箇心，是包括「天地之理」與「萬物之理」的，是涵容一切事物的，又怎麼會有「專求本心，遂遺物理」之患呢？他們之所以批評陽明「遂遺物理」，是因爲不知箇「心之體，性也，性即理也」的道理。而朱子所謂「理雖散在萬事，而實不外乎一人之心」便是「以（經驗）心窮理」；所謂「心雖主乎一身，而實管乎天下之理」便是「（本）心具理」。是以陽明便認爲，朱子的「心與理」之一分一合間，未免已啓學者心、理爲二之弊。而陽明的學問便是「心也，性也，天也，一也」。既然是「一」，因此，這箇「心」、這箇「性」，當然是無內外、分合之別的了。是以，陽明曰：「夫理無內外，性無內外，故學無內外；講習討論，未嘗非內也，反觀內省，未嘗遺外也。夫謂學必資於外求，是以己性爲有外也，是義外也，用智者也；謂反觀內省爲求之於內，是以己性爲有內也，是有我也，自私者也；是皆不知性之無內外也。故曰：『精義入神，以致用也；利用安身，以崇德也；性之德也，合內外之道也。』」〔註136〕

是以，陽明便接著批評朱子「格物」工夫之義外。對此，陽明有云：

朱子所謂「格物」云者，在即物而窮其理也。即物窮理，是就事事物物上求其所謂定理者也。是以吾心而求理於事事物物之中，析「心」與「理」而爲二矣。夫求理於事事物物者，如求孝之理於其親之謂也。求孝之理於其親，則孝之理其果在於吾之心邪？抑果在於親之身邪？假而果在於親之身，則親沒之後，吾心遂無孝之理歟？見孺子之入井，必有惻隱之理，是惻隱之理果在於孺子之身歟？抑在於吾心之良知歟？其或不可以從之於井歟？其或可以手而援之歟？是皆所謂理也。是果在於孺子之身歟？抑果出於吾心之良知歟？以是例之，萬事萬物之理，莫不皆然。是可以知「析心與理爲二」之非矣。夫「析心與理而爲二」，此告子「義外」之說，孟子之所深闢也。務外遺內，博而寡要，吾子既已知之矣。是果何謂而然哉？謂之玩物喪志，尚猶以爲不可歟？若鄙人所謂「致知格物」者，致吾心之

〔註135〕《王陽明全集》，卷二，〈語錄二〉，〈傳習錄中〉，頁42，上海古籍出版社。
〔註136〕《王陽明全集》，卷二，〈語錄二〉，〈傳習錄中〉，頁76，上海古籍出版社。

良知於事事物物也。吾心之良知,即所謂天理也。致吾心良知之天理於事事物物,則事事物物皆得其理矣。致吾心之良知者,致知也;事事物物皆得其理者,格物也。是合心與理而爲一者也。合心與理而爲一,則凡區區前之所云,與朱子晚年之論,皆可以不言而喻矣!
〔註137〕

朱子的學問是「格物致知」,也就是「窮究萬事萬物之理以反致吾之知」。因為,當我們窮格了愈多事物之定理後,我們同時便愈能掌握自身本性的法則。而這便是朱子所謂的「性即理」。然而,陽明指出,朱子學說的流弊便在於令一般人皆知窮格事物之理於其外,卻不識箇「性即理」,〔註138〕不做箇「存天理、去人欲」的工夫,而截然地析「心」與「理」而爲二。是以,陽明便問說:「求理於事事物物者,如求孝之理於其親之謂也。求孝之理於其親,則孝之理其果在於吾之心邪?抑果在於親之身邪?假而果在於親之身,則親沒之後,吾心遂無孝之理歟?見孺子之入井,必有惻隱之理,是惻隱之理果在於孺子之身歟?抑在於吾心之良知歟?其或不可以從之於井歟?其或可以手而援之歟?是皆所謂理也」。是以,在陽明看來,朱子的後學便是「務外遺內」、「博而寡要」了。而陽明學問的近裏處,便是在於將朱子的「格物致知」扭轉爲「致知格物」。因爲陽明的「心之本體」便是「天理」,而天理則包涵了萬事萬物之理。是以,陽明的「致知格物」便是「致吾心良知之天理於事事物物,則事事物物皆得其理矣。致吾心之良知者,致知也;事事物物皆得其理者,格物也」。或許有人認爲陽明的「心即理」並不包括「物理」。事實上不然,以「致知格物」來說,良知是天理,而天理是包括了「事理」和「物理」的。因此,陽明的「致吾心之良知」是「致良知」的工夫,而「事事物物皆得其理」便是窮格「事理」和「物理」的工夫了。因爲,所謂「親親、仁民」便是窮格「事理」,而所謂「愛物」便是窮格「物理」了。然而無論「事理」或「物理」,皆只是「吾心之天理」而已矣!而這便是「合心與理而爲一者也」。

〔註137〕 《王陽明全集》,卷二,〈語錄二〉,〈傳習錄中〉,頁44,上海古籍出版社。
〔註138〕 朱子的「格物」工夫便在於識箇「性即理」。而對於這箇「性」,朱子說:「心以性爲體」。(《朱子語類》,卷第五,〈性理二〉,頁89,中華書局。)因此,在「窮理識性」之後便自然可以悟得「心與理一」。而所謂的「心與理一」,事實上,便是指的「天理者,此心之本然」。(《朱子全書》,第二十冊,〈晦庵先生朱文公文集〉,卷第十三,〈辛丑延和奏劄二〉,頁639,上海古籍出版社。)因爲,陽明的《朱子晚年定論》正是爲了說明朱子的「心與理一」,爲了表明「朱子之先得我心之同然」。

第三節　心外無事、心外無理，故心外無學

　　吳震先生曾說：「陽明之所以從各種角度，並用不同的表述形式來闡明『心即是理』，目的就是為了論證『心理是一箇』，心與理不可析而為二，格物功夫不可離心而為，至善境界也不可離心而求。陽明提出這些觀點的理論意義就在於，他從根本上打破了心與理、心與物、主體與客體、尊德性與道問學的種種對立」。〔註139〕是以，「心外無事、心外無理，故心外無學」用陽明的話來說便可謂之：「心事合一」、「心理合一」與「心學合一」；用蕺山之言來說便可道之：「即心即事」、「即心即理」和「即心即學」了。是以，我們先來看看「心外無事」。

　　陽明的一貫處，便是將「物」字收攝於心。因此，所謂的「物」，便是心中之「事」的意思。是以，陽明有曰：

> 　　身之主宰便是心，心之所發便是意，意之本體便是知，意之所在便是物。如意在於事親，即事親便是一物。意在於事君，即事君便是一物。意在於仁民、愛物，即仁民、愛物便是一物。意在於視聽言動，即視聽言動便是一物。所以某說無心外之理，無心外之物。〔註140〕

陽明認為，主宰身體的便是本心，本心的流行發用便是意念，意念作用之本體便是良知，意念灌注之所在便是箇物事。因此，意念灌注在事親，即事親便是一事；意念灌注在事君，即事君便是一事；意念灌注在仁民、愛物，即仁民、愛物便是一事。意念灌注在視聽言動，即視聽言動便是一事。也就是說，「心外無物」便是指的「心的流行發用之所在」。是以，陽明便說：「心外無物。如吾心發一念孝親，即孝親便是物」。〔註141〕因此，「就結論而言，因為『意之所在便是物』，而『意』又是『心之所發』，所以說『物』就在心中——亦即『心外無物』。」〔註142〕

　　因為「心之體，性也」，是以，「心外無物」、「心外無理」亦可稱為「性外無物」、「性外無理」了。《傳習錄》記云：

> 　　天下無性外之理，無性外之物。學之不明，皆由世之儒者認理為外，認物為外，而不知義外之說，孟子蓋嘗闢之，乃至襲陷其內而不覺，

〔註139〕參見吳震，《王陽明著述選評》，頁82，上海古籍出版社。
〔註140〕《王陽明全集》，卷一，〈語錄一〉，〈傳習錄上〉，頁6，上海古籍出版社。
〔註141〕《王陽明全集》，卷一，〈語錄一〉，〈傳習錄上〉，頁24，上海古籍出版社。
〔註142〕參見吳震，《王陽明著述選評》，頁77，上海古籍出版社。

岂非亦有似是而難明者歟？不可以不察也。凡執事所以致疑於格物
之說者，必謂其是內而非外也；必謂其專事於反觀內省之爲，而遺
棄其講習討論之功也；必謂其一意於綱領本原之約，而脫略於支條
節目之詳也；必謂其沈溺於枯槁虛寂之偏，而不盡於物理人事之變
也。審如是，豈但獲罪於聖門，獲罪於朱子，是邪說誣民，叛道亂
正，人得而誅之也，而況於執事之正直哉？審如是，世之稍明訓詁，
聞先哲之緒論者，皆知其非也，而況執事之高明哉？凡某之所謂「格
物」，其於朱子九條之說，皆包羅統括於其中；但爲之有要，作用不
同，正所謂毫釐之差耳。然毫釐之差而千里之謬實起於此，不可不
辨。〔註143〕

朱子的思想亦同樣可說「無性外之理」、「無性外之物」。這是因爲「性即理」
也；而「性」是道，「物」是器，因此，「性」和「物」便是道器的不離不雜
的關係。然而朱子的這種思想都是偏於外在的天道，偏於外在的器物，是以，
陽明便批評是「認理爲外，認物爲外，而不知義外之說，孟子蓋嘗闢之」。而
陽明之所以呶呶於明道，便是在於將朱子的天道復歸於先秦孔孟的人道，以
將這箇道拉回我們自己的心中。那末，這樣一來，這箇道不是又過度偏向內
在了嗎？事實上，無論偏內或者偏外皆是陽明所反對的。因爲，陽明汲汲擔
心的正是這箇「毫釐之差」所產生的流弊。是以，陽明便認爲，學問須知箇
「爲之有要，作用不同」的頭腦。亦即是說，陽明學問並非「是內而非外」，
而只是認爲「反觀內省」之要先於「講習討論」之用；「綱領本原」之約先於
「支條節目」之詳。而其所謂的「格心」工夫正是爲了要避開「沈溺於枯槁
虛寂之偏，而不盡於物理人事之變」的禪病。因爲，陽明「格物」的「物」
字，正是「事」的意思。而陽明的工夫正是箇「必有事焉」，正是孟子的「集
義」。並且，這箇心是「天地萬物皆舉之矣」的「心之本體」。是以，陽明便
認爲「某之所謂『格物』，其於朱子九條之說，皆包羅統括於其中」了。

因此，陽明便接著說「心外無義」、「心外無善」。〈與王純甫〉書載云：

夫在物爲理，處物爲義，在性爲善，因所指而異其名，實皆吾之心
也。心外無物，心外無事，心外無理，心外無義，心外無善。吾心
之處事物，純乎理而無人僞之雜，謂之善，非在事物有定所之可求
也。處物爲義，是吾心之得其宜也，義非在外可襲而取也。格者，

〔註143〕《王陽明全集》，卷二，〈語錄二〉，〈傳習錄中〉，頁77，上海古籍出版社。

格此也；致者，致此也。必曰事事物物上求箇至善，是離而二之也。
伊川所云「纔用彼，即曉此」，是猶謂之二。性無彼此，理無彼此，
善無彼此也。〔註144〕

所謂「在物為理」的「物」便是「意在於事親，即事親便是一物。意在於事
君，即事君便是一物。意在於仁民、愛物，即仁民、愛物便是一物」之物。
因此，這箇「物」當然便是「理」了。而處事便合乎義，在性便稱為善，而
其實，皆不過是「吾之心」也。是以，陽明便認為，這箇心是「即心即物」、
「即心即事」、「即心即理」、「即心即義」、「即心即善」的。而所謂的「善」，
並非如朱子所言的，須在外在的事物上去求，而只要此心「純乎理而無人偽
之雜」而已；而所謂的「義」，亦非如朱子所襲的，須在外在的事物上去取，
而只要此心之「得其宜」而已。是以，陽明所格者，便只是格「此」；所致者，
便只是致「此」。而並非伊川、朱子所云之「**纔窮理，即識性**」了。是故，這
箇心既然不是「離而二之」，便只是箇「一」，便只是「至善」。因此，「性無
彼此，理無彼此，善無彼此」即是說：「性無內外，理無內外，善無內外」了。

接著我們再看看「心外無理」。《傳習錄》上載云：

「虛靈不昧，眾理具而萬事出」。心外無理，心外無事。〔註145〕

此句原是朱子所言。《朱子語類》記曰：「『明德者，人之所得乎天，而虛靈不
昧，以具眾理而應萬事者也。』禪家則但以虛靈不昧者為性，而無以具眾理
以下之事。」〔註146〕換句話說，禪家的心性是「空」，而儒家的心性則充滿了
「理」。而這箇「理」，在朱子便是「心具理」或「性即理」；在陽明當然便為
「心即理」了。因此，朱子便說：「要識得這明德是甚物事，便切身做工夫，
去其氣稟物欲之蔽。能存得自家箇虛靈不昧之心，足以具眾理，可以應萬事，
便是明得自家明德了」。〔註147〕而從陽明引用朱子的話，並用來解釋自己的「心
外無理，心外無事」看來，便可知陽明早已注意到自己的「心即理」與朱子
的「心具理」之相通了。〔註148〕因為，朱子的「性之本體即是天理」就是指

〔註144〕《王陽明全集》，卷四，〈文錄一〉，〈與王純甫・二〉，頁156，上海古籍出版
　　　　社。
〔註145〕《王陽明全集》，卷一，〈語錄一〉，〈傳習錄上〉，頁15，上海古籍出版社。
〔註146〕《朱子語類》，卷第十四，〈大學一〉，頁265，中華書局。
〔註147〕《朱子語類》，卷第十四，〈大學一〉，頁265，中華書局。
〔註148〕因為，陽明的「心即理」便是「心之體，性也。性即理也」。而朱子的「心具
　　　　理」便是「心以性為體。性即理也」。是以可知，陽明之「心即理」與朱子之
　　　　「心具理」的相通處就在於這箇「心之本體」。

的「心之本體即是天理」。〔註149〕至於「心外無理，心外無事」和「虛靈不昧，衆理具而萬事出」這句話的關係，佐藤一齋說：「心外無理，故衆理具。心外無事，故萬事出。晦庵舊語，（陽明）點鐵成金。」〔註150〕

而「心之體，性也。性即理也」便可以說爲「心外無性」、「性外無理」了。是以，陽明有說：

> 心之體，性也，性即理也。天下寧有心外之性？寧有性外之理乎？寧有理外之心乎？外心以求理，此告子「義外」之說也。理也者，心之條理也。是理也，發之於父則爲孝，發之於君則爲忠，發之於朋友則爲信。千變萬化，至不可窮竭，而莫非發於吾之一心。〔註151〕

陽明所指的「心」就是「性」，而「性」便是「理」。因此，是「即心即性」、「即性即理」、「即理即心」的。而「即心即性」、「即性即理」、「即理即心」便可以表述爲「心外無性」、「性外無理」、「理外無心」。是以，這箇心性之條理「發之於父則爲孝，發之於君則爲忠，發之於朋友則爲信」，雖千變萬化至不可窮竭，皆不過是「一心」而已，皆不過是「一性」而已，皆不過是「一理」而已。換句話說，皆是共同於這箇「一」。

接下我們看看「心外無學」。〈紫陽書院集序〉有云：

> 予聞之：「德有本而學有要，不於其本而泛焉以從事，高之而虛無，卑之而支離，終亦流蕩失宗，勞而無得矣。是故君子之學，惟求得其心。雖至於位天地，育萬物，未有出於吾心之外也。孟氏所謂『學問之道無他，求其放心而已矣』者，一言以蔽之。故博學者，學此者也；審問者，問此者也；愼思者，思此者也；明辯者，辯此者也；篤行者，行此者也。心外無事，心外無理，故心外無學。是故於父，子盡吾心之仁；於君，臣盡吾心之義；言吾心之忠信；行吾心之篤敬；懲心忿，窒心欲，遷心善，改心過；處事接物，無所往而非求盡吾心以自慊也。譬之植焉，心其根也；學也者，其培擁之者也，灌漑之者也，扶植而刪鋤之者也，無非有事於根焉耳矣。朱子白鹿

〔註149〕陽明「心即理」所指的「心」便是「心之本體」。而朱子「性即理」所指的「性」亦是「心之本體」。換句話說，「心即理」的「心之本體」便是「性即理」的「性之本體」。因此，陽明的「心之本體即是天理」與朱子的「性之本體即是天理」是同一的。

〔註150〕參見陳榮捷，《王陽明傳習錄詳註集評》，頁70，學生書局。

〔註151〕《王陽明全集》，卷八，〈文錄五〉，〈書諸陽伯卷〉，頁277，上海古籍出版社。

之規，首之以五教之目，次之以爲學之方，又次之以處事接物之要，若各爲一事而不相蒙者。斯殆朱子平日之意，所謂『隨事精察而力行之，庶幾一旦貫通之妙也』歟？然而世之學者，往往遂失之支離瑣屑，色莊外馳，而流入於口耳聲利之習。豈朱子之教使然哉？」〔註152〕

陽明之學，以德爲本，以學爲要。不務其本而泛籠以從事的話，便會流入：一、高之若佛老之虛無籠統；二、卑之若世儒之支離汎濫。〔註153〕而陽明便認爲二者皆爲「流蕩失宗，勞而無得」之學問了。是以，君子之學，惟求「得其心」。而這便是孟子「求放心」的學問。因此，陽明之學是「離心別無事」、「離心別無理」、「離心別無學」的「心學」。而懲戒心忿、窒息心欲、流遷心善、改去心過，無非皆是「盡心」的學問。是以，培擁、灌漑、扶植之功，都只是「有事於根」、「自慊於心」罷了。而陽明之所以自曝朱子之心，發露朱子之意，亦只是爲了章明這箇「一貫之道」。而世之儒者失於支離瑣屑，流於口耳聲利，則實非朱子之教人使然了。

結　語〔註154〕

由本章可知，無論是象山、陽明的「心即理」，抑或是朱子的「心與理一」，皆是共同於這箇「心之本體」。而這便是本章的主要精神——聖學的「心心相印」——此心同此理同。是以，我們最後便以陽明調和朱、陸的一段話作結：「夫君子之論學，要在得之於心。眾皆以爲是，苟求之心而未會焉，未敢以爲是也；眾皆以爲非，苟求之心而有契焉，未敢以爲非也。心也者，吾所得於天之理也，無間於天人，無分於古今。苟盡吾心以求焉，則不中不遠矣。學也者，求以盡吾心也。是故尊德性而道問學，尊者，尊此者也；道者，道此者也。不得於心而惟外信於人以爲學，烏在其爲學也已！僕嘗以爲晦庵之與象山，雖其所爲學者若有不同，而要皆不失爲聖人之徒。今晦庵之學，天

〔註152〕《王陽明全集》，卷七，〈文錄四〉，〈紫陽書院集序〉，頁239，上海古籍出版社。

〔註153〕佛老之所以虛無籠統便是其只重境界、頓悟，而不務下學實修。如朱子便常批評佛老之只見其「體之一」而不識箇「用之殊」。而朱子後學之所以支離汎濫便是其只知見聞之知，而不似朱子本人之特重尊德性。正有如陽明所常批評的「世儒」、「後儒」。

〔註154〕陽明對於象山與朱子的態度，主要地可見之於〈答徐成之〉一書。

下之人童而習之，既已入人之深，有不容於論辯者。而獨惟象山之學，則以其嘗與晦庵之有言，而遂藩籬之。使若由、賜之殊科焉，則可矣，而遂擯放廢斥，若碔砆之與美玉，則豈不過甚矣乎？夫晦庵折衷群儒之說，以發明六經、語、孟之旨於天下，其嘉惠後學之心，真有不可得而議者。而象山辯義利之分，立大本，求放心，以示後學篤實為己之道，其功亦寧可得而盡誣之！而世之儒者，附和雷同，不究其實，而蓋目之以禪學，則誠可冤也已！故僕嘗欲冒天下之譏，以為象山一暴其說，雖以此得罪，無恨。僕於晦庵亦有罔極之恩，豈欲操戈而入室者？顧晦庵之學，既已若日星之章明於天下；而象山獨蒙無實之誣，於今且四百年，莫有為之一洗者。使晦庵有知，將亦不能一日安享於廟廡之間矣。此僕之至情，終亦必為吾兄一吐者。」〔註155〕

〔註155〕《王陽明全集》，卷二十一，〈外集三〉，〈答徐成之・二〉，頁808，上海古籍出版社。

第三章　陽明的「知行合一」

前　言

　　「陽明在『龍場悟道』以後，提出了標志著其心學思想得以確立的兩大命題：『知行合一』和『心即理』。其實，這兩大命題在思想上又有密切的關聯。」〔註1〕事實上，依筆者之見，「心即理」與「知行合一」思想的關連處，便在於這箇「一」。因為，筆者在第二章——陽明的「心即理」——一再地表明，無論是象山的「心，一心也；理，一理也」或者陽明的「理，一而已矣；心，一而已矣」還是朱子的「心與理一」，〔註2〕皆能深得於孔子的「一貫之道」、孟子的「夫道之一」。因此，同樣地，陽明的「知行合一」亦是根據這箇「一」的思想精神所提出來的。

　　而陽明之學，「即本體即工夫」。因此，所謂的「知行合一」，我們便可以引伸出「知行本體」與「知行工夫」。有如吳震先生所說：「知行合一命題含有兩層意思：一，從本體上說，知行原本就是合一的；二，從功夫上說，知

〔註1〕參見吳震，《王陽明著述選評》，頁104，上海古籍出版社。
〔註2〕對於朱子之重「一」，他自己曾說：「釋氏二，吾儒一」。又說：「吾以心與理為一，彼以心與理為二。亦非固欲如此，乃是見處不同，彼見得心空而無理，此見得心雖空而萬理咸備也。雖說心與理一，不察乎氣稟物欲之私，是見得不真，故有此病。《大學》所以貴格物也」。（上引二段見《朱子語類》，卷第一百二十六，〈釋氏〉，頁3015，中華書局。）可以見得，朱子格物窮理的目的，便是為了識得「心與理」本一。正是所謂的：「心與理一，不是理在前面為一物。理便在心之中」。（《朱子語類》，卷第五，〈性理二〉，頁85，中華書局。）

行就是一個功夫過程」。〔註3〕是以，所謂的「本體合一」，便是指的「知行」在「本體」上，本來即彼此具足，本來即相互合一。然而，我們因「被私欲隔斷」，已「失其本體」之故，是以，便需要講箇「工夫」，以復其本體。而這便是所謂的「工夫並進」，亦即指的「知行」在「工夫」上，須扣緊「本體」，須合一並進。

因此，陽明便極爲反對朱子的「知先行後」思想。認爲「知先行後」思想導致了朱子後學只知「道問學」而不知「尊德性」，只知「格物致知」而不知「誠意正心」。而究其根由，便是朱子的「格物窮理」工夫「已啓學者心、理爲二之蔽」了。

而本章主要地在論述陽明的「知行合一」思想。第一節是「知行本體」，而分以下三點：1. 知行合一；2. 眞知即所以爲行，不行不足謂之知；3. 知之眞切篤實處，即是行；行之明覺精察處，即是知。第二節是「知行工夫」，亦分爲三點：1. 知行並進；2. 知是行之始，行是知之成；3. 知是行的主意，行是知的工夫。而第三節是「事上磨練」，共分：明明德與親民。

第一節　知行本體

陽明《年譜》三十八歲條下記載：「是年先生始論知行合一。始席元山書提督學政，問朱陸同異之辨。先生不語朱陸之學，而告之以其所悟。書懷疑而去。明日復來，舉知行本體證之五經諸子，漸有省。往復數四，豁然大悟，謂『聖人之學復睹於今日；朱陸異同，各有得失，無事辯詰，求之吾性本自明也。』」〔註4〕席書所問的朱陸異同，應似指的「道問學」與「尊德性」之辨。然而陽明卻只告以己之所悟。而吳怡先生有說：「這裏所謂知行本體，就是指知行的本體是合一的」。〔註5〕是以，陽明所悟的便是悟箇「知的本體」與「行的本體」只是合一的同一「本體」。亦即是說，陽明認爲「尊德性而道問學」只是「知行本體」的工夫而已。並且，由於「聖人之道，吾性自足」，因此，「知行本體」原本即具足了「知」、「行」的。

吳震先生說：「關於龍場悟道的內容，《年譜》等資料都沒有把『知行合

〔註3〕參見吳震，《王陽明著述選評》，頁104，上海古籍出版社。
〔註4〕《王陽明全集》，卷三十三，〈年譜一〉，頁1229，上海古籍出版社。
〔註5〕參見吳怡，《中國哲學發展史》，第二十一章，〈陸王的思想及其在心學上的成就〉，頁489，三民書局。

一』列入其中，但是我們有理由認爲，『知行合一』應當屬於龍場悟道的內容之一」。〔註6〕這箇說法筆者認同，因爲陽明的「龍場悟道」便只是悟箇「一以貫之」的道理罷了。而這箇「一」，以「知」「行」關係來貫通的話，便是「知行合一」了。

一、知行合一

對於「知行合一」，吳震先生說：「講到『知行合一』，首先引人注目的就是『知行本體』這一概念。這裏所謂的『本體』，意指本來狀態或本來意義。陽明所說的『知行之本體』，指的是知和行的本來關係或本來意義。具體而言，所謂『知行本體』，無非就是指『知行合一』。換言之，知和行的合一，就是本來意義上的知行關係，也就是陽明說『知行本體原是如此』的意思。反之，如果知和行相互隔絕、各不關照，也就『不是知行的本體了』。」〔註7〕而這箇「一」，這箇「本體」，當然便是「心之本體」了。是以，陽明說：

> 心，一而已。以其全體惻怛而言謂之仁，以其得宜而言謂之義，以
> 其條理而言謂之理；不可外心以求仁，不可外心以求義，獨可外心
> 以求理乎？外心以求理，此知行之所以二也。求理於吾心，此聖門
> 知行合一之教。〔註8〕

所謂的「心體」，便是指的「一體」，便是指的「全體」。因此，所謂的「仁」，所謂的「義」，所謂的「理」，皆不過是「一心」而已矣。是以，陽明便反對「外心以求仁」、「外心以求義」、「外心以求理」了。而此心是「知」，窮理便是「行」。然而，無論此心此理皆只是箇「一」。因此，「知」與「行」的本體亦便是「合一」的。

那末，在現實上我們的「知」「行」又爲甚麼會產生割裂的現象呢？這是因爲我們已「失其本體」，已「不是知行的本體」了。是以，《傳習錄》上記載：

> 愛因未會先生（陽明）「知行合一」之訓，與宗賢、惟賢往復辯論，
> 未能決，以問於先生。先生曰：「試舉看。」愛曰：「如今人儘有知
> 得父當孝、兄當弟者，卻不能孝、不能弟，便是知與行分明是兩件。」

〔註6〕參見吳震，《王陽明著述選評》，頁86，上海古籍出版社。
〔註7〕參見吳震，《王陽明著述選評》，頁90，上海古籍出版社。
〔註8〕《王陽明全集》，卷二，〈語錄二〉，〈傳習錄中〉，頁43，上海古籍出版社。

先生曰：「此已被私欲隔斷，不是知行的本體了。未有知而不行者。知而不行，只是未知。聖賢教人知行，正是安復那本體，不是著你只恁的便罷。故《大學》指箇眞知行與人看，說『如好好色，如惡惡臭』。見好色屬知，好好色屬行。只見那好色時已自好了，不是見了後又立箇心去好。聞惡臭屬知，惡惡臭屬行。只聞那惡臭時已自惡了，不是聞了後別立箇心去惡。如鼻塞人雖見惡臭在前，鼻中不曾聞得，便亦不甚惡，亦只是不曾知臭。就如稱某人知孝、某人知弟，必是其人已曾行孝行弟，方可稱他知孝知弟，不成只是曉得說些孝弟的話，便可稱爲知孝弟。又如知痛，必已自痛了方知痛；知寒，必已自寒了；知饑，必已自饑了：知行如何分得開？此便是知行的本體，不曾有私意隔斷的。聖人教人，必要是如此，方可謂之知。不然，只是不曾知。此卻是何等緊切著實的工夫！如今苦苦定要說知行做兩箇，是甚麼意？某要說做一箇是甚麼意？若不知立言宗旨，只管說一箇兩箇，亦有甚用？」〔註9〕

徐愛以爲，在經驗上儘有人知得父兄當孝弟者，卻不能行孝行弟，因此知行明明是兩件。對此，陽明認爲，這是因爲他們只見現象而不悟本體，蔽於人欲而不存天理。而所謂「知行的本體」，便是指的「未有知而不行者。知而不行，只是未知」。事實上，這箇「知」便是在指的「良知」。如陽明說：「知是心之本體，心自然會知：見父自然知孝，見兄自然知弟，見孺子入井自然知惻隱，此便是良知，不假外求。若良知之發，更無私意障礙，即所謂『充其惻隱之心，而仁不可勝用矣』。然在常人不能無私意障礙，所以須用致知格物之功勝私復理。即心之良知更無障礙，得以充塞流行，便是致其知。知致則意誠」。〔註10〕因此，高明一路，只要悟得這箇「知之本體」便能自然知孝、自然知弟、自然知惻隱，便自然能充其惻隱之心，而仁不可勝用，也就自然能合乎「行之本體」了。而中人以下，便須用箇「致知格物」之功以安復那本體。因爲，能合乎「行之本體」便能復得「知之本體」。這是由於「知的本體」與「行的本體」皆是同樣的「知行合一」的「本體」。對於這箇「知行本體」，陽明便舉了《大學》的「如好好色，如惡惡臭」一句與人看。因爲見好色屬眞知，好好色屬眞行，而這箇見與好的「眞知行」實是合一並進的「知

〔註9〕《王陽明全集》，卷一，〈語錄一〉，〈傳習錄上〉，頁3，上海古籍出版社。
〔註10〕《王陽明全集》，卷一，〈語錄一〉，〈傳習錄上〉，頁6，上海古籍出版社。

行本體」。因此，所謂「知得父當孝、兄當弟者，卻不能孝、不能弟」正是割裂了「知」與「行」的「本體」，正是已「失其本體」。也就是說，「知行合一」是指的「未有無知的行，亦未有無行的知」。正是陽明所謂的「稱某人知孝、某人知弟，必是其人已曾行孝行弟，方可稱他知孝知弟，不成只是曉得說些孝弟的話，便可稱爲知孝弟」。是以，這箇「知行的本體」如何分得開？因此，陽明「要說做一箇」並非是爲了將「知」「行」打做一箇，而是指的「知」「行」在體上本來就是「合一」的。

《傳習錄》又記載：

> 門人問曰：「知行如何得合一？且如《中庸》，言『博學之』，又說箇『篤行之』，分明知行是兩件。」先生（陽明）曰：「博學只是事事學存此天理，篤行只是學之不已之意。」又問：「《易》『學以聚之』，又言『仁以行之』，此是如何？」先生曰：「也是如此。事事去學存此天理，則此心更無放失時，故曰『學以聚之』，然常常學存此天理，更無私欲間斷，此即是此心不息處，故曰『仁以行之』。」又問：「孔子言知及之，仁不能守之，知行卻是兩箇了？」先生曰：「說及之已是行了，但不能常常行，已爲私欲間斷，便是仁不能守。」〔註11〕

門人有問說，「博學」屬「知」，而「篤行」是「行」，因此「知」「行」卻是兩件。在這裏，陽明對「學」字的理解乃是遵於孔子，〔註12〕故所謂的「博學」只是「事事學存此天理」，而「篤行」便只是「學之不已」。事實上，「存此天理」便是「行」，而「行」便是「知」；「學之不已」便是「知」，而「知」便是「行」了。因此，陽明認爲，「博學」「篤行」只是一事，「知」「行」本來即合一。而「學以聚之」亦是「事事去學存此天理」，因此便是「行」，而「行」便是「知」；「仁以行之」便是「常常學存此天理」，因此便是「知」，而「知」便是「行」。而「知」「行」之所以卻是兩箇，便是因爲已「爲私欲

〔註11〕《王陽明全集》，卷三，〈語錄三〉，〈傳習錄下〉，頁121，上海古籍出版社。
〔註12〕雖然孔子有「行有餘力，則以學文」的用法，然而我們不能忘記孔子有另一種「德性之學」。有如孔子所言：「十室之邑，必有忠信如丘者焉，不如丘之好學也」。（《四書章句集註》，〈論語集注〉，頁83，鵝湖出版社。）又言：「君子食無求飽，居無求安，敏於事而慎於言，就有道而正焉，可謂好學也已」。（《四書章句集註》，〈論語集注〉，頁52，鵝湖出版社。）而當有人問弟子中誰爲好學時，孔子甚至答應說：「有顏回者好學，不遷怒，不貳過。不幸短命死矣！今也則亡，未聞好學者也」。（《四書章句集註》，〈論語集注〉，頁84，鵝湖出版社。）由此可見，陽明甚守孔子之「學」。

間斷」，已「失其本體」了。

而〈答友人問〉又載：

> 問：「自來先儒皆以學問思辯屬知，而以篤行屬行，分明是兩截事。
> 今先生獨謂知行合一，不能無疑。」（陽明）曰：「此事吾已言之屢
> 屢。凡謂之行者，只是著實去做這件事。若著實做學問思辯的工夫，
> 則學問思辯亦便是行矣。學是學做這件事，問是問做這件事，思辯
> 是思辯做這件事，則行亦便是學問思辯矣。若謂學問思辯之，然後
> 去行，卻如何懸空先去學問思辯得？行時又如何去得做學問思辯的
> 事？」〔註13〕

有人問，朱子以學問思辯屬知，以篤行屬行，是以「知」「行」是兩截事。而
陽明答說，所謂的「行」，只是切實去做事。因此，從事做事學問思辯之「知」
亦皆是「行」了。陽明認為，天下又豈有人去學問思辯卻未嘗行的？事實上，
朱子的「格物窮理」亦是如此。因為，「窮理」雖是為了「致知」，然而卻須
講箇「即物」，須求箇「至事」。對於「學、問、思、辨、行」，朱子注說：「學、
問、思、辨，所以擇善而為知，學而知也。篤行，所以固執而為仁，利而行
也。」〔註14〕而這裏所謂「為知」、「為仁」的「為」字，顯然便是指的實踐
的「學」，實踐的「行」之意。由此可知，陽明的「知行合一」與朱子的「知
行相須」是一致的。

接著陽明以《易》〈乾文言〉之「知至，至之」說「知行合一」，其曰：

> 孟子云：「是非之心，知也。」「是非之心，人皆有之。」即所謂良
> 知也。孰無是良知乎？但不能致之耳。《易》謂「知至，至之。」知
> 至者，知也；至之者，致知也。此知行之所以一也。近世格物致知
> 之說，只一知字尚未有下落，若致字工夫，全不曾道著矣。此知行
> 之所以二也。〔註15〕

陽明所謂的「良知」，便是孟子所云的「是非之心」。然而一般人的「是非之心」
徒有「知」，而不能「行」。因此，「知」、「行」是割裂而為二，已失其「知行的
本體」了。而陽明所謂的「知至者，知也」，便是指的所知能行；所謂的「至之

〔註13〕《王陽明全集》，卷六，〈文錄三〉，〈答友人問〉，頁208，上海古籍出版社。
〔註14〕《四書章句集註》，〈中庸章句〉，頁31，鵝湖出版社。
〔註15〕《王陽明全集》，卷五，〈文錄二〉，〈與陸原靜・二〉，頁189，上海古籍出版
社。

者，致知也」，便是指的能行所知。而此即「知行之所以一也」。而朱子的「格物致知」之說其所「行」的只是爲了「求知」、「爲知」罷了，因此只是「道問學」之「行」。眞正的「尊德性」之「行」仍是在於「誠意正心」以後的一段工夫。所以朱子認爲，學問須「先知後行」。也就是先「道問學」而後「尊德性」。而陽明的學問是「良知爲知，見知不囿於聞見；致良知爲行，見行不滯於方隅」，所以是「即知即行」的。〔註16〕是以，對於朱子，陽明便說：「若後世致知之說，止說得一知字，不曾說得致字，此知行所以二也」。〔註17〕

　　是以，所謂的「知行合一」，便只是「一貫之道」。陽明云：

　　　夫子嘗曰「蓋有不知而作之者，我無是也」，是猶孟子「是非之心，
　　　人皆有之」之義也。此言正所以明德性之良知，非由於聞見耳。若
　　　曰「多聞擇其善者而從之，多見而識之」，則是專求諸見聞之末，而
　　　已落在第二義矣，故曰「知之次也」。夫以見聞之知爲次，則所謂知
　　　之上者果安所指乎？是可以窺聖門致知用力之地矣。夫子謂子貢
　　　曰：「賜也，汝以予爲多學而識之者歟？非也，予一以貫之。」使誠
　　　在於多學而識，則夫子胡乃謬爲是說以欺子貢者邪？「一以貫之」，
　　　非致其良知而何？《易》曰「君子多識前言往行，以畜其德。」夫
　　　以畜其德爲心，則凡多識前言往行者，孰非畜德之事？此正知行合
　　　一之功矣。〔註18〕

陽明所謂「良知」，便是「德性之知」，而非由於聞見，非義襲之可取。因此，若專求之聞見，便已落在第二義，便已是「見聞之知」了。然而，事實上，良知雖「非由於聞見」而亦「不離於聞見」。因此，是「即本體即流行」、「即本體即作用」的。是以，這箇「良知」，便不應求諸聞見，而應明之德性了。而明之德性，正是「尊德性」，正是「致良知」。是以，蕺山便言道：「良知爲知」、「致良知爲行」。而這正是陽明所謂的「知行合一」，正是蕺山所言的「即知即行」，正是孔門所道的「一以貫之」。是以，把握了這箇體之「一」，便能貫之用之「殊」。有如陽明所言：「以畜其德爲心，則凡多識前言往行者，孰非畜德之事」？而亦即「道問學是尊德性的工夫」〔註19〕了。

〔註16〕 此爲蕺山語。見《明儒學案》，〈師說〉，頁7，中華書局。
〔註17〕 《王陽明全集》，卷二十七，〈續編二〉，〈與顧惟賢〉，頁999，上海古籍出版社。
〔註18〕 《王陽明全集》，卷二，〈語錄二〉，〈傳習錄中〉，頁51，上海古籍出版社。
〔註19〕 《王陽明全集》，卷一，〈語錄一〉，〈傳習錄上〉，頁11，上海古籍出版社。

對於「知」「行」的關係，《傳習錄》又載：

> 或疑知行不合一，以「知之匪艱」二句為問。先生曰：「良知自知，
> 原是容易的。只是不能致那良知，便是『知之匪艱，行之惟艱』。」
> 〔註20〕

有人以「知之匪艱」二句質疑知行之不一。對此，陽明答曰，「知是知非」良知自知，這便是「知之匪艱」。而所謂「行之惟艱」，便是不能「是是非非」，不能致那良知。也就是說，「知是知非」是「知之本體」，而「是是非非」便是「行之本體」。而一般人雖有「良知」之知，卻不能「致那良知」之行，因此便是「知行不合一」，便已「失其本體」了。

有人又以「知之未至，行之不力」質之陽明：

> 守諧曰：「人之言曰：『知之未至，行之不力。』予未有知也，何以
> 能行乎？」予（陽明）曰：「是非之心，知也，人皆有之。子無患其
> 無知，惟患不肯知耳；無患其知之未至，惟患不致其知耳。故曰：『知
> 之非艱，行之惟艱。』今執途之人而告之以凡為仁義之事，彼皆能
> 知其為善也；告之以凡為不仁不義之事，彼皆能知其為不善也。途
> 之人皆能知之，而子有弗知乎？如知其為善也，致其知為善之知而
> 必為之，則知至矣；如知其為不善也，致其知為不善之知而必不為
> 之，則知至矣。知猶水也，人心之無不知，猶水之無不就下也；決
> 而行之，無有不就下者。決而行之者，致知之謂也。此吾所謂知行
> 合一者也。吾子疑吾言乎？夫道一而已矣。」〔註21〕

朱守諧以人之所云「知有未到，行之不力」問於陽明，認為必須先有知而後能行。對此，陽明答云，「知是知非」之良知，人皆有之。因此，為學之要，無須患其無知，只患自己不有之也；無須患其知有不到，只患自己不致知也。如今行途之人，其良知皆能「知善知惡」、「知仁知義」，而己有弗知乎？不致其良知耳。因此，「知其為善」、「知其為不善」是良知，而「致其知為善之知而必為之」、「致其知為不善之知而必不為之」便是致知了。而知便猶水，良知之無不知天理，便猶水之無不就下流。這是因為，心之性即是天理，而水之性即是向下。因此，水決而行之，一如放之海；而良知決而行之，便即天下之達道。而對於這箇道，孟子便說：「夫道一而已矣」。是以這箇「一」，以

〔註20〕《王陽明全集》，卷三，〈語錄三〉，〈傳習錄下〉，頁120，上海古籍出版社。
〔註21〕《王陽明全集》，卷八，〈文錄五〉，〈書朱守諧卷〉，頁276，上海古籍出版社。

「知」「行」來說，便是陽明所謂的「知行合一」。

事實上，良知本體孰無有之？然因蔽於人欲，不能致行，遂於失其「知行合一」之體。是以，《傳習錄》載曰：

> 吾子謂：「語孝於溫凊定省，孰不知之？」然而能致其知者鮮矣。若謂粗知溫凊定省之儀節，而遂謂之能致其知，則凡知君之當仁者皆可謂之能致其仁之知，知臣之當忠者皆可謂之能致其忠之知，則天下孰非致知者邪？以是而言，可以知致知之必在於行，而不行之不可以為致知也明矣。知行合一之體，不益較然矣乎？夫舜之不告而娶，豈舜之前已有不告而娶者為之準則，故舜得以考之何典，問諸何人，而為此邪？抑亦求諸其心一念之良知，權輕重之宜，不得已而為此邪？武之不葬而興師，豈武之前已有不葬而興師者為之準則，故武得以考之何典，問諸何人，而為此邪？抑亦求諸其心一念之良知，權輕重之宜，不得已而為此邪？使舜之心而非誠於為無後，武之心而非誠於為救民，則其不告而娶與不葬而興師，乃不孝不忠之大者。而後之人不務致其良知，以精察義理於此心感應酬酢之間，故欲懸空討論此等變常之事，執之以為制事之本，以求臨事之無失，其亦遠矣！〔註22〕

顧東橋問於陽明，謂曰：「於溫凊定省間論孝，誰不知之」？這一問題顯然是只論其「知」，而不解其「行」，已割裂了「知行的本體」了。是以陽明便答說：「然而能致其知者鮮矣」。因為陽明所謂的「致知」，並非如朱子後學所理解的「窮致知識」之意。是以，若謂只粗知溫凊定省的儀節之知識便謂之能「致其知」，那末，天下孰不知之？然而，這只是「聞見之知」，而非「良知」之「德性之知」。而事實上，良知「即本體即工夫」，是以，「知君之當仁者必能致其仁之知」、「知臣之當忠者必能致其忠之知」，這便是陽明所謂的「致知之必在於行，而不行之不可以為致知也矣」。其實，「知的本體」便是「行的本體」，意即「沒有無知的行」，亦「沒有無行的知」，因為，「知」與「行」不過只是同一箇「本體」罷了。而這便是陽明所謂的「知行合一之體」。因此，所謂的「致良知」便只是「求諸其心一念之良知，權輕重之宜而為之」，便只是「精察義理於此心感應酬酢之間」而已矣。

〔註22〕《王陽明全集》，卷二，〈語錄二〉，〈傳習錄中〉，頁50，上海古籍出版社。

二、眞知即所以爲行，不行不足謂之知

　　陽明認爲，「知中有行，行中有知，即知即行，即行即知」。〔註23〕是以，《傳習錄》中記云：

> 來書云：「眞知即所以爲行，不行不足謂之知，此爲學者喫緊立教，俾務躬行則可。若眞謂行即是知，恐其專求本心，遂遺物理，必有闇而不達之處。抑豈聖門知行並進之成法哉？」（陽明曰）：「知之眞切篤實處，即是行；行之明覺精察處，即是知。知行工夫本不可離。只爲後世學者分作兩截用功，失卻知行本體，故有合一並進之說。『眞知即所以爲行，不行不足謂之知』，即如來書所云『知食乃食』等說可見，前已略言之矣。此雖喫緊救弊而發，然知行之體本來如是，非以己意抑揚其間，姑爲是說以苟一時之效者也。」〔註24〕

顧東橋以爲，「眞知即所以爲行，不行不足謂之知」只是爲了學者立教，俾使專務躬行。這顯然是只重於「行」而不重於「知」。接著又以爲，若說行即是知，則有專求良知，遺卻物理之患。這顯然是只偏於「知」，而忽略了「行」。事實上，顧東橋的看法正違背了陽明「知行合一並進」之教法。正如陽明所言：「知之眞切篤實處，即是行；行之明覺精察處，即是知」。因爲，知行工夫原本即不相分離。而在工夫上分「知」分「行」，便已「分作兩截用功」，便已「失卻知行本體」了。是以，所謂「眞知即所以爲行，不行不足謂之知」，便是指的「眞知，事實上，便是篤行；而不篤行便不能爲眞知」。換句話說，「眞知眞行」原本便是「合一」的，而這就是陽明所謂的「知行合一之體」。

三、知之眞切篤實處，即是行；行之明覺精察處，即是知

　　對於「知之眞切篤實處，即是行；行之明覺精察處，即是知」的關係，陽明曾說：

> 知之眞切篤實處，便是行；行之明覺精察處，便是知。若知時，其心不能眞切篤實，則其知便不能明覺精察；不是知之時只要明覺精察，更不要眞切篤實也。行之時，其心不能明覺精察，則其行便不能眞切篤實；不是行之時只要眞切篤實，更不要明覺精察也。知天

〔註23〕參見吳震，《王陽明著述選評》，頁113，上海古籍出版社。
〔註24〕《王陽明全集》，卷二，〈語錄二〉，〈傳習錄中〉，頁42，上海古籍出版社。

地之化育，心體原是如此。乾知大始，心體亦原是如此。〔註25〕
知行本來合一。是以，所謂「知」，便是指心的「眞切篤實」，指知的「明覺
精察」；所謂「行」，便是指心的「明覺精察」，指行的「眞切篤實」。可見得，
「知行本體」所言的「本體」，便是「心之本體」。蔡仁厚先生說：「吾心之良
知，是知；致吾心良知之天理於事事物物，是行。人能知得是非善惡『眞切
篤實』，他自能是其是而非其非、好其善而惡其惡，所以說『知之眞切篤實處，
即是行』。同理，人的視、聽、言、動而能達於『明覺精察』，便表示他確確
實實知是知非、知善知惡，所以說『行之明覺精察處，即是知』。」〔註26〕
　　陽明又說：

> 行之明覺精察處，便是知；知之眞切篤實處，便是行。若行而不能
> 精察明覺，便是冥行，便是「學而不思則罔」，所以必須說箇知；知
> 而不能眞切篤實，便是妄想，便是「思而不學則殆」，所以必須說箇
> 行；元來只是一箇工夫。凡古人說知行，皆是就一箇工夫上補偏救
> 弊說，不似今人截然分作兩件事做。某今說知行合一，雖亦是就今
> 時補偏救弊說，然知行體段亦本來如是。〔註27〕

陽明認爲，「行之眞切篤實」若無「知之明覺精察」，便是冥行，便是「學而
不思則罔」，所以必須說箇「知」；相反，「知之明覺精察」若無「行之眞切篤
實」，便是妄想，便是「思而不學則殆」，所以必須說箇「行」。然而，事實上，
「知」「行」元來只是一箇工夫。因爲，「知」「行」本是一體，而工夫亦原是
一箇了。也就是說，「知」「行」在本體上是「合一」的，而在工夫上則爲「並
進」了。而這正是蕺山所言的「即本體即工夫」。

第二節　知行工夫

　　陽明曾說過：「合著本體的，是工夫；做得工夫的，方識本體」。〔註28〕
這是說以本體而言，工夫須扣緊於本體；就工夫而論，本體即不離於工夫。
是以，有「知行本體」便有「知行工夫」，而本體與工夫是相即不離的。接下
我們便來看看知行的工夫並進。

〔註25〕《王陽明全集》，卷六，〈文錄三〉，〈答友人問〉，頁210，上海古籍出版社。
〔註26〕參見蔡仁厚，《孔子的生命境界——儒學的反思與開展》，頁309，學生書局。
〔註27〕《王陽明全集》，卷六，〈文錄三〉，〈答友人問〉，頁208，上海古籍出版社。
〔註28〕《王陽明全集》，卷三十二，〈補錄〉，〈傳習錄拾遺〉，頁1167，上海古籍出版社。

一、知行並進

對於「知行並進」，〈答顧東橋書〉曾有一段記載：

> 來書云：「所喻知行並進，不宜分別前後，即《中庸》尊德性而道問學之功交養互發、內外本末一以貫之之道。然工夫次第不能無先後之差，如知食乃食，知湯乃飲，知衣乃衣，知路乃行，未有不見是物，先有是事。此亦毫釐倏忽之間，非謂有等今日知之而明日乃行也。」（陽明曰）：「既云『交養互發、內外本末一以貫之』，則知行並進之說無復可疑矣。又云『工夫次第不能不無先後之差』，無乃自相矛盾已乎？『知食乃食』等說，此尤明白易見，但吾子為近聞障蔽，自不察耳。夫人必有欲食之心然後知食：欲食之心即是意，即是行之始矣。食味之美惡必待入口而後知，豈有不待入口而已先知食味之美惡者邪？必有欲行之心然後知路：欲行之心即是意，即是行之始矣。路岐之險夷必待身親履歷而後知，豈有不待身親履歷而已先知路岐之險夷者邪？『知湯乃飲』，『知衣乃服』，以此例之，皆無可疑。若如吾子之喻，是乃所謂不見是物而先有是事者矣。吾子又謂『此亦毫釐倏忽之間，非謂截然有等今日知之而明日乃行也』，是亦察之尚有未精。然就如吾子之說，則知行之為合一並進，亦自斷無可疑矣。」〔註29〕

陽明所謂「知行並進」的工夫，本無前後、內外、本末之分別，而是合一並進、一以貫之之道。是以，「知食後食」、「知湯後飲」、「知衣後衣」、「知路後行」之說，皆是不悟箇「夫道一而已矣」。而所謂「知是行之始，行是知之成」，所以，陽明說道，「人必有欲食之心然後知食」，而這箇「知」已是「行之始」矣；「食味之美惡必待入口而後知」，而這箇「知」已是「行之始」矣；「必有欲行之心然後知路」，而這箇「知」已是「行之始」矣；「路岐之險夷必待身親履歷而後知」，而這箇「知」已是「行之始」矣。而這便是有是物即有是事，因為，根據陽明所言，「物即事也」。是以，所謂「知行之為合一並進，亦自斷無可疑矣」。

接著陽明又以《中庸》的「學」、「問」、「思」、「辨」、「行」說「知行並進」，其云曰：

〔註29〕《王陽明全集》，卷二，〈語錄二〉，〈傳習錄中〉，頁41，上海古籍出版社。

夫學、問、思、辨、行，皆所以爲學，未有學而不行者也。如言學孝，則必服勞奉養，躬行孝道，然後謂之學，豈徒懸空口耳講說，而遂可以謂之學孝乎？學射則必張弓挾矢，引滿中的；學書則必伸紙執筆，操觚染翰；盡天下之學無有不行而可以言學者，則學之始固已即是行矣。篤者，敦實篤厚之意，已行矣，而敦篤其行，不息其功之謂爾。蓋學之不能以無疑，則有問，問即學也，即行也；又不能無疑，則有思，思即學也，即行也；又不能無疑，則有辨，辨即學也，即行也。辨既明矣，思既慎矣，問既審矣，學既能矣，又從而不息其功焉，斯之謂篤行。非謂學、問、思、辨之後而始措之於行也。是故以求能其事而言謂之學；以求解其惑而言謂之問；以求通其說而言謂之思；以求精其察而言謂之辨；以求履其實而言謂之行：蓋析其功而言則有五，合其事而言則一而已。此區區心理合一之體，知行並進之功，所以異於後世之說者，正在於是。〔註30〕

陽明認爲，《中庸》所謂「學」、「問」、「思」、「辨」、「行」皆是爲學的工夫。而「未有學而不行者也」，因此，「學」、「行」其實只是一事。如實際去行孝，方能謂之學；實際去學射，是即所謂行；實際去學書，便可謂之行；是以，「盡天下之學無有不行而可以言學者，則學之始固已即是行矣」。而有學則有問，問即學也，學即行也；有問則有思，思即學也，學即行也；有思則有辨，辨即學也，學即行也；而所謂的行，便是「敦篤其行，不息其功之謂爾」。並非於「知」學、問、思、辨之後始措之於「行」也。是以，求能其事即謂之學；求解其惑即謂之問；求通其說即謂之思；求精其察即謂之辨；求履其實即謂之行；析而言之則有五功，合而言之則爲一事。而陽明所謂「知行並進」的工夫之所以異於後世做兩截工夫者，即此事也。

接著陽明又以「窮理」即是「行」以說「知行並進」的工夫。《傳習錄》載曰：

今吾子特舉學、問、思、辨以窮天下之理，而不及篤行，是專以學、問、思、辨爲知，而謂窮理爲無行也已。天下豈有不行而學者邪？豈有不行而遂可謂之窮理者邪？明道云：「只窮理，便盡性至命。」故必仁極仁，而後謂之能窮仁之理；義極義，而後謂之能窮義之理。仁極仁則盡仁之性矣，義極義則盡義之性矣。學至於窮理至矣，而

〔註30〕《王陽明全集》，卷二，〈語錄二〉，〈傳習錄中〉，頁45，上海古籍出版社。

尚未措之於行，天下寧有是邪？是故知不行之不可以爲學，則知不
行之不可以爲窮理矣；知不行之不可以爲窮理，則知知行之合一並
進，而不可以分爲兩節事矣。〔註31〕

顧東橋以爲學、問、思、辨在於「窮理」，是屬的「知」，而「篤行」纔是屬
於「行」。陽明認爲，這是割裂「知」與「行」而爲二了。因爲，「天下豈有
不行而學者邪？豈有不行而遂可謂之窮理者邪」？而所謂「仁極仁，義極義」
便是能行，「窮仁之理，窮義之理」便是求知。是以，窮理之「知」便即是「行」
矣。換句話說，若知「不知之不可以爲行」則知「不行之不可以爲知」了。
因此，陽明便說：「知行之合一並進，而不可以分爲兩節事矣」。

是以，我們果非可分「知」、「行」爲兩事也。對此，陽明有云：

「溫故知新」，朱子亦以溫故屬之尊德性矣。德性豈可以外求哉？惟
夫知新必由於溫故，而溫故乃所以知新，則亦可以驗知行之非兩節
矣。「博學而詳說之」者，將以反說約也，若無反約之云，則博學詳
說者果何事邪？舜之「好問好察」，惟以用中而致其精一於道心耳。
道心者，良知之謂也。君子之學，何嘗離去事爲而廢論說？但其從
事於事爲論說者，要皆知行合一之功，正所以致其本心之良知；而
非若世之徒事口耳談說以爲知者，分知行爲兩事，而果有節目先後
之可言也。〔註32〕

陽明說，朱子亦以「溫故」屬之尊德性。而所謂「德性」或「本心」豈可以
向外去求呢？因爲「心之本體即是性，性即理也」，所以「心性」是具足一切
眾理的。是以，道問學必由於尊德性，而尊德性乃所以道問學。因此，可知
「知」「行」之非兩節事矣。大舜之「好問好察」，便只是用中而致其精一於
道心而已。而所謂「至善」的道心，便是「良知」之謂耳。然而良知「不滯
於見聞，亦不離於見聞」，是以，君子之學「何嘗離去事爲而廢論說」？而「不
滯於見聞」者，是「良知」；而「不離於見聞」以從事於事爲論說者，便是「致
良知」了。是以，所謂「良知」、「致良知」正是致其本心之良知，而要皆爲
「知行合一」之功了。

陽明又以「生知安行」喻「知」「行」關係，故其謂：

所謂「生知安行」，「知行」二字亦是就用功上說。若是知行本體，

〔註31〕《王陽明全集》，卷二，〈語錄二〉，〈傳習錄中〉，頁 46，上海古籍出版社。

〔註32〕《王陽明全集》，卷二，〈語錄二〉，〈傳習錄中〉，頁 51，上海古籍出版社。

即是良知良能，雖在困勉之人，亦皆可謂之「生知安行」矣。「知行」

二字更宜精察。〔註33〕

陽明認爲，「生知安行」雖是聖人的境界，然其所指的「知」「行」仍是一種工夫。因爲，聖人的工夫只是自然的。而「即工夫即本體」，是以，知行的本體即是「良知」「良能」。換句話說，「良知」本體（是非之心）的作用便是「知」（是是非非）；而「良能」本體（羞惡之心）的作用便是「行」（好善惡惡）了。而這便是因爲，良知良能「即本體即作用」之故。是以，在一般的困勉之人，雖其「良知」「良能」之本體已受到遮蔽，已「失其本體」，但卻並非全無「本體之發用流行」，而仍是有其發端、發用的。是故，陽明便說：「雖在困勉之人，亦皆可謂之『生知安行』矣」。這是因爲，一節之知即全體之知故耳。

接著陽明又以「生知安行」、「學知利行」與「困知勉行」喻「知」「行」之關係。《傳習錄》下載云：

問：「聖人生知安行，是自然的，如何有甚功夫？」先生（陽明）曰：「知行二字即是功夫，但有淺深難易之殊耳。良知原是精精明明的。如欲孝親，生知安行的，只是依此良知，實落盡孝而已；學知利行者，只是時時省覺，務要依此良知盡孝而已；至於困知勉行者，蔽錮已深，雖要依此良知去孝，又爲私欲所阻，是以不能，必須加人一己百、人十己千之功，方能依此良知以盡其孝。聖人雖是生知安行，然其心不敢自是，肯做困知勉行的功夫。困知勉行的，卻要思量做生知安行的事，怎生成得！」〔註34〕

陽明認爲，聖人自然的工夫，便是「生知安行」。而聖人與愚人的工夫之所以不同，便只是由於有淺深難易之殊耳。如以孝親來說，「生知安行」者只是自信得「良知原是精精明明的」，只是「依此良知」去實落盡孝而已；「學知利行」者對於良知「或信或疑」，只是「時時省覺」力務依此良知盡孝而已；「困知勉行」者由於「君子之道消，小人之道長」，良知已「爲私欲所阻」，已「失其良能」，是故必要加人一己百、人十己千之功，方能依此良知去孝矣。然而，聖人雖是「生知安行」的，但其心不敢自慢，而常常自慊自快，是以能做困知勉行的功夫。而「困知勉行」的，不自信箇「純然至善」的「良知」依此做去，卻要思量去做「生知安行」的事，是南轅而北轍也。

而所謂的「知行並進」，便只是就兩箇字說一箇工夫。是以，《傳習錄》下有載：

> 又問：「知行合一之說，是先生論學最要緊處。今既與象山之說異矣，敢問其所以同。」（陽明）曰：「知行原是兩箇字說一箇工夫，這一箇工夫須著此兩箇字，方說得完全無弊病。若頭腦處見得分明，見得原是一箇頭腦，則雖把知行分作兩箇說，畢竟將來做那一箇工夫，則始或未便融會，終所謂百慮而一致矣。若頭腦見得不分明，原看做兩箇了，則雖把知行合作一箇說，亦恐終未有湊泊處，況又分作兩截去做，則是從頭至尾更沒討下落處也。」〔註35〕

陽明所謂「知行並進」，其實是「兩箇字說一箇工夫，這一箇工夫須著此兩箇字，方說得完全無弊病」。這兩箇字是指的「知」「行」，而這同一箇工夫便是「即知即行」、「即行即知」了。是以，這箇「一」字，這箇「即」字，便是學問的大頭腦。因為，陽明學問的緊要處便是悟箇「心即理」。而所謂「心即理」，即是指的「理，一而已矣；心，一而已矣」。〔註36〕是以，事實上，「知行合一」的本體便即是「心之本體」。是以，對於「知」「行」關係，便必須曉得這「一箇頭腦」，便必須做得這「一箇工夫」。這是因為，儒家學問的精神便是「百慮而一致」、「殊途而同歸」的。例如，朱子學問的大要雖然重視「知先行後」，然而一觸及到實際工夫時，便必須講箇「知行常相須」。有如朱子所說的：「論先後，知為先；論輕重，行為重」。〔註37〕這是說，以工夫實踐上的先後來說，是「知」在先；然以實踐工夫上的輕重來講，卻是「行」為重。因為，「學而知也」便是道問學的「為知」工夫；「利而行也」便是尊德性的「為仁」工夫。而事實上，「知」與「行」皆離不開同樣一箇「常相須」的工夫。由此可見，陽明的「知行並進」與朱子的「知行相須」之所以相通，之所以相同了。

二、知是行之始，行是知之成

「知者行之始，行者知之成」是指的「知」「行」的工夫。是以，陽明曰：

> 「知者行之始，行者知之成：聖學只一箇功夫，知行不可分作兩事。」

〔註35〕《王陽明全集》，卷六，〈文錄三〉，〈答友人問〉，頁209，上海古籍出版社。
〔註36〕《王陽明全集》，卷七，〈文錄四〉，〈博約說〉，頁266，上海古籍出版社。
〔註37〕《朱子語類》，卷第九，〈學三〉，頁148，中華書局。

〔註38〕

所謂「知者行之始，行者知之成」的「知」，可指的「良知」、「知覺」或「意念」。以下我們便以這三箇意思來解釋此句。第一、良知的發用流行便是行之始，而致此良知發用於人倫事物便是良知之完成。第二、知覺有事便是行動的開始，而有事便能行動即是知覺的完成。第三、一念發動即是行之始矣，而實際去行動便是意念作用的完成。是以，陽明便說：「聖學只一箇功夫，知行不可分作兩事」。

　　對於「知」的一念發動，陽明曾特別加以說明。對此，《傳習錄》記載：

　　　問「知行合一」。先生曰：「此須識我立言宗旨。今人學問，只因知
　　　行分作兩件，故有一念發動，雖是不善，然卻未曾行，便不去禁止。
　　　我今說箇知行合一，正要人曉得一念發動處，便即是行了。發動處
　　　有不善，就將這不善的念克倒了。須要徹根徹底，不使那一念不善
　　　潛伏在胸中。此是我立言宗旨。」〔註39〕

對於「一念發動，即是行」，陳來先生曾說：「很多學者據此認爲陽明關於『一念發動即是行』的這一段話是知行合一說的唯一宗旨，認爲陽明知行合一的學說可以概括爲『一念發動即是行』。這種看法是有問題的。我們知道，在理學的倫理學中把道德修養分爲『爲善』和『去惡』兩個方面，從這個角度來看，提出一念發動即是行，對於矯治『一念發動雖是不善，然卻未曾行，便不去禁止』有正面的積極作用；然而，如果這個『一念發動』不是惡念，而是善念，能否說『一念發動是善，即是行善』了呢？如果人只停留在意念的善，而并不付諸社會行爲，這不正是陽明所要批判的『知而不行』嗎？可見，一念發動即是行，這個說法只體現了知行合一的一個方面，它只適用於『去惡』，并不適用於『爲善』，陽明的知行合一思想顯然是不能歸結爲『一念發動即是行』的」。〔註40〕陳來先生的解釋可資以參考。不過，筆者對於這句話另有一解。所謂「知者行之始，行者知之成」一句，若「知」以意念爲解的話，那末，這箇解釋顯然有兩種，即「善念」與「惡念」。我們便先以陽明這裏的「一念不善」加以解釋。陽明認爲，發動「一念之惡」便即是行惡之始了，而實際去行惡便已是「惡念」之發動的完成了。所以，「有一念發動，雖

〔註38〕　《王陽明全集》，卷一，〈語錄一〉，〈傳習錄上〉，頁13，上海古籍出版社。
〔註39〕　《王陽明全集》，卷三，〈語錄三〉，〈傳習錄下〉，頁96，上海古籍出版社。
〔註40〕　參見陳來，《有無之境——王陽明哲學的精神》，頁106，人民出版社。

－109－

是不善，卻不認作行，便不去禁止」正是將「知」「行」分作了兩件。然而，「一念不善」雖是「惡行之始」，卻並非「惡行之成」。因此，在惡行成行之前，正是「去惡」的工夫處，便須「將這不善的念克倒了。須要徹根徹底，不使那一念不善潛伏在胸中」。〔註41〕因爲，既然「知」「行」是同一並行的關係，那末，我們便可以說：「惡念之始即是行惡之始，行惡之成即是惡念之成」了。

　　至於「知」之「善念」，我們仍須加以爲解。《傳習錄拾遺》有載：

　　　門人有疑「知行合一」之說者。直曰：「知行自是合一。如今能行孝，
　　　方謂之知孝；能行弟，方謂之知弟。不是只曉得箇『孝』字『弟』
　　　字，遂謂之知。」先生（陽明）曰：「爾說固是。但要曉得一念發動
　　　處，便是知，亦便是行。」〔註42〕

陽明門人認爲，「知行本來合一。如今能行孝，方謂之知孝；能行弟，方謂之知弟。不是只曉得箇『孝』字『弟』字，便謂之知」。陽明則同意其說。但認爲，發動「一念之善」便即是行善之始了，然實際去實踐善纔是這「一念之善」的完成。而這正是「爲善」的工夫。因此，以「知者行之始，行者知之成」來解釋，便是「善念之始即是善行之始，行善之成即是念善之成」了。正是陽明所謂的：「要曉得一念發動處，便是知，亦便是行」。

三、知是行的主意，行是知的工夫

　　所謂的「知是行的主意，行是知的工夫」，便是「知中有行」、「行中有知」的意思。《傳習錄》載云：

　　　愛曰：「古人說知行做兩箇，亦是要人見箇分曉，一行做知的功夫，
　　　一行做行的功夫，即功夫始有下落。」先生（陽明）曰：「此卻失了

〔註41〕然而，我們絕不能說：「發動一念之惡即是行惡之始，而去實際行惡便是惡念發動的完成」卻是明得「知行合一」的本體，卻是做得「知行並進」的工夫。事實上，這正好誤解了陽明的意思。因爲，「知行合一」便是指的「知行本體」，而所謂的「本體」便是「心之本體」，而「心之本體」是謂「至善」。是以，「知行合一」之體亦「至善」的。因此，陽明的用意恰恰是：「發動了一念之惡而『良知』便知之，而『良知』知之便即克去之，便即『致良知』以做去惡的工夫」。而這纔是陽明所指的「知行合一」的本體，陽明所謂的「知行並進」的工夫。

〔註42〕《王陽明全集》，卷三十二，〈補錄〉，〈傳習錄拾遺〉，頁1172，上海古籍出版社。

古人宗旨也。某嘗説知是行的主意，行是知的功夫；知是行之始，
行是知之成。若會得時，只説一箇知已自有行在，只説一箇行已自
有知在。古人所以既説一箇知又説一箇行者，只為世間有一種人，
懵懵懂懂的任意去做，全不解思惟省察，也只是箇冥行妄作，所以
必説箇知，方纔行得是；又有一種人，茫茫蕩蕩懸空去思索，全不
肯著實躬行，也只是箇揣摸影響，所以必説一箇行，方纔知得眞。
此是古人不得已補偏救弊的説話，若見得這箇意時，即一言而足，
今人卻就將知行分作兩件去做，以為必先知了然後能行，我如今且
去講習討論做知的工夫，待知得眞了方去做行的工夫，故遂終身不
行，亦遂終身不知。此不是小病痛，其來已非一日矣。某今説箇知
行合一，正是對病的藥。又不是某鑿空杜撰，知行本體原是如此。
今若知得宗旨時，即説兩箇亦不妨，亦只是一箇；若不會宗旨，便
説一箇，亦濟得甚事？只是閒説話。」〔註43〕

徐愛以為，古人所以分説「知」、「行」，分明是要人「一行做知的功夫，一行
做行的功夫」，工夫方有實落處。而陽明則認為此已「失了古人宗旨」。若知
得頭腦、會得宗旨時，便知「知已自有行在」、「行已自有知在」，亦即「知中
有行」、「行中有知」之意。然而，「世間有一種人，懵懵懂懂的任意去做，全
不解思惟省察，也只是箇冥行妄作，所以必説箇知，方纔行得是」，而這便是
「知是行的主意」的用意；「又有一種人，茫茫蕩蕩懸空去思索，全不肯著實
躬行，也只是箇揣摸影響，所以必説一箇行，方纔知得眞」，而這便是「行是
知的工夫」的用功。是以，説「知」説「行」只是古人補偏救弊的説話。因
此，若識得古人之意，即見得「知行合一」的宗旨。因為，「知行本體」只是
箇「一」，是以其工夫便應「做即知即行的工夫」了。而時人卻將「知」、「行」
分作先後，「以為必先知了然後能行，我如今且去講習討論做知的工夫，待知
得眞了方去做行的工夫，故遂終身不行，亦遂終身不知」。而這便是對於朱子
後學徒務討論講習以閒説話的一劑針砭。

第三節　事上磨練

　　陽明的「知行合一」之本體必須關連著「知行並進」之工夫，而這箇工

〔註43〕《王陽明全集》，卷一，〈語錄一〉，〈傳習錄上〉，頁4，上海古籍出版社。

夫便須要講箇「必有事焉」。是以，這箇「必有事焉」，便是在指的「事上磨
練」了。而這箇事「以言乎己，謂之明德；以言乎人，謂之親民」，〔註44〕是
以，「明明德」與「親民」便只是一事。所以，〈親民堂記〉載云：「曰：『親
民何以乎？』（陽明）曰：『在明明德。』曰：『明明德何以乎？』（陽明）曰：
『在親民。』曰：『明德、親民，一乎？』（陽明）曰：『一也。』」〔註45〕對
於「明德」、「親民」之所以一，〈書朱子禮卷〉又載：「陽明子曰：『明德、親
民，一也。古之人明明德以親其民，親民所以明其明德也。是故明明德，體
也；親民，用也。而止至善，其要矣。』子禮退而求至善之說，炯然見其良
知焉」。〔註46〕陽明認為，「明明德」是體，而「親民」是用。然而，良知心
體「即體即用」，是以，是該括了「明明德」與「親民」的。換句話說，「明
明德」與「親民」在本體上固然是一體，在工夫上亦是一事的。〔註47〕以下，
我們便先來看看「明明德」的工夫。

一、明明德

對於「明明德」的工夫，陽明說：

> 明德者，天命之性，靈昭不昧，而萬理之所從出也。人之於其父也，
> 而莫不知孝焉；於其兄也，而莫不知弟焉；於凡事物之感，莫不有
> 自然之明焉；是其靈昭之在人心，亙萬古而無不同，無或昧者也，
> 是故謂之明德。其或蔽焉，物欲也。明之者，去其物欲之蔽，以全
> 其本體之明焉耳，非能有以增益之也。〔註48〕

所謂之「明德」，便是指的「天命之性」，便是指的「心之本體」。因此，自然
「靈昭不昧」而為萬事萬物之理所從出了。因為，「心之明德即是天理」，而
「天理」是包涵了「萬事萬物之理」的。是以，此心「於其父也，莫不知孝
焉；於其兄也，莫不知弟焉」，而莫不有孝弟之理之感通流行。而此「天命之

〔註44〕《王陽明全集》，卷七，〈文錄四〉，〈大學古本序〉，頁243，上海古籍出版社。
〔註45〕《王陽明全集》，卷七，〈文錄四〉，〈親民堂記〉，頁250，上海古籍出版社。
〔註46〕《王陽明全集》，卷八，〈文錄五〉，〈書朱子禮卷〉，頁281，上海古籍出版社。
〔註47〕其實，「明德」是「知」，而「親民」便是「行」。因此，所謂的「明德、親民，
一也」便是在指的「知行合一」。是以，所謂的「明明德以親其民，親民所以
明其明德」就是在指的「知行並進」了。而「知」「行」之「合一並進」，事
實上，正是「即本體即工夫」。
〔註48〕《王陽明全集》，卷七，〈文錄四〉，〈親民堂記〉，頁250，上海古籍出版社。

性」，即「本體之明」焉，即「靈昭之在人心」，是以，「明明德」的工夫首要便在於悟箇「心即理」，便在於明箇「明德」。因爲，此心此理「亙萬古而無不同」；此心之明德「本無或昧焉」、「本無或蔽焉」。而心體之所以受遮蔽，便是因爲「人之物欲」。因此，「明明德」之功只不過是「去其物欲之蔽，以全其本體之明焉耳」。

　　而這箇「天命之性」，便只是「良知」之至善。對此，陽明云：

> 天命之性，粹然至善。其靈昭不昧者，皆其至善之發見，是皆明德
> 之本體，而所謂良知者也。至善之發見，是而是焉，非而非焉，固
> 吾心天然自有之則，而不容有所擬議加損於其間也。有所擬議加損
> 於其間，則是私意小智，而非至善之謂矣。人惟不知至善之在吾心，
> 而用其私智以求之於外，是以昧其是非之則，至於橫騖決裂，人欲
> 肆而天理亡，明德親民之學大亂於天下。〔註49〕

所謂「良知」之天命之性，皆是「粹然至善」，而無絲毫人欲之夾雜；所謂「良知」之靈昭不昧，渾是「至善之發見」，而無毫髮情識之夾帶。而所謂的「良知」，「即本體即工夫」，是以，知得是非之「良知」的「本體工夫」便只是箇「是而是焉，非而非焉」而已。而「良知」之「本體工夫」，皆是「吾心天然自有之則」，而絕不許人欲之私意小智有所擬議加損於其間了。因爲，「明明德」的工夫即須正本清源，而只要明箇「至善之在吾心」，而不須用人欲求之於外以昧其是非之則。正如陽明所言：「學貴得之心」。〔註50〕因此，「得之於心」便是「存天理而去人欲」；「求之於外」則將爲「人欲肆而天理亡」，身心之學將至於橫騖決裂了。顯然地，「知是知非」是「知」，而「是是非非」便爲「行」了。是以，「知行合一」的工夫便是「本體工夫」。

　　而《大學》八條目皆是爲「明明德」的工夫。是以，陽明曰：

> 自「格物致知」至「平天下」，只是一箇「明明德」。雖親民，亦明
> 德事也。明德是此心之德，即是仁。仁者以天地萬物爲一體，使有
> 一物失所，便是吾仁有未盡處。〔註51〕

陽明認爲，「格物」、「致知」、「誠意」、「正心」、「修身」、「齊家」、「治國」、「平天下」，皆是「一體之仁」，皆只是「一箇明明德」。而「親民所以明其明德也」，

〔註49〕　《王陽明全集》，卷七，〈文錄四〉，〈親民堂記〉，頁251，上海古籍出版社。
〔註50〕　《王陽明全集》，卷二，〈語錄二〉，〈傳習錄中〉，頁76，上海古籍出版社。
〔註51〕　《王陽明全集》，卷一，〈語錄一〉，〈傳習錄上〉，頁25，上海古籍出版社。

因此，親民無非明德之事。而所謂「明德」，即是「此心之德」，即是「此心之仁」。而所謂的「一體之仁」，便是在指的「仁者以天地萬物爲一體」。所以，若不能親親仁民，若有一物失所，便已「失其仁體」，便是吾仁有未盡處。

　　事實上，對於「仁體」之大本達道描畫的最深刻的，還是〈大學問〉一文。是以，陽明有云：

> 明明德者，立其天地萬物一體之體也。親民者，達其天地萬物一體
> 之用也。故明明德必在於親民，而親民乃所以明其明德也。是故親
> 吾之父，以及人之父，以及天下人之父，而後吾之仁實與吾之父、
> 人之父與天下人之父而爲一體矣；實與之爲一體，而後孝之明德始
> 明矣！親吾之兄，以及人之兄，以及天下人之兄，而後吾之仁實與
> 吾之兄、人之兄與天下人之兄而爲一體矣；實與之爲一體，而後弟
> 之明德始明矣！君臣也，夫婦也，朋友也，以至於山川鬼神鳥獸草
> 木也，莫不實有以親之，以達吾一體之仁，然後吾之明德始無不明，
> 而真能以天地萬物爲一體矣。夫是之謂明明德於天下，是之謂家齊
> 國治而天下平，是之謂盡性。〔註52〕

所謂的「明明德」，便是悟箇「本體」，便是「立其天地萬物一體之體」；所謂的「親民」，便是致箇「工夫」，便是「達其天地萬物一體之用」。然而，「明明德」之體與「親民」之用皆只是同一箇「心體」，同一箇「體用」。〔註53〕然而，所謂「體用」是爲「即本體即工夫」，是以，「明明德必在於親民，而親民乃所以明其明德」便是指的「明明德」「親民」只是一事，只是同一箇「本體工夫」罷了。是以，親吾之父兄、親人之父兄以及親天下人之父兄，皆是「親民」之功，而「親民」之功即「明明德」之事，而能復得「明明德」「親民」之事功正是復得天地萬物一體的「仁體」。至此時已非僅僅是悟得「本體」了，而真實能復其「本體」。由此可知，陽明的學問亦是「即悟即修」、「即頓即漸」的。而這箇所悟、所修的道，便是儒家的「聖人之道」，孔孟的「盡性之學」。

〔註52〕《王陽明全集》，卷二十六，〈續編一〉，〈大學問〉，頁968，上海古籍出版社。

〔註53〕鍾彩鈞先生曾說：「明德就是天地萬物一體之仁，於是明德就在親民上見，親民正是實現明德。明德與親民完全是一個，只有體用之分。二者又互相依存，少了一個，也就沒有另一個」。（參見鍾彩鈞，《王陽明思想之進展》，頁167，文史哲出版社。）

二、親民

對於「親民」，陽明曾有一段專論，《傳習錄》載云：

> 愛問：「『在親民』，朱子謂當作『新民』，後章『作新民』之文似亦
> 有據；先生以爲宜從舊本作『親民』，亦有所據否？」先生（陽明）
> 曰：『作新民』之『新』是自新之民，與『在新民』之『新』不同，
> 此豈足爲據？『作』字卻與『親』字相對，然非『親』字義。下面
> 『治國平天下』處，皆於『新』字無發明，如云『君子賢其賢而親
> 其親，小人樂其樂而利其利，如保赤子；民之所好好之，民之所惡
> 惡之，此之謂民之父母』之類，皆是『親』字意。『親民』猶孟子『親
> 親仁民』之謂，親之即仁之也。百姓不親，舜使契爲司徒，敬敷五
> 教，所以親之也。〈堯典〉『克明峻德』，便是『明明德』；以『親九
> 族』至『平章協和』，便是『親民』，便是『明明德於天下』。又如孔
> 子言『修己以安百姓』，『修己』便是『明明德』，『安百姓』便是『親
> 民』。說『親民』便是兼教養意，說『新民』便覺偏了。」〔註54〕

徐愛言，朱子以爲《大學》首句「在親民」當以〈康誥〉之「作新民」爲據。
那末，陽明認爲仍應以舊本爲據，亦有所從否？對此，陽明有曰，「作新民」
是指的「作自新之民」，與「在新民」之意指「在革新其民」所言不同。因此，
陽明認爲朱子當然所言無據。並且，《大學》「治國、平天下」以下，亦皆無
發明「新」字之意。反倒是「君子賢其賢而親其親，小人樂其樂而利其利」、
「如保赤子」、「民之所好好之，民之所惡惡之，此之謂民之父母」等處，皆
有「親」字之意。而所謂的「親民」便猶如孟子所云之「親親、仁民」，因爲
「親」字即「仁」字也。而舜使契爲司徒，敬敷五教以親百姓亦所以「親之」
也。又舉〈堯典〉一篇爲例，「克明峻德」即是「明明德」，而「以親九族」
到「平章協和」一句即是「親民」，而「親民」即是「明明德於天下」。又如
孔子說「修己以安百姓」，「修己」即「明明德」，而「安百姓」即是「親民」。
是以，凡此段落，皆是陽明以解舊本「親民」之根據。

接著便來看看「親民」的工夫。〈親民堂記〉記載：

> 曰：「何以在親民乎？」（陽明）曰：「德不可以徒明也。人之欲明其
> 孝之德也，則必親於其父，而後孝之德明矣；欲明其弟之德也，則必

〔註54〕《王陽明全集》，卷一，〈語錄一〉，〈傳習錄上〉，頁1，上海古籍出版社。

　　親於其兄，而後弟之德明矣。君臣也，夫婦也，朋友也，皆然也。故

　　明明德必在於親民，而親民乃所以明其明德也。故曰一也。」〔註55〕

南元善問：何以「明明德」之外又須講箇「親民」呢？對此，陽明答說：「明
明德必在於親民，而親民乃所以明其明德」。因為，「明明德」「親民」原來只
是一事。〔註56〕所以，當然是沒有無「明明德」的「親民」工夫，亦沒有無
「親民」的「明明德」工夫了。因此，「欲明其孝之明德必親於其父」、「欲明
其弟之明德必親於其兄」，而「孝、弟之明德」始明矣。亦即是說，「明德、
親民，一也」。

　　然而，「親民以明明德」並非所以「修身」焉而已，乃所以「齊家」、「治
國」、「平天下」也。是以，〈親民堂記〉又載：

　　曰：「親民以明其明德，修身焉可矣，而何家、國、天下之有乎？」（陽
　　明）曰：「人者，天地之心也；民者，對己之稱也。曰民焉，則三才之
　　道舉矣。是故親吾之父以及人之父，而天下之父子莫不親矣；親吾之
　　兄以及人之兄，而天下之兄弟莫不親矣。君臣也，夫婦也，朋友也，
　　推而至於鳥獸草木也，而皆有以親之，無非求盡吾心焉以自明其明德
　　也。是之謂明明德於天下，是之謂家齊國治而天下平。」〔註57〕

南元善又問：「親民以明其明德」僅「修身」可舉之矣，又何須徧舉「齊家」、
「治國」、「平天下」呢？對此，陽明說，「人者，天地之心也；民者，對己之
稱也」，是以，言「民」則「天」、「地」、「人」之道皆舉之矣。是以，親「己」
之父兄，親「民」之父兄，以及於親天下「人」之父兄，皆是為「修身」、「齊
家」、「治國」、「平天下」之道。而由「父子」、「兄弟」、「夫婦」、「朋友」、「君
臣」推而至於「鳥獸草木」，皆是為「親親而仁民，仁民而愛物」之德。然而
「親民」，事實上，皆「無非求盡吾心焉以自明其明德」也。而所謂的「明明
德必在於親民，而親民乃所以明其明德也，故曰一也」，便是在指的「明明德
於天下」了。正如陽明所言的：「明德、親民只是一事。親民之功至於如此，
亦不過自用其明德而已」。〔註58〕

〔註55〕《王陽明全集》，卷七，〈文錄四〉，〈親民堂記〉，頁251，上海古籍出版社。
〔註56〕對此，鍾彩鈞先生有說：「明明德與親民只是一事，乃天地萬物一體的立體與
　　　　達用」。（參見鍾彩鈞，《王陽明思想之進展》，頁167，文史哲出版社。）
〔註57〕《王陽明全集》，卷七，〈文錄四〉，〈親民堂記〉，頁251，上海古籍出版社。
〔註58〕《王陽明全集》，卷三十二，〈補錄〉，〈大學古本傍釋〉，頁1194，上海古籍出
　　　　版社。

而「明明德」「親民」之功乃所以「止於至善」也。是以，陽明有謂：「君子之明德親民豈有他哉？一皆求止於至善而已」。〔註59〕接下，我們便看看這箇「止於至善」。

陽明特別指出，分「明明德」、「親民」而爲二的兩種過端，其有云：

> 昔之人固有欲明其明德矣，然或失之虛罔空寂，而無有乎家國天下之施者，是不知明明德之在於親民，而二氏之流是矣；固有欲親其民者矣，然或失之知謀權術，而無有乎仁愛惻怛之誠者，是不知親民之所以明其明德，而五伯功利之徒是矣；是皆不知止於至善之過也。是故至善也者，明德親民之極則也。〔註60〕

陽明認爲，若徒欲「明其明德」，則必將流入虛無寂滅，而不管乎家國天下之事。這便是因爲佛老二氏之流不悟「明明德」之功必在於「親民」之故；即所謂的「自私」者也。若徒欲「親其民」，則必將用於智謀權術，而不體乎仁愛惻怛之誠。這便是由於五霸功利之徒不信「親民」之功必出於「明明德」之故；即所謂的「用智」者也。然此二者，皆是不知箇「性無內外」、皆是不知箇「止於至善」。〔註61〕而所謂的「至善」，便是「明明德」「親民」的工夫之達用於人極天則了。

而「至善是心之本體」，因此，爲學之要便在自得之心。陽明曰：

> 明明德、親民，猶修己安百姓。明德、親民無他，惟在止於至善，盡其心之本體，謂之止至善。至善者，心之本體；知至善，惟在於吾心，則求之有定向。〔註62〕

「明明德」所以「親民」，而「親民」乃所以「明其明德」。因此，「明明德」「親民」非他，而是「一」，而「一」便是「至善」。是以，欲知「至善」便須先悟箇「心之本體」。而「止至善」之功，便要窮盡其「心之本體」了。而這即是「盡性」之學。是故，陽明有說：「止至善之於明德親民也，猶之規矩之於方圓也，尺度之於長短也，權衡之於輕重也。方圓而不止於規矩，爽其

〔註59〕《王陽明全集》，卷三十二，〈補錄〉，〈大學古本傍釋〉，頁1195，上海古籍出版社。

〔註60〕《王陽明全集》，卷七，〈文錄四〉，〈親民堂記〉，頁251，上海古籍出版社。

〔註61〕對此，鍾彩鈞先生有謂：「儒者的理想固應是明德親民兼備的」。（參見鍾彩鈞，《王陽明思想之進展》，頁164，文史哲出版社。）

〔註62〕《王陽明全集》，卷三十二，〈補錄〉，〈大學古本傍釋〉，頁1193，上海古籍出版社。

度矣；長短而不止於尺度，乖其制矣；輕重而不止於權衡，失其準矣；明德親民而不止於至善，亡其則矣。夫是之謂大人之學。大人者，以天地萬物為一體也。夫然，後能以天地萬物為一體」。〔註63〕

結　語

　　由上述可知，「心即理」的思想與「知行合一」息息相關。因為，「心即理」若換一種說法，便是「心理合一」〔註64〕了。然而無論「心即理」或「心理合一」，其實只是對於「本體」的悟解而已。是以，「知」「行」關係亦必須合於「本體」，方纔有著落處。然而，講「本體」亦必定有「工夫」，而這便是「知行工夫」。是以可知，「知行合一」的思想便是對於復其「本體」所提出來的一套工夫。而「即本體即工夫」，所以「知行工夫」事實上便是「本體工夫」。若我們能做得「本體工夫」之極致，便能證得「本體」，便能證得「心即理」。這是因為，「心之本體，無所不該，原是一箇天」，是以，「大人」所證得之境界自然即是「仁者，以天地萬物為一體」了。

〔註63〕《王陽明全集》，卷七，〈文錄四〉，〈親民堂記〉，頁251，上海古籍出版社。

〔註64〕有如陽明曾說：「此區區心理合一之體，知行並進之功，所以異於後世之說者，正在於是」。(《王陽明全集》，卷二，〈語錄二〉，〈傳習錄中〉，頁45，上海古籍出版社。)

第四章　陽明的「致良知」工夫

前　言

　　陽明於五十歲時，始揭櫫「良知」之說，故《年譜》五十歲載曰：「是年先生始揭致良知之教」。又云：「自經宸濠、忠、泰之變，益信良知真足以忘患難，出生死，所謂考三王，建天地，質鬼神，俟後聖，無弗同者。乃遺書守益曰：『近來信得致良知三字，真聖門正法眼藏。往年尚疑未盡，今自多事以來，只此良知無不具足。譬之操舟得舵，平瀾淺瀨，無不如意，雖遇顛風逆浪，舵柄在手，可免沒溺之患矣。』」〔註1〕可見得，「良知」之說真是得之匪易，真實「千古聖聖相傳一點滴骨血也」。〔註2〕因此，陽明便直視「良知」為孔門之「正法眼藏」。

　　雖然，「良知」之說陽明「自龍場以後，便已不出此意」，只是含莫能發，拈此二字不出。因為，事實上，「良知即天理」不過只是對於「心即理」之悟道的再一次印證，進一步擴充罷了。因為，所謂的「良知無不具足」，正是「聖人之道，吾性自足」之意。而這箇道，只是「一」而已矣。可以說，直至五十歲時，陽明對於這箇「道」，方纔信之得力，方是信得此過，方能信手行去。因此，黃宗羲有說：「江右以後，專提『致良知』三字，默不假坐，心不待澄，不習不慮，出之自有天則」。

　　而良知本體「即未發即已發」、「即本體即作用」，是以，黃宗羲接著又說：

〔註1〕　《王陽明全集》，卷三十四，〈年譜二〉，頁1278，上海古籍出版社。
〔註2〕　《王陽明全集》，卷三十四，〈年譜二〉，頁1279，上海古籍出版社。

「蓋良知即是未發之中，此知之前更無未發；良知即是中節之和，此知之後
更無已發。此知自能收斂，不須更主於收斂；此知自能發散，不須更期於發
散。收斂者，感之體，靜而動也；發散者，寂之用，動而靜也」。〔註3〕也就
是說，良知本體「不須防檢，不須窮索」，無需求良知於未發之前，因為此知
即是「寂然不動之體」，亦無需求良知於已發之後，因為此知即是「感而遂通
之用」。而良知便是「即未發即已發」、「即本體即作用」的。

而「致良知」，事實上，便是「誠意」的工夫，便是「本體工夫」。因為，
「良知即誠」，而「誠者，心之本體」。是以，「致良知」的工夫便是「即本體
即工夫」，便是「循良知致良知」。也就是說，只要信得「良知即是未發之中」
之本體，便自然能致得「良知即是中節之和」之工夫。

而本章第一節在論述良知無間於聖愚。第二節是良知即天理，分別是：
良知之即中即和與天理之惟精惟一。而第三節為「知」與「意」——致良知
的工夫，主要是：「知善知惡」之知與「有善有惡」之意和「致良知」的工夫。

第一節　良知無間於聖愚

「良知」觀念語出孟子，而這箇「良知」是「我固有之，人皆有之」的。
因為所謂的「聖人」，只不過是「先得我心之同然者」耳。而這箇所同然之心，
便是「良知」。而孟子認為「良知人我皆有之」，因此，當然是「絕對普遍」
的。是以，陽明便認為，「良知」固然「無分於人我」，亦是「無間於聖愚」
的。

對於「良知無間於聖愚」，陽明有云：

> 是非之心，不慮而知，不學而能，所謂良知也。良知之在人心，無間
> 於聖愚，天下古今之所同也。世之君子惟務致其良知，則自能公是非，
> 同好惡，視人猶己，視國猶家，而以天地萬物為一體。〔註4〕

陽明認為，所謂「是非之心」，便是不學不慮的「良知」「良能」。而這箇「是
非之心」的「良知」，便是「心之本體」。因此，這箇「良知」，便是「絕對」
的「心體」。是以，當然是「無間於聖愚」、「無異於古今」的。而「良知即天
理」，是以，只要我們「致良知」，便能「公是非，同好惡，一人己，包國家」

〔註3〕上述二段，參見《明儒學案》，卷十，〈姚江學案〉，頁180，中華書局。
〔註4〕《王陽明全集》，卷二，〈語錄二〉，〈傳習錄中〉，頁79，上海古籍出版社。

而「以天地萬物爲一體」。而究其本原，便是因爲「心即天，言心則天地萬物皆舉之矣」。〔註5〕

　　而「良知」便是「天下之大本達道」。是以，陽明有曰：

　　夫良知者，即所謂「是非之心，人皆有之」，不待學而有，不待慮而得者也。人孰無是良知乎？獨有不能致之耳。自聖人以至於愚人，自一人之心，以達於四海之遠，自千古之前以至於萬代之後，無有不同。是良知也者，是所謂「天下之大本」也。致是良知而行，則所謂「天下之達道」也。天地以位，萬物以育，將富貴貧賤，患難夷狄，無所入而弗自得也矣。〔註6〕

陽明認爲，這箇「心體」既同然乎「知是知非」之良知，因此，「致知」之功便只須要「是是非非」。而這箇「是非之心」，自聖人以至於愚人、自一己以達於四海、自千古之前以至於萬代之後，皆是同一箇心，皆是同樣的「此心同，此理同」。而這箇「一」，這箇「同」，便是〈繫辭傳〉所謂的「一致而百慮」、「同歸而殊途」。是以，這箇「良知」，便是原於「一」的「天下之大本」。而「致此良知於事事物物」即所謂的「天下之達道」。因爲，「致良知」便是「是其是而非其非」；而「格物」便是「正其不正以歸於正」了。因此，若能「致知格物」，則天地位、萬物育，處富貴貧賤、患難夷狄，將無所入而不自得也矣。而這便是「絜矩之道」，便能「參天地之化育」。

　　然而，愚人之心既「已失其本體」，所以仍必須加以一段「致良知」的工夫。那末，愚人之「良知」與聖人之「良知」是否同一呢？對此，《傳習錄》下載：

　　黃以方問：「先生格致之説，隨時格物以致其知，則知是一節之知，非全體之知也。何以到得溥博如天，淵泉如淵地位？」先生（陽明）曰：「人心是天淵。心之本體無所不該，原是一箇天。只爲私欲障礙，則天之本體失了。心之理無窮盡，原是一箇淵。只爲私欲窒塞，則淵之本體失了。如今念念致良知，將此障礙窒塞一齊去盡，則本體已復，便是天淵了。」乃指天以示之曰：「比如面前見天，是昭昭之天：四外見天，也只是昭昭之天。只爲許多房子牆壁遮蔽，便不見天之全體。若撤去房子牆壁，總是一箇天矣。不可道眼前天是昭昭

〔註5〕　《王陽明全集》，卷六，〈文錄三〉，〈答季明德〉，頁213，上海古籍出版社。
〔註6〕　《王陽明全集》，卷八，〈文錄五〉，〈書朱守乾卷〉，頁279，上海古籍出版社。

之天，外面又不是昭昭之天也。於此便見一節之知，即全體之知；
全體之知，即一節之知：總是一箇本體。」〔註7〕

黃以方問，愚人的「一節之知」與聖人的「全體之知」是否即是同一箇「良
知」？對此，陽明說，心體之天理即是天淵。心之本體本無所不該，即是天
之大本，只因人私欲障礙，是以失其天之本體；心之天理本無窮無盡，即是
淵之一原，只爲人私欲窒塞，是以失其淵之本體。然而，愚人雖已「失其心
之本體」，但這並非說其「良知」已經喪失，而是指其「良知」已爲私欲所障
塞，是以纏蔽而不顯、隱而不彰。因此，愚人之「良知」在現象上所表現的
只是「一節之知」。那末，愚人的「一節之知」與聖人的「全體之知」豈不是
不同了嗎？事實上，「良知無不具足」，良知只是一箇良知。現實上的愚人，
其「良知」雖是「一節之知」，但這並非「良知」本身受到了減損，而只是爲
私欲所遮蔽而已。猶如所見天之全體是昭昭之天，受房子牆壁遮擋的天之一
節亦是昭昭之天，然則，昭昭之天總是天之全體，總是一箇天也。因爲，「良
知」是爲「本體」，而非爲「現象」。是以，從「本體」上來看，「良知無不具
足」，愚人的「一節之知」與聖人的「全體之知」即是同一箇「良知」。因爲，
總是一箇「本體」，總是一箇「良知」，於此便可見一節之知，即全體之知；
全體之知，即一節之知。

對於這種「一節之知」與「全體之知」之關係，〈書王一爲卷〉有載：

請曰：「致知之訓，千聖不傳之祕也，一爲既領之矣。敢請益。」子
（陽明）曰：「千丈之木，起於膚寸之萌芽。子謂膚寸之外無所益歟，
則何以至於千丈？子謂膚寸之外有所益歟，則膚寸之外，子將何以
益之？」一爲躍然起拜曰：「聞教矣。」〔註8〕

「致良知」的「致」字，是指的「擴充」。然而，所謂「擴充」並不是指的將
良知之端倪「擴而充之」爲良知之大本。而是指的將「已失其本體」的良知
「擴充」爲良知之「本體」。因爲，既然「良知無不具足」，那末，又何需「擴
而充之」呢？是以，「致良知」之功便只須將已爲私欲遮蔽的良知「擴充」爲
良知「本體」，信得「一節之知，即全體之知；全體之知，即一節之知」便是。
〔註9〕而這便是「致良知」工夫之所以爲「頓教」之故。正如陽明所舉的例子，

〔註7〕《王陽明全集》，卷三，〈語錄三〉，〈傳習錄下〉，頁95，上海古籍出版社。
〔註8〕《王陽明全集》，卷八，〈文錄五〉，〈書王一爲卷〉，頁276，上海古籍出版社。
〔註9〕這種「致良知」的工夫相當於孟子的「盡心」。猶如「本心」本爲「至善」，

「膚寸之萌芽」相當於「一節之知」，而「千丈之木」則相當於「全體之知」。
亦即是說，「一節之知」必須「擴充」纔能復其「全體之知」，而這便是「良
知」之無不益。另一方面，雖則「一節之知」復得「全體之知」，然而這箇「一
節之知」卻無有增加甚麼，因爲「一節之知，即全體之知」，而這便是「良知」
之無益。因爲，事實上，「良知無不具足」，是以，便知得「良知無益無不益」。
〔註10〕

是以，從「本體」看來，「良知」確實「無間於聖愚」。但這卻並非意味
著愚人即是聖人。對此，陽明有道：

> 良知良能，愚夫愚婦與聖人同。但惟聖人能致其良知，而愚夫愚婦
> 不能致，此聖愚之所由分也。〔註11〕

陽明後學中，曾有王龍溪與羅念庵的「見在良知」之辨。龍溪認爲，「若必以
現在良知與堯舜不同，必待功夫修整而後可得，則未免於矯枉之過。曾謂『昭
昭之天與廣大之天，有差別否』」？〔註12〕而這便是陽明所說的「良知良能，
愚夫愚婦與聖人同」。然念庵則以爲，「世間那有現成良知？良知非萬死工夫
斷不能生也。不是現成可得。今人誤將良知作現成看，不知下致良知工夫，
奔放馳逐，無有止息，茫蕩一生，有何成就」？〔註13〕而這便是陽明所說的
「惟聖人能致其良知，而愚夫愚婦不能致」。事實上，龍溪是就「本體」或「良
知」的角度論述，而念庵則是就「工夫」或「致良知」的觀點陳述。因爲，
愚人與聖人雖則在「良知本體」上同一無二，然則現實上愚人之「良知」實
已「失其本體」，是以必須「致其良知」以「復其本體」。然而，無論是龍溪
的「即本體以做工夫」之進路或念庵的「即工夫以證本體」的進路，最終皆
實能證得聖人之境界。〔註14〕

然而卻有許多「非心」、「邪心」所遮蔽。是以，「盡心」之功便須要「窮盡」
得本心之「至善」。
〔註10〕事實上，陽明的這種思想並非來自於禪宗，而正好是來原於孟子。正如《孟
子・盡心上》所言：「君子所性，雖大行不加焉，雖窮居不損焉，分定故也」。
（《四書章句集註》，〈孟子集注〉，頁355，鵝湖出版社。）可以見得，性之「不
加不損」，實爲儒家之本義。
〔註11〕《王陽明全集》，卷二，〈語錄二〉，〈傳習錄中〉，頁49，上海古籍出版社。
〔註12〕《王畿集》，卷二，〈松原晤語〉，頁42，鳳凰出版社。
〔註13〕《羅洪先集》，卷十六，〈松原志晤〉，頁696，鳳凰出版社。
〔註14〕可以說，龍溪主「悟」，是爲「即本體即工夫」；而念庵重「修」，是爲「即工
夫即本體」。然而，無論是主「悟」或重「修」，其目的皆是爲了「復其本體」、
「證其本體」。

第二節　良知即天理

「良知」之說，乃是陽明晚年之「究竟話頭」，是以，其云曰：「某於良知之說，從百死千難中得來，非是容易見得到此。此本是學者究竟話頭，可惜此理淪埋已久。學者苦於聞見障蔽，無入頭處，不得已與人一口說盡。但恐學者得之容易，只把作一種光景玩弄，辜負此知耳」。又言道：「吾良知二字，自龍場以後，便已不出此意。只是點此二字不出。於學者言，費卻多少辭說。今幸見出此意，一語之下，洞見全體，真是痛快，不覺手舞足蹈。學者聞之，亦省卻多少尋討功夫。學問頭腦，至此已是說得十分下落。但恐學者不肯直下承當耳」。〔註15〕然而，陽明於「龍場悟道」時，便已悟得「心即理」。那末，為甚麼又於十四年後再次拈出「良知」宗旨呢？因為，「心即理」是對於「本體」的徹悟，而「知行合一」則接著強調「本體工夫」之頓修。因此，在晚年，陽明有必要對於自己的思想徹底地作一次總結。而這次總結的結晶便是「良知」與「致良知」的宗旨。對此，戢山有云：「先生承絕學於詞章訓詁之後，一反求諸心，而得其所性之覺，曰『良知』。因示人以求端用力之要，曰『致良知』。良知為知，見知不囿於聞見；致良知為行，見行不滯於方隅。即知即行，即心即物，即動即靜，即體即用，即工夫即本體，即下即上，無之不一」。〔註16〕而正就是這箇「道」的「無之不一」，是以，陽明思想纔能是「橫說豎說皆是」的學問。

一、良知之即中即和

對於良知之「真常」、「同一」，陽明曾說：

> 蓋良知之在人心，亙萬古，塞宇宙，而無不同。不慮而知，恆易以知險；不學而能，恆簡以知阻。先天而天不違，天且不違，而況於人乎？況於鬼神乎？〔註17〕

「良知」即「心之本體」，而「心之本體」是「無古今」、「無遠近」而無不同的。事實上，這箇無不同的「良知」，便是「道之一」。而所謂「良知」，便是「乾以易知」，所謂「良能」，便是「坤以簡能」。因此，這箇「良知」其實便

〔註15〕《王陽明全集》，卷三十二，〈補錄〉，〈傳習錄拾遺〉，頁1170，上海古籍出版社。

〔註16〕《明儒學案》，〈師說〉，頁6，中華書局。

〔註17〕《王陽明全集》，卷二，〈語錄二〉，〈傳習錄中〉，頁74，上海古籍出版社。

是「天地之理」。而良知「恆易以知險，恆簡以知阻」，其所以能「知險」、「知阻」，便在於這箇「易」字、「簡」字。所謂「易」，是指的「不易」、「變易」；所謂「簡」，則是指的「簡易」。是以，這箇「良知」，時「與天地準」，故能「範圍天地之化而不過」。因此，當然是「先天而天不違」的了。

而「良知」不僅是「天地之理」，其實，亦是「萬物之理」。因為這箇「理」，事實上，便是「一」而已矣。是以，《傳習錄》下記載：

> 朱本思問：「人有虛靈，方有良知。若草木瓦石之類，亦有良知否？」
> 先生（陽明）曰：「人的良知，就是草木瓦石的良知。若草木瓦石無人的良知，不可以為草木瓦石矣。豈惟草木瓦石為然，天地無人的良知，亦不可為天地矣。蓋天地萬物與人原是一體，其發竅之最精處，是人心一點靈明。風、雨、露、雷、日、月、星、辰、禽、獸、草、木、山、川、土、石，與人原只一體。故五穀禽獸之類，皆可以養人；藥石之類，皆可以療疾：只為同此一氣，故能相通耳。」
> 〔註18〕

所謂的「良知」，便是「虛靈明覺」。是以，「良知」若明覺得草木瓦石便能知草木瓦石，「良知」明覺得天地便能知天地。由此可知，人的「良知」便是天地萬物的「良知」。而從「良知」來看，便能體得「天地萬物與人原是一體」的道理。因為，無論「立天之道」、「立地之道」或「立人之道」，皆是「立天下之大本」。對於這箇「一本」，明道亦曾說：「天人本無二，不必言合」。〔註19〕而以「天地之化」來說，這箇「一體」處，便在於「通天下一氣」耳。

而「良知」是「德性之知」，是以，便是「明德之本體」。對於這箇「明體」，陽明有說：

> 良知本來自明。氣質不美者，渣滓多，障蔽厚，不易開明。質美者渣滓原少，無多障蔽，略加致知之功，此良知便自瑩徹，些少渣滓如湯中浮雪，如何能作障蔽？〔註20〕

「良知」便是「明德之本體」，因此，當然是「明昭不昧」的了。然而，現實上，人之氣質有美有不美，是以，便有渣滓之多少、障蔽之厚薄的差別。是故，纔須要加以「致良知」的工夫。然而，「致良知」的工夫便只是信箇「誠

〔註18〕《王陽明全集》，卷三，〈語錄三〉，〈傳習錄下〉，頁107，上海古籍出版社。
〔註19〕《二程集》，〈河南程氏遺書〉，卷第六，頁81，中華書局。
〔註20〕《王陽明全集》，卷二，〈語錄二〉，〈傳習錄中〉，頁68，上海古籍出版社。

者」，只是能箇「性之」。因爲，「良知」是「明德」，而「致良知」便是「明明德」。

因此，爲學之要，便在於存養「良知心體」。陽明曰：

> 人只要成就自家心體，則用在其中。如養得心體，果有未發之中，自然有發而中節之和，自然無施不可。……成就之者，亦只是要他心體純乎天理。〔註21〕

孟子所言的「存心、養性」，亦正是陽明所謂的「存天理」。因爲，「存天理」正是「存心之本體」之意。而「存心之本體」，便只是信箇「心即理」。而良知之中便是「全體」，良知之和便是「大用」，是以，「致中」便是「致和」，存得未發之體，便自然有發而中節之用。

對於「未發之體」與「中節之用」，陽明又說：

> 不可謂未發之中，常人俱有。蓋體用一源，有是體即有是用，有未發之中，即有發而皆中節之和。今人未能有發而皆中節之和，須知是他未發之中亦未能全得。〔註22〕

陽明認爲，良知「體用一源，即體即用」，亦即有未發之中，便有發而皆中節之和。然而，常人之心已「失其良知本體」。是以，「良知」既然已失其未發之體，便自然未有發而皆中節之用。因爲，「良知」之「體用」，有則俱有，無則俱無。今「良知」既無中節之用，必源無未發之體。

對於「中和體用」，《傳習錄》上又載：

> 澄問：「喜怒哀樂之中和，其全體常人固不能有。如一件小事當喜怒者，平時無有喜怒之心，至其臨時，亦能中節，亦可謂之中和乎？」
> 先生（陽明）曰：「在一時一事，固亦可謂之中和，然未可謂之大本達道。人性皆善，中和是人人原有的，豈可謂無？但常人之心既有所昏蔽，則其本體雖亦時時發見，終是暫明暫滅，非其全體大用矣。無所不中，然後謂之大本；無所不和，然後謂之達道。惟天下之至誠，然後能立天下之大本。」〔註23〕

陸原靜之言，其蔽便在於認「良知」之「全體常人固不能有」一句。因爲，既然未得良知「未發之全體」，又怎未能有「已發中節之大用」呢？是以，陽

〔註21〕《王陽明全集》，卷一，〈語錄一〉，〈傳習錄上〉，頁21，上海古籍出版社。
〔註22〕《王陽明全集》，卷一，〈語錄一〉，〈傳習錄上〉，頁17，上海古籍出版社。
〔註23〕《王陽明全集》，卷一，〈語錄一〉，〈傳習錄上〉，頁23，上海古籍出版社。

明說，這只是一時一事之「中和」，然非大本達道之「全體大用」。因此，對於「中和體用」，便先須悟箇「吾性自足」，先須知得「中和是人人原有的」。因為，「良知本體」本時時發用、本生生流行，只為「有所昏蔽」，是以纔或存或亡、暫明暫滅。而良知「即是未發之中，即是中節之和」，是以，「本即無所不中，本即無所不和」。而「誠者，心之本體」，是以，思誠的工夫便在於「立誠」。「立誠」然後能立天下之大本。

是以，對於「喜怒哀樂之中和」，陽明便說：

> 喜怒哀樂，本體自是中和的。纔自家著些意思，便過、不及，便是私。〔註24〕

對於這箇「喜怒哀樂之中和」，吳怡先生曾有一段話甚得陽明之意，他說：「就中庸來說，這個性是喜怒哀樂未發之中……由於性發而為喜怒哀樂之後，才有情」。因此，「從現實的人生來看，我們的情多多少少有點過與不及。這種過與不及的偏，就是曲」。而「我們後天的修養就是要盡量調整我們的情，從大過與大不及到小過與小不及，最後達到無過與無不及的中道，這就是和……而使情無過與不及，首先要除去心中的私念」。〔註25〕不過吳怡先生是就「工夫」而言，而陽明則是從「本體」立論。這是因為，良知「本體自是中和的」，本無過與不及之私。

至於這箇「良知之中和」，《傳習錄》載曰：

> 問：「良知原是中和的，如何卻有過、不及？」先生（陽明）曰：「知得過、不及處，就是中和。」〔註26〕

「良知原是中和的」，因此，是「無過無不及」的。那末，在現象上，又怎麼會有過與不及呢？這是因為，「良知」即是「本體」，而本非「現象」。是以，這箇知得過與不及的，就是「良知」，就是「中和」。正如蕺山所言的：「良知無過不及，知得過不及的是良知」。〔註27〕也就是說，「良知」便是「即中即和」的「本體」。

《傳習錄》又載：

〔註24〕《王陽明全集》，卷一，〈語錄一〉，〈傳習錄上〉，頁19，上海古籍出版社。
〔註25〕參見吳怡，《中庸誠的哲學》，第六章，〈誠的方法和實踐德目〉，頁86，東大圖書公司。
〔註26〕《王陽明全集》，卷三，〈語錄三〉，〈傳習錄下〉，頁114，上海古籍出版社。
〔註27〕《劉宗周全集》，第五冊，〈補遺一〉，〈陽明傳信錄三〉，頁85，浙江古籍出版社。

來書云：「嘗試於心，喜怒憂懼之感發也，雖動氣之極，而吾心良知
一覺，即罔然消阻，或遏於初，或制於中，或悔於後。然則良知常
若居優閑無事之地而爲之主，於喜怒憂懼若不與焉者，何歟？」（陽
明曰）：「知此則知未發之中，寂然不動之體，而有發而中節之和，
感而遂通之妙矣。然謂良知常若居於優閑無事之地，語尚有病。蓋
良知雖不滯於喜怒憂懼，而喜怒憂懼亦不外於良知也。」〔註28〕

常人之心，不外乎喜怒憂懼。然此心雖動氣於喜怒憂懼之感發，而主宰之「良
知」一警覺，便可遏之於初、制之於中、悔之於後。是以，陸原靜便以爲「良
知」常處優閑無事，而遇臨「氣之動」時，纔須提撕加以主宰。然則，「良知
之靜」（或理之靜）與「氣之動」卻終若一主、一客而相分立焉。然而，陽明
卻認爲原靜語尚未瑩。因爲，事實上，良知「無間於動靜」、「無間於有事無
事」，是以，若以「動靜」、「有事無事」分「良知」，便是「截其本體」，便已
「失其本體」。而「良知」便是「寂然不動之體」、便是「感而遂通之用」，因
此，當然是「不滯於喜怒憂懼」亦「不外於喜怒憂懼」的。

是以，「良知」之體本「常動而常靜」。對此，陽明云：

「未發之中」即良知也，無前後內外而渾然一體者也。有事無事，
可以言動靜，而良知無分於有事無事也。寂然感通，可以言動靜，
而良知無分於寂然感通也。動靜者所遇之時，心之本體固無分於動
靜也。理無動者也，動即爲欲。循理則雖酬酢萬變而未嘗動也；從
欲則雖槁心一念而未嘗靜也。動中有靜，靜中有動，又何疑乎？有
事而感通，固可以言動，然而寂然者未嘗有增也。無事而寂然，固
可以言靜，然而感通者未嘗有減也。動而無動，靜而無靜，又何疑
乎？無前後內外而渾然一體，則至誠有息之疑，不待解矣。未發在
已發之中，而已發之中未嘗別有未發者在；已發在未發之中，而未
發之中未嘗別有已發者存；是未嘗無動靜，而不可以動靜分者也。
〔註29〕

「良知即中即和」，是以，便是「絕對」的本體，而「無前後內外而渾然一體
者也」。而「有事無事」、「寂然感通」，可以分「動」、分「靜」，別「動」、別
「靜」。然而，「良知」本體「無分於有事無事」、「無別於寂然感通」也。因

〔註28〕《王陽明全集》，卷二，〈語錄二〉，〈傳習錄中〉，頁65，上海古籍出版社。
〔註29〕《王陽明全集》，卷二，〈語錄二〉，〈傳習錄中〉，頁64，上海古籍出版社。

為，之所以分言「動」、「靜」，便是由於失其「時中」、失其「時易」。是以，「良知」本體原「無動無靜」。而「理」即所謂「動而無動」者，是以，循理雖酬酢萬變而未嘗動也；而「欲」即所謂「動而動」者，是以，從欲雖槁心一念而未嘗靜也。而「良知」之「即動即靜」，即所謂的「動中有靜，靜中有動」者也。「感而遂通」雖可言「動」，然則「寂然不動」者未嘗增也；「寂然不動」雖可言「靜」，然則「感而遂通」者未嘗減也。而「良知」之「無動無靜」，即所謂的「動而無動，靜而無靜」者也。因此，「良知」本體「即動即靜」、「無動無靜」，是故「常動而常靜」。而「良知」本體「無未發已發而渾然一體」，便是指的「未發即在已發之中」、「已發即在未發之中」，是以，「離已發未嘗別有所謂未發」，而「離未發亦未嘗別有所謂已發」者。而這便是因為，「良知」本「無間於未發已發」也。

　　但衡今曾反對陽明「以理欲為動靜」的說法。因此，他認為：「要知從欲，動也。循理，亦動也」。〔註30〕而這箇問題，陸原靜亦曾有質於陽明。是以，〈答陸原靜書〉有載：

　　　　來書云：「下手工夫，覺此心無時寧靜。妄心固動也，照心亦動也；心既恆動，則無刻暫停也。」（陽明曰）：「是有意於求寧靜，是以愈不寧靜耳。夫妄心則動也，照心非動也；恆照則恆動恆靜，天地之所以恆久而不已也。照心固照也，妄心亦照也；其為物不貳，則其生物不息，有刻暫停則息矣，非至誠無息之學矣。」〔註31〕

陸澄以為此心恆動，因為，妄心固動，而照心亦動也。而由於此心無時暫停，是以，欲求寧靜，然此心卻愈不寧靜。對此，陽明便直截地說：「是有意於求寧靜，是以愈不寧靜耳」。因為，「良知」者，「動而無動」也；而「私意」者，「動而動」也。是以，「循理則靜」，「從欲便動」。因此，「良知」之「常動常靜」，便是「天地之道，所以恆久而不已」也。而「良知」固是「虛靈明覺」之本體；然雖「私意」之昏蔽，亦未嘗離於「虛靈明覺」之作用也。這是因為，至誠無息之學便是「良知天理」之「發用流行」。

　　對於「照心」、「妄心」，陽明又解釋道：

　　　　照心非動者，以其發於本體明覺之自然，而未嘗有所動也。有所動即妄矣。妄心亦照者，以其本體明覺之自然者，未嘗不在於其中，

〔註30〕參見陳榮捷，《王陽明傳習錄詳註集評》，頁221，學生書局。
〔註31〕《王陽明全集》，卷二，〈語錄二〉，〈傳習錄中〉，頁61，上海古籍出版社。

但有所動耳。無所動即照矣。無妄無照，非以妄爲照，以照爲妄也。
照心爲照，妄心爲妄，是猶有妄有照也。有妄有照則猶貳也，貳則
息矣。無妄無照則不貳，不貳則不息矣。〔註32〕

「昭昭之照心」所以「無動」者，以其出於「本體明覺之自然流行」，是以「動
而未嘗動」也。「私意之妄心」所以亦「昭昭」者，以「良知」本是「意之本
體」，〔註33〕雖「私欲」之蔽，然「本體明覺之自然發用」未嘗不在其中，但
是「動而未寧靜」也。是以，「未嘗動」即「照」也，而「未寧靜」即「妄」
也。然而，若執意分別以「照心爲照，妄心爲妄」，便是「有妄有照」之「私
意」，便是有了「貳心」。〔註34〕而事實上，「心，一而已矣」，〔註35〕是以，「良
知」便是「無妄無照」的。因爲，「無妄無照」則不貳，而不貳即是「一」。

而「良知」之「無妄無照」，事實上，便是「良知」之「恆照」。是以，
陽明有曰：

良知者，心之本體，即前所謂恆照者也。心之本體，無起無不起，
雖妄念之發，而良知未嘗不在，但人不知存，則有時而或放耳；雖
昏塞之極，而良知未嘗不明，但人不知察，則有時而或蔽耳。雖有
時而或放，其體實未嘗不在也，存之而已耳；雖有時而或蔽，其體
實未嘗不明也，察之而已耳。若謂良知亦有起處，則是有時而不在
也，非其本體之謂矣。〔註36〕

所謂「良知」之「恆照」，是指的「無照無不照」。而「心之本體」，本即「無
起無不起」。是以，「良知本體」本「無照無不照」，原「無起無不起」。因此，
雖妄念之昏塞，然「良知」實「恆照而恆明」。而人爲「妄心」所蔽，是以
「有時而或放」、「有時而或蔽」耳。是以，工夫之要便在於「存心」。而「存
心」便只是信箇「良知」之體「實未嘗不在」、「實未嘗不明」也。因爲，所
謂「有在有不在」、「有明有不明」，皆是謂之「二」。而「二」已非「心之本
體」矣。

〔註32〕《王陽明全集》，卷二，〈語錄二〉，〈傳習錄中〉，頁65，上海古籍出版社。
〔註33〕陽明曾說：「心者身之主，意者心之發，知者意之體，物者意之用」。（《王
陽明全集》，卷三十二，〈補錄〉，頁1193，上海古籍出版社。）
〔註34〕其實，「良知」之「恆照」本無分於「照妄」。正如陽明所言的：「照心固照也，
妄心亦照也」。
〔註35〕《王陽明全集》，卷七，〈文錄四〉，〈博約說〉，頁266，上海古籍出版社。
〔註36〕《王陽明全集》，卷二，〈語錄二〉，〈傳習錄中〉，頁61，上海古籍出版社。

而「心之本體即是性」，因此，「良知」便是「性」。對此，陽明有云：

性無不善，故知無不良。良知即是未發之中，即是廓然大公，寂然
不動之本體，人人之所同具者也。但不能不昏蔽於物欲，故須學以
去其昏蔽，然於良知之本體，初不能有加損於毫末也。知無不良，
而中寂大公未能全者，是昏蔽之未盡去，而存之未純耳。體即良知
之體，用即良知之用，寧復有超然於體用之外者乎？〔註37〕

所謂「性無不善」，是指的「至善」，所謂「知無不良」，是指的「至良」，是
以，「良知」便是絕對的「心體」、絕對的「性體」。而這箇「良知」，「即中即
和」、「即寂即感」，是以「即體即用」。因為，「體即良知之體，用即良知之用」，
而人人本同具「良知」之「全體大用」。而此「良知無不具足」，既是「具足」，
因此，當然是「不加不損」、「無增無減」的。正如孟子所謂的：「君子所性，
雖大行不加焉，雖窮居不損焉，分定故也」。〔註38〕由此可見，陽明與孟子之
「良知」，本是同一箇「良知」。

而這箇「良知」，事實上，便是孟子所謂的「夫道，一而已矣」。是以，
陽明言道：

夫良知即是道，良知之在人心，不但聖賢，雖常人亦無不如此。若
無有物欲牽蔽，但循著良知發用流行將去，即無不是道。但在常人
多為物欲牽蔽，不能循得良知。如數公者天資既自清明，自少物欲
為之牽蔽，則其良知之發用流行處，自然是多，自然違道不遠。學
者學循此良知而已，謂之知學，只是知得專在學循良知。〔註39〕

所謂「良知即是道」，而這箇「良知本心」，無論聖賢、無論常人，皆是一樣
地「同然乎心」、「同然乎理」。是以，若信得此「道」，便「循著良知發用流
行將去」而「無滯於物欲之牽蔽」，即無不是道。然常人之心已有「習心」之
雜，是以多為物欲牽蔽，不能循得良知。因此，陽明之學，學「循此良知」
而已；而「致良知」之功，只是致得專在「循良知」。

是以，對於「良知本體」，陽明有說：

良知在夜氣發的，方是本體，以其無物欲之雜也。學者要使事物紛

〔註37〕 《王陽明全集》，卷二，〈語錄二〉，〈傳習錄中〉，頁62，上海古籍出版社。
〔註38〕 《四書章句集註》，〈孟子集注〉，頁355，鵝湖出版社。
〔註39〕 《王陽明全集》，卷二，〈語錄二〉，〈傳習錄中〉，頁69，上海古籍出版社。

擾之時，常如夜氣一般，就是通乎晝夜之道而知。〔註40〕

所謂之「良知」，「即本體即作用」。因此，「良知」在夜氣之發用流行處，即是「本體」。對於此段，蕺山曾謂：「良知常發而常斂，便是獨體真消息。若一向在發用處求良知，便入情識窠臼去。然先生指點人處，都在發用上說」。〔註41〕這裏可見蕺山之苦心便是為了將「良知之用」與「情識之流」一刀截斷，而處處以「天理」說「良知」。而蕺山之言確是「端的」之見。因為，「良知本體」本無物欲之雜，而「良知作用」亦無有乎物欲之雜的了。是以可知，這箇「即體即用」、「即發即斂」、「即晝即夜」之道，便是「良知」。

事實上，「良知即天理」。是以，陽明有謂：

> 蓋良知只是一箇天理自然明覺發見處，只是一箇真誠惻怛，便是他本體。故致此良知之真誠惻怛以事親，便是孝；致此良知之真誠惻怛以從兄，便是弟；致此良知之真誠惻怛以事君，便是忠：只是一箇良知，一箇真誠惻怛。〔註42〕

「良知」之「體用」，只是一箇「虛靈明覺」；而「天理」之「體用」，只是一箇「自然發見」。而「良知即天理」，是以，「良知」之「真誠惻怛」，便是「天理」，便是「本體」。因為，「心，一而已矣；理，一而已矣」，〔註43〕是以，「良知」只是一箇良知，一箇天理，一箇真誠惻怛。

既然「良知」只是一箇，當然是「與物無對」的。因此，陽明說：

> 良知是造化的精靈。這些精靈，生天生地，成鬼成帝，皆從此出，真是與物無對。人若復得他完完全全，無少虧欠，自不覺手舞足蹈，不知天地間更有何樂可代？〔註44〕

「良知」是宇宙造化的精靈。因為「良知」之「精靈感應」能「生天生地，成鬼成帝」。有如良知「感」以天地便能「應」之以天地，「感」以鬼神便能「應」之以鬼神。是以可知，天地萬物無有出於「良知」之「感應」者。因此，這箇「良知」便是造化的「大本大原」。正如陽明所謂的：「心者，天地

〔註40〕《王陽明全集》，卷三，〈語錄三〉，〈傳習錄下〉，頁106，上海古籍出版社。

〔註41〕《劉宗周全集》，第五冊，〈補遺一〉，〈陽明傳信錄三〉，頁79，浙江古籍出版社。

〔註42〕《王陽明全集》，卷二，〈語錄二〉，〈傳習錄中〉，頁84，上海古籍出版社。

〔註43〕《王陽明全集》，卷七，〈文錄四〉，〈博約說〉，頁266，上海古籍出版社。

〔註44〕《王陽明全集》，卷三，〈語錄三〉，〈傳習錄下〉，頁104，上海古籍出版社。

萬物之主也。心即天，言心則天地萬物皆舉之矣」。〔註45〕是以，這箇「良知」真是「與物無對」的「本體」。而「致良知」之功，便在於復其「良知本體」，證得他「完完全全，無少虧欠」。

　　而「良知」之所以「完完全全，無少虧欠」，只是在於他是無有穿鑿的「是非之心」。對此，陽明有言：

　　　　道即是良知。良知原是完完全全，是的還他是，非的還他非，是非

　　　　只依著他，更無有不是處。這良知還是你的明師。〔註46〕

「良知」即是「道」，而「聖人之道，吾性自足」，因此，這箇「良知」原是完完全全的。而「知是知非」即「良知」之本體，「是是非非」即「良知」之作用。是以，「良知」之「體用」即「是的還他是，非的還他非」，只依循著「知是知非」的「良知」，便無往而非道了。而聖人之學，便是學箇「循良知」，這是因為，「心之良知是謂聖」。〔註47〕

　　對於「良知」之「是非」，陽明有云：

　　　　「良知只是箇是非之心，是非只是箇好惡，只好惡就盡了是非，只

　　　　是非就盡了萬事萬變。」又曰：「是非兩字，是箇大規矩，巧處則存

　　　　乎其人。」〔註48〕

「良知」即是「知是知非」之體，即是「是是非非」之用；「良知」即是「知善知惡」之體，即是「好善惡惡」之用。是以，「良知本體」只是箇「是非」，而「是非」只是箇「好惡」。因此，言「好惡」便盡了「是非」，言「是非」便盡了萬事萬變。可以知道，「是非」之理則，便是「天理」，便是「良知」。

　　對於這箇「是非」之理則，陽明又說：

　　　　目無體，以萬物之色為體；耳無體，以萬物之聲為體；鼻無體，以

　　　　萬物之臭為體；口無體，以萬物之味為體；心無體，以天地萬物感

　　　　應之是非為體。〔註49〕

所謂之「無體」，是指的「無有無用之體」。因為，「是非」雖是「良知」之體，然這箇「是非」之本體，就是在「天地萬物感應」之作用中的。亦即是說，「良知」之「體用」，有則俱有、無則俱無。因為，良知「即體即用」，若割裂「體」、

〔註45〕　《王陽明全集》，卷六，〈文錄三〉，〈答季明德〉，頁213，上海古籍出版社。
〔註46〕　《王陽明全集》，卷三，〈語錄三〉，〈傳習錄下〉，頁105，上海古籍出版社。
〔註47〕　《王陽明全集》，卷八，〈文錄五〉，〈書魏師孟卷〉，頁280，上海古籍出版社。
〔註48〕　《王陽明全集》，卷三，〈語錄三〉，〈傳習錄下〉，頁111，上海古籍出版社。
〔註49〕　《王陽明全集》，卷三，〈語錄三〉，〈傳習錄下〉，頁108，上海古籍出版社。

－133－

「用」爲二，便是「無體」，亦便是「無用」。

因爲「心即天」，是以可知，「良知即天」也。《傳習錄》記載：

> 先生曰：「『先天而天弗違』，天即良知也；『後天而奉天時』，良知即
> 天也。」〔註50〕

所謂「先天而天弗違」，是指的「天命之謂性」；所謂「後天而奉天時」，是指
的「率性之謂道」。這是因爲，「性即天道」，而「良知即天」也。然而，「天
即良知」是指的「境界」、指的「知天」，所謂之「誠者」；而「良知即天」是
指的「工夫」、指的「事天」，所謂之「誠之」。是以可知，所謂的「良知即天」，
便是指良知「即先天即後天」。

雖「良知本來自明」，然常人之「良知」則有「昏明」之不同，是以，便
必須「致良知」以復本體。對此，陽明有說：

> 聖人之知，如青天之日；賢人如浮雲天日；愚人如陰霾天日；雖有
> 昏明不同，其能辨黑白則一。雖昏黑夜裏，亦影影見得黑白，就是
> 日之餘光未盡處。困學功夫，亦只從這點明處精察去耳。〔註51〕

聖人之知，如日光之照，「未嘗不明」，是以「是非」自別。而賢人之知則如
浮雲掠日，雖與愚人之陰霾蔽天有著「或明或昏」之異，然其能「辨是非」
則一。因爲，這箇「是非之知」本是「無加無損」的，「互萬古，塞宇宙，而
無不同」。是以，「致良知」工夫，只是明箇「知是知非」的「良知」。

然而，「知是知非」的「良知」，其實，只是一箇「良知」。是以，陽明便
云：

> 良知只是一箇，隨他發見流行處當下具足，更無去求，不須假借。
> 然其發見流行處卻自有輕重厚薄，毫髮不容增減者，所謂天然自有
> 之中也。雖則輕重厚薄毫髮不容增減，而原又只是一箇；雖則只是
> 一箇，而其間輕重厚薄又毫髮不容增減，若可得增減，若須假借，
> 即已非其眞誠惻怛之本體矣。此良知之妙用，所以無方體，無窮盡，
> 語大天下莫能載，語小天下莫能破者也。〔註52〕

「良知」自能「公是非，同好惡，以天地萬物爲一體」，是以，這一箇「良知」
之發用流行「當下具足」，「不慮而知，不學而能」，「不用假借，無須湊泊」。

〔註50〕《王陽明全集》，卷三，〈語錄三〉，〈傳習錄下〉，頁111，上海古籍出版社。
〔註51〕《王陽明全集》，卷三，〈語錄三〉，〈傳習錄下〉，頁111，上海古籍出版社。
〔註52〕《王陽明全集》，卷二，〈語錄二〉，〈傳習錄中〉，頁85，上海古籍出版社。

然而，「良知」雖是「大本之中」，而其「親親之殺，尊賢之等」處，亦自有箇「中節之用」。是以，良知之「惟一」雖是「毫髮不容增減」之體，然其「惟精」卻自有箇「輕重厚薄」之用。因此，「良知」之體用，「即一即精」。故其「惟一」之體「無方無體」，而天下莫能載焉；而其「惟精」之用「無窮無盡」，而天下莫能破焉。

　　然「良知」即是「德性之知」，而非「聞見之知」。對此，陽明有道：

　　　　良知不由見聞而有，而見聞莫非良知之用，故良知不滯於見聞，而亦不離於見聞。孔子云：「吾有知乎哉？無知也。」良知之外，別無知矣。故「致良知」是學問大頭腦，是聖人教人第一義。今云專求之見聞之末，則是失卻頭腦，而已落在第二義矣。……大抵學問功夫只要主意頭腦是當，若主意頭腦專以致良知爲事，則凡多聞多見，莫非致良知之功。蓋日用之間，見聞酬酢，雖千頭萬緒，莫非良知之發用流行，除卻見聞酬酢，亦無良知可致矣。故只是一事。〔註53〕

「良知」即是「無聲無臭」，是以「不由見聞而有」；「良知」即是「戒慎恐懼」，是以「見聞莫非良知之用」。因此，「良知」之體「不滯於見聞」，而「致良知」之功「亦不離於見聞」。是故，「良知」之體外，別無「致良知」之功矣。若徒務外求見聞之用，而內遺其「良知」之體，便是「曠安宅而弗居，舍正路而不由」，〔註54〕便是以內外爲二本。事實上，「理無內外，性無內外，故學無內外」。〔註55〕因此，若先立「良知」之「大本」，則所謂多聞多見，莫非「致良知」之「大用」。正如蕺山所言的：「良知爲知，見知不囿於聞見；致良知爲行，見行不滯於方隅」。〔註56〕這是因爲，這箇「良知」本「即知即行」、「即心即物」，〔註57〕原只是一事。

　　是以，眞見得「良知」之「一」，方是透徹「本體」。對此，陽明說：

　　　　學者眞見得良知本體，昭明洞徹，是是非非，莫非天則，不論有事無事，精察克治，俱歸一路，方是格致實功，不落卻一邊，故較來無出致良知話頭無病。何也？良知原無間動靜也。〔註58〕

〔註53〕　《王陽明全集》，卷二，〈語錄二〉，〈傳習錄中〉，頁71，上海古籍出版社。
〔註54〕　《四書章句集註》，〈孟子集注〉，頁281，鵝湖出版社。
〔註55〕　《王陽明全集》，卷二，〈語錄二〉，〈傳習錄中〉，頁76，上海古籍出版社。
〔註56〕　《明儒學案》，〈師說〉，頁7，中華書局。
〔註57〕　亦爲蕺山語，參見《明儒學案》之〈師說〉。
〔註58〕　《王陽明全集》，卷三十二，〈補錄〉，〈傳習錄拾遺〉，頁1177，上海古籍出版

「良知本來自明」，是以，若信得「良知」之「昭昭明明」、「本體」之「清洞透徹」，則致之「是是非非」，皆莫非天則流行。而這箇「道」，既然是「一」而已矣。因此，「格物」實功，便「無分於有事無事」，而只是箇「必有事焉」；「致良知」實功，即「無間於動靜」，而不落卻一邊。而所謂「致知格物」者，「致吾心之良知於事事物物也。吾心之良知，即所謂天理也。致吾心良知之天理於事事物物，則事事物物皆得其理矣」。〔註59〕因為，所謂「致良知之天理」，便是「是是非非」；所謂「事事物物皆得其理」，便是「正其不正以歸於正」也。

而這箇「良知之天理」，事實上，便是「性之生理」。〔註60〕是以，《傳習錄》下記載：

> 先生一日出遊禹穴，顧田間禾曰：「能幾何時，又如此長了。」范兆期在傍曰：「此只是有根。學問能自植根，亦不患無長。」先生曰：「人孰無根？良知即是天植靈根，自生生不息；但著了私累，把此根戕賊蔽塞，不得發生耳。」〔註61〕

「良知」便是「天命之性」，而「性即理」也。是以，這箇「性之生理」便是「天植靈根」，本「自能收斂，自能發散」，而自生生不息。然若「滯著」於人欲之私，便有累於「心體」，反使此「良知靈根」不得生生發用耳。

而「良知」之體，本「無聲無臭」，本「無思無為」。是以，陽明謂云：

> 仙家說到虛，聖人豈能虛上加得一毫實？佛氏說到無，聖人豈能無上加得一毫有？但仙家說虛，從養生上來；佛氏說無，從出離生死苦海上來：卻於本體上加卻這些子意思在，便不是他虛無的本色了，便於本體有障礙。聖人只是還他良知的本色，更不著些子意在。良知之虛，便是天之太虛；良知之無，便是太虛之無形。日月風雷山川民物，凡有貌象形色，皆在太虛無形中發用流行，未嘗作得天的障礙。聖人只是順其良知之發用，天地萬物，俱在我良知的發用流行中，何嘗又有一物超於良知之外，能作得障礙？〔註62〕

仙家道「虛」，騰遞於長生不死，是以虛上累實；佛氏白「無」，厭離於生老

社。

〔註59〕 《王陽明全集》，卷二，〈語錄二〉，〈傳習錄中〉，頁45，上海古籍出版社。
〔註60〕 《王陽明全集》，卷一，〈語錄一〉，〈傳習錄上〉，頁36，上海古籍出版社。
〔註61〕 《王陽明全集》，卷三，〈語錄三〉，〈傳習錄下〉，頁101，上海古籍出版社。
〔註62〕 《王陽明全集》，卷三，〈語錄三〉，〈傳習錄下〉，頁106，上海古籍出版社。

病死，是以無上生有。而吾儒之聖「殺生成仁」、「守死善道」，是以能「盡己之性，盡人之性，盡物之性，可以贊天地之化育」。正是蕺山所謂之：「盡其道而生，盡其道而死，是謂無生死」。〔註63〕因此，聖人之學只是「窮理盡性」，只是循率「良知」不思不勉之發用流行，原不著些私意在。是以，蕺山有說：「惟吾儒方擔得虛無二字起」。〔註64〕而「良知」之體「無聲無臭」、「無思無為」，是以，本輴如毫毛，原無有滯著。是以，「良知」之太虛，不滯於日月風雷山川民物；「良知」之無形，亦不離於視聽言動貌象形色。因為，天地萬物皆是我「良知」之發用流行，而聖人只是順其「良知」之至誠不息，本無有一物能作得「良知」之障礙。

對於「良知」之流行無滯，陽明有說：

> 問：「知譬日，欲譬雲，雲雖能蔽日，亦是天之一氣合有的，欲亦莫非人心合有否？」先生（陽明）曰：「喜怒哀懼愛惡欲，謂之七情。七者俱是人心合有的，但要認得良知明白。比如日光，亦不可指著方所，一隙通明，皆是日光所在，雖雲霧四塞，太虛中色象可辨，亦是日光不滅處，不可以雲能蔽日，教天不要生雲。七情順其自然之流行，皆是良知之用，不可分別善惡，但不可有所著；七情有著，俱謂之欲，俱為良知之蔽；然纔有著時，良知亦自會覺，覺即蔽去，復其體矣！此處能勘得破，方是簡易透徹功夫。」〔註65〕

「良知」不滯於「七情」，而亦不離於「七情」。因為，「喜怒哀懼愛惡欲」之「七情」雖是「人心」原有之作用，雖皆是「良知」之發用流行，然而，卻要先悟得「良知本體」明昭透徹。正如蕺山所言的：「吾心之良知，即所謂天理也」、「天理即良知」、「良知即天理，故曰至善」。〔註66〕因為，「良知未嘗不明」，「既謂之良知，決然私意障礙不得」。〔註67〕而「良知之用即七情，七情之體即良知」，是以「至善」之「良知」順其自然之發用，本流行無滯，本不落善惡之相對。故纔有「滯著」，便是「私欲」，便於本體有障礙。雖然，

〔註63〕《明儒學案》，卷六十二，〈蕺山學案〉，頁1509，中華書局。

〔註64〕《劉宗周全集》，第五冊，〈補遺一〉，〈陽明傳信錄三〉，頁79，浙江古籍出版社。

〔註65〕《王陽明全集》，卷三，〈語錄三〉，〈傳習錄下〉，頁111，上海古籍出版社。

〔註66〕以上分別見於《劉宗周全集》的〈陽明傳信錄〉之第頁14、83、36。

〔註67〕《劉宗周全集》，第五冊，〈補遺一〉，〈陽明傳信錄三〉，頁55，浙江古籍出版社。

良知「纔動即覺，纔覺即化」，〔註68〕而化即欲去「復其本體」矣。

是以，「良知」便如明鏡之照，「隨感而應，隨感而忘」。對此，陽明有云：

> 聖人之心如明鏡，只是一箇明，則隨感而應，無物不照；未有已往
> 之形尚在，未照之形先具者。〔註69〕

「良知」本來自明，本如明鏡，而只是一箇明。是以，此知「隨感而應」，無
有未照之形先具者；此知「隨感而忘」，未有已往之形尚在者。而這便是「良
知」之「無知無不知」。

二、天理之惟精惟一

然而，「良知」之作用雖然「不可分別善惡」，但卻並非禪宗「不思善，
不思惡」之「心體」，而仍是儒家所強調的「本心」。因為，這箇「眞誠惻怛」
的「良知」，便是「絕對至善」的「本心」，是以，當然是不落於相對的。而
儒家之「本心」所同然的，便是「理」了。因此，黃宗羲便說：「或者以釋氏
本心之說，頗近於心學，不知儒釋界限只一理字。釋氏於天地萬物之理，一
切置之度外，更不復講，而止守此明覺；世儒則不恃此明覺，而求理於天地
萬物之間，所為絕異。然其歸理於天地萬物，歸明覺於吾心，則一也。向外
尋理，終是無源之水，無根之木，總使合得本體上，已費轉手，故沿門乞火
與合眼見闇，相去不遠。先生（陽明）點出心之所以為心，不在明覺而在天
理，金鏡已墜而復收，遂使儒釋疆界渺若山河，此有目者所共覩也」。〔註70〕
是以，蕺山曾言，對於「良知」宗旨，絕不能「舍天理而求良知」，〔註71〕這
是因為，「良知即天理」。

而這箇「知得過不及的良知」，便就是「中」，亦就是「天理」。是以，《傳
習錄》載曰：

> 曰：「天理何以謂之中？」（陽明）曰：「無所偏倚。」曰：「無所偏
> 倚是何等氣象？」（陽明）曰：「如明鏡然，全體瑩徹，略無纖塵染
> 著。」曰：「偏倚是有所染著。如著在好色、好利、好名等項上，方

〔註68〕此為王龍溪論顏淵「不遠復，無祗悔」之言。(《王畿集》，卷六，〈致知議略〉，
　　　　頁131，鳳凰出版社。)

〔註69〕《王陽明全集》，卷一，〈語錄一〉，〈傳習錄上〉，頁2，上海古籍出版社。

〔註70〕《明儒學案》，卷十，〈姚江學案〉，頁81，中華書局。

〔註71〕《劉宗周全集》，第五冊，〈補遺一〉，〈陽明傳信錄一〉，頁2，浙江古籍出版
　　　　社。

見得偏倚；若未發時，美色名利皆未相著，何以便知其有所偏倚？」
（陽明）曰：「雖未相著，然平日好色、好利、好名之心，原未嘗無；
既未嘗無，即謂之有；既謂之有，則亦不可謂無偏倚。譬之病瘧之
人，雖有時不發，而病根原不曾除，則亦不得謂之無病之人矣。須
是平日好色、好利、好名等項一應私心掃除蕩滌，無復纖毫留滯，
而此心全體廓然，純是天理，方可謂之喜怒哀樂未發之中，方是天
下之大本。」〔註72〕

那末，天理何以便謂之中呢？因為，這箇「中」是無偏無側、不倚不傾的，
是以，便是「大公」，便是「天理」。而這箇「無所偏倚」的「天理」，便有如
明鏡之全體瑩徹，其「物來則順應」，然明鏡之體略無纖塵染著。然則，常人
私欲之心原未嘗無，而未嘗無，便謂之有，既謂之有，即可謂之有偏倚。是
以，必須令此心「全體廓然」，使私心無復纖毫留滯，方是「存天理」，方可
證得未發之中，方可說是天下之大本。

然而，這箇「天理之中」卻並非執泥不化，而是「與時俱進」的。是以，
《傳習錄》有載：

問孟子言「執中無權猶執一」。先生曰：「中只是天理，只是易，隨
時變易，如何執得？須是因時制宜，難預先定一箇規矩在。如後世
儒者要將道理一一說得無罅漏，立定箇格式，此正是執一。」〔註73〕

陽明認為，「天理之中」即是「易」，而「易理」便是隨時變易的。是故，「易」
是「時易」，而「中」便是「時中」了。因此，「天理」雖是「常理」、「常則」，
然而所謂「常」，便是指的「常動而常靜」，是以，便必須因時制宜，便不能
執中無權。

而「天命之性」便是「天理」。因為，「性即理」也。故陽明有道：

天命之性，粹然至善，其靈昭不昧者，此其至善之發見，是乃明德
之本體，而即所謂良知也。至善之發見，是而是焉，非而非焉，輕
重厚薄，隨感隨應，變動不居，而亦莫不自有天然之中，是乃民彝
物則之極，而不容少有議擬增損於其間也。少有擬議增損於其間，
則是私意小智，而非至善之謂矣。自非慎獨之至，惟精惟一者，其
孰能與於此乎？後之人惟其不知至善之在吾心，而用其私智以揣摸

〔註72〕 《王陽明全集》，卷一，〈語錄一〉，〈傳習錄上〉，頁23，上海古籍出版社。
〔註73〕 《王陽明全集》，卷一，〈語錄一〉，〈傳習錄上〉，頁19，上海古籍出版社。

測度於其外，以爲事事物物各有定理也，是以昧其是非之則，支離
決裂，人欲肆而天理亡。〔註74〕

「性之天理」純粹至善，是即所謂「良知」也。而「良知」即「是非之心」，
是以其靈昭不昧之發見「是而是焉，非而非焉」，故隨感隨應，而其「正其不
正，以歸於正」之輕重厚薄亦「事事物物皆得其理」。是以，「良知」之「常
動常靜」乃民彝物則之常，雖變動不居，而亦自有「天理之中」。因此可知，
「良知」本是「天理」之常，本「無增無損」，是故，決不許有私意小智擬議
於其間的。而「天理之惟精惟一」即是吾心之「至善」，是以，朱子之後學「以
爲事事物物各有定理」而求理於其外，皆是由於不知箇「性即理」也。而「心
之本體即是性，性即是理」，因此，「向外尋理，終是無源之水，無根之木」，
而自昧其「是非之則」了。

不過，對於朱子「理」之一分一合的論述，陽明曾表微詞。《傳習錄》載
云：

問：「『析之有以極其精而不亂，然後合之有以盡其大而無餘』，此言
如何？」先生曰：「恐亦未盡。此理豈容分析，又何須湊合得？聖人
說精一自是盡。」〔註75〕

朱子「格物致知」的工夫只是爲了「窮理識性」。因爲，天地之間徧在事物之
理，是以，「窮理」便須要窮究事事物物之定理。然而，當「格物」工夫達到
了「從萬理以窮至一理」的階段時，便會識得「萬理」原只是「一理」。而這
箇「太極之理」，事實上，就是「性」。是以，這箇「性」實本包涵了天地萬
物之理的。故朱子便說箇「性即理」、「心具理」。〔註76〕而所謂「析之有以極
其精而不亂」便是「分殊」，所謂「合之有以盡其大而無餘」即是「理一」。
然而，對於「理一分殊」的道理，朱子之後學顯然體悟不深，對此，陽明便
言道：「理豈外於吾心邪？晦庵謂：『人之所以爲學者，心與理而已。心雖主
乎一身，而實管乎天下之理；理雖散在萬事，而實不外乎一人之心。』是其

〔註74〕《王陽明全集》，卷二十六，〈續編一〉，〈大學問〉，頁969，上海古籍出版
社。

〔註75〕《王陽明全集》，卷一，〈語錄一〉，〈傳習錄上〉，頁15，上海古籍出版社。

〔註76〕對於「心具理」，朱子曾說：「蓋心之所以具是理者，以有性故也」。（《朱子語
類》，卷第五，〈性理二〉，頁89，中華書局。）而「心以性爲體。性即理也」，
因此，所謂的「心具理」便是指的心之本體本完具了天地萬物之理。換句話
說，便是指的「天理者，此心之本然」。

一分一合之間，而未免已啓學者心、理爲二之弊」。〔註 77〕因爲，在陽明看來，「理之精」便是「萬理」，「理之一」便是「一理」。而這箇「萬理」或「一理」，皆只是「惟精惟一」之「天理」。是以，「天理」雖包涵了天地萬物之理，而實皆具於吾心，〔註 78〕因爲，「心即理」也。因此，「此心此理」又豈容分析，又何須湊合得？故陽明便常常批評朱子「格物」工夫之義外了。

對於「天理之惟精惟一」，陽明又說：

> 萬象森然時，亦沖漠無朕；沖漠無朕，即萬象森然。沖漠無朕者，
> 一之父；萬象森然者，精之母。一中有精；精中有一。〔註 79〕

所謂「萬象森然」，是指的「萬殊」；所謂「沖漠無朕」，是指的「一本」。而「萬殊」即在「一本」之中，「一本」即包涵了「萬殊」之眾。是以，這箇「一本」，便是「一理」，便是「一之父」；這箇「萬殊」，便是「萬理」，便是「精之母」。因此，「一理即是萬理，萬理即是一理」。而「天理」便是「惟精惟一」的。

而爲學之要便須守此「一之約」，而捨其「萬之煩」。是以，陽明有云：

> 其惟循理乎！理一而已，人欲則有萬其殊。是故一則約，萬則煩矣。
> 雖然，理亦萬殊也，何以求其一乎？理雖萬殊而皆具於吾心，心固
> 一也，吾惟求諸吾心而已。求諸心而皆出乎天理之公焉，斯其行之
> 簡易，所以爲約也已。……然而世之知約者鮮矣。孟子曰：「學問之
> 道無他，求其放心而已」，其知所以爲約之道歟！〔註 80〕

所謂「循理」，便是「循良知」。因爲，「良知即天理」。而「天理」即「惟精惟一」。然而，「理之精」雖有萬理之殊，而人欲亦有萬其殊。是以，爲學之要便必須捨「萬之煩」而求「一之約」。這是因爲，「理雖萬殊而皆具於吾心」，所謂「心具理」也；「理，一而已矣；心，一而已矣」，所謂「心即理」也。是以，學問之道無他，惟求諸吾心而已。故「循良知」便是「循理」，亦即是「存天理」，此所以爲約之道也已。

對於「存天理」之功，陽明有謂：

〔註 77〕《王陽明全集》，卷二，〈語錄二〉，〈傳習錄中〉，頁 42，上海古籍出版社。
〔註 78〕對於「心具理」，陽明曾說：「虛靈不昧，眾理具而萬事出。心外無理，心外無事」。（《王陽明全集》，卷一，〈語錄一〉，〈傳習錄上〉，頁 15，上海古籍出版社。）
〔註 79〕《王陽明全集》，卷一，〈語錄一〉，〈傳習錄上〉，頁 24，上海古籍出版社。
〔註 80〕《王陽明全集》，卷七，〈文錄四〉，〈約齋說〉，頁 261，上海古籍出版社。

一者天理，主一是一心在天理上。若只知主一，不知一即是理，有
事時便是逐物，無事時便是著空。惟其有事無事，一心皆在天理上
用功，所以居敬亦即是窮理。就窮理專一處說，便謂之居敬；就居
敬精密處說，便謂之窮理；卻不是居敬了別有箇心窮理，窮理時別
有箇心居敬：名雖不同，功夫只是一事。〔註81〕

因為「心，一也；理，一也」，是以，「主一」之功便是「一心在天理上」，便
是「窮此心之天理」。是以，若「析心與理而為二」，則工夫有事時便是逐物，
無事時便是著空。而「一心在天理上」便是「窮理專一」，即是「居敬」；「窮
此心之天理」便是「居敬精密」，即是「窮理」。是以，「主一」之功「無間於
有事無事」，功夫只是一事。

是以，工夫「一心在天理上」便是「循理」，而「循理」便謂之「靜」。
故陽明有道：

理無動者也。「常知常存常主於理」，即「不覩不聞，無思無為」之
謂也。不覩不聞、無思無為非槁木死灰之謂也，覩聞思為一於理，
而未嘗有所覩聞思為，即是動而未嘗動也。所謂「動亦定，靜亦定，
體用一原」者也。〔註82〕

所謂「理無動者」，便是濂溪所說的「定之以中正仁義而主靜」。是以，「靜者，
理之無動」，而「定者，心之本體」，故「動而無動，靜而無靜」便是「動亦
定，靜亦定」之性。而性之「無動無靜」便是「不覩不聞，無思無為」之本
體，是以，「不覩不聞，無思無為」便是指的「覩聞思為一於理，而未嘗有所
覩聞思為」，而這便是「循理」的工夫。因此，「一者天理」是本體，而「主
一於天理」便是工夫，即所謂「體用一原」者也。

而這箇「天理」既然是「一」，是以便無有內外。對此，陽明有說：

夫理無內外，性無內外，故學無內外：講習討論，未嘗非內也；反
觀內省，未嘗遺外也。夫謂學必資於外求，是以己性為有外也，是
義外也，用智者也；謂反觀內省為求之於內，是以己性為有內也，
是有我也，自私者也：是皆不知性之無內外也。〔註83〕

《中庸》謂「性之德也，合內外之道也」，是故「性無內外，理無內外」。是

〔註81〕《王陽明全集》，卷一，〈語錄一〉，〈傳習錄上〉，頁33，上海古籍出版社。
〔註82〕《王陽明全集》，卷二，〈語錄二〉，〈傳習錄中〉，頁63，上海古籍出版社。
〔註83〕《王陽明全集》，卷二，〈語錄二〉，〈傳習錄中〉，頁76，上海古籍出版社。

以，若徒博學致知資於外，便如朱子所謂的「物物皆有一性」，便是以己性爲有外，即是「義外」，故「用智者不能以明覺爲自然」；若徒反觀內省於其內，便似湛甘泉之誤解陽明以「腔子裏爲性」，〔註84〕便是以己性爲有內，即是「有我」，故「自私者不能以有爲爲應迹」。因此，陽明之性只是「一性」，故「性無內外」。而陽明之學主張「知行合一」，故「知」之「明覺自然」與「行」之「有爲應迹」本原即合一。

是以，陽明便說：「學者用功，雖千思萬慮，只是要復他本體，不是以私意去安排思索出來。若安排思索，便是自私用智矣。學者之蔽，大率非沈空守寂，則安排思索」。〔註85〕又曰：

> 「思曰睿，睿作聖」、「心之官則思，思則得之」。思其可少乎？沈空守寂與安排思索，正是自私用智，其爲喪失良知，一也。良知是天理之昭明靈覺處，故良知即是天理。思是良知之發用。若是良知發用之思，則所思莫非天理矣。良知發用之思自然明白簡易，良知亦自能知得。若是私意安排之思，自是紛紜勞擾，良知亦自會分別得。蓋思之是非邪正，良知無有不自知者。所以認賊作子，正爲致知之學不明，不知在良知上體認之耳。〔註86〕

「沈空守寂」者，不能以「有思」，是以正是自私；而「安排思索」者，不能以「無思」，是以正是用智。而「良知」本「無思而無不思」，故良知「無思」之體本「不學不慮」，良知「無不思」之用原「所思莫非天理」。是以，「良知是天理之昭明靈覺處」，「良知即是天理」。然而，若是出於私意安排之思，便自紛紜勞擾，「動而動」矣。然雖妄念之紛雜，而思之是非、邪正，「良知」亦自會分別得，無有不自知者。是以，「良知」本體便有似一面明鏡，「妍者妍，媸者媸」，「物來而能照」、「物來而順應」。故「致良知」之功，體認此「良知」耳。

是以，「良知」之大本大原即是「天理本體」，故決非「情識而肆」；而「良知」之發用流行本不離於「人倫日用」，亦決非「玄虛而蕩」。因此，「良知」便是「即人即天」的，「良知即天理」。故君子之學，「致良知」而已矣。陽明有云：

〔註84〕《明儒學案》，卷三十七，〈甘泉學案一〉，頁883，中華書局。
〔註85〕《王陽明全集》，卷二，〈語錄二〉，〈傳習錄中〉，頁72，上海古籍出版社。
〔註86〕《王陽明全集》，卷二，〈語錄二〉，〈傳習錄中〉，頁72，上海古籍出版社。

君子之所謂敬畏者，非恐懼憂患之謂也。「戒慎不睹，恐懼不聞」之謂耳。君子之所謂灑落者，非曠蕩放逸之謂也。乃其心體不累於欲，「無入而不自得」之謂耳。夫心之本體，即天理也。天理之昭明靈覺，所謂良知也。君子戒懼之功，無時或間，則天理常存，而其昭明靈覺之本體，自無所昏蔽，自無所牽擾，自無所歉餒愧怍。動容周旋而中禮，從心所欲而不踰，斯乃所謂真灑落矣。是灑落生於天理之常存，天理常存生於戒慎恐懼之無間。孰謂敬畏之心，反為灑落累邪？〔註87〕

所謂「敬畏」者，並非指「長戚戚」之「恐懼憂患」，乃「戒慎不睹，恐懼不聞」之「獨體」耳。所謂「灑落」者，亦非指「無忌憚」之「曠蕩放逸」，乃「無入而不自得」之「中體」耳。而「良知本體即是天理」，是以「戒慎恐懼」之功，即是「存天理」，而常「存天理」便能信得「良知之昭明靈覺」本無昏蔽、本無牽擾、本無歉餒愧怍。是以，若「致良知」之功真能「不滯於欲」，則自然從心所欲而不踰，動容周旋而中禮，至此時方為真灑落矣。是故，「戒慎恐懼」之功便是「致良知」、「存天理」，而致得「良知」、存得「天理」，方能有真灑落。

第三節 「知」與「意」──致良知的工夫

《明儒學案》曾載：「今之解者曰：『心體無善無惡是性，由是而發之為有善有惡之意，由是而有分別其善惡之知，由是而有為善去惡之格物。』層層自內而之外，一切皆是粗機，則良知已落後著，非不慮之本然，故鄧定宇以為權論也」。〔註88〕這是說，先有了善惡之意，然後纔有「良知」去分別善惡，是以，現實上總是先有「意之動」而後有「知之良」，因此，「良知」恆是後著。然而，若「分別之為知」，〔註89〕那末，陽明所謂的「良知亦自會分別得」、「良知只是箇是非之心」之「良知」，是否即為禪宗所指的「分別心」呢？而本節的目的便在於回答二箇問題：一、「是非之心」的「良知」如何是「心之本體」？二、「良知」若落後著，則「致良知」又如何為「本體工夫」？

〔註87〕《王陽明全集》，卷三十二，〈補錄〉，〈傳習錄拾遺〉，頁 1181，上海古籍出版社。

〔註88〕《明儒學案》，卷十，〈姚江學案〉，頁 178，中華書局。

〔註89〕《明儒學案》，卷十，〈姚江學案〉，頁 178，中華書局。

以下分別述之。

一、「知善知惡」之知與「有善有惡」之意

　　對於「心、意、知、物」的關係，陽明曾說：

> 指其主宰處言之謂之心，指心之發動處謂之意，指意之靈明處謂之
> 知，指意之涉著處謂之物。〔註90〕

「心」者，「心之本體」。然而，有「體」必有「用」。是以，「心體」發動之作用便是「意」。而這箇能知得「意」之「虛靈明覺」處，便是「良知」。

　　而事實上，這箇「虛靈明覺」的「良知」便是「心之本體」。是以，《傳習錄》有載：

> 問：「身之主為心，心之靈明是知，知之發動是意，意之所著為物，
> 是如此否？」先生（陽明）曰：「亦是。」〔註91〕

「良知」之「虛靈明覺」，其實，便是「心體」之「虛靈明覺」。因為，「良知者，心之本體」。〔註92〕故「良知」之發動作用亦是「意」。

　　對於「知」與「意」之「體」、「用」關係，〈大學古本傍釋〉記云：

> 心者身之主，意者心之發，知者意之體，物者意之用。〔註93〕

「意」是「心體」之作用，而「良知」便是「意」之「本體」。是故，「良知」便是「本體」，而「意」便是「作用」。

　　對於「知者意之體」，陽明有更清楚的解釋，其曰：

> 心者身之主也，而心之虛靈明覺，即所謂本然之良知也。其虛靈明
> 覺之良知，應感而動者謂之意；有知而後有意，無知則無意矣。知
> 非意之體乎？意之所用，必有其物，物即事也。〔註94〕

「本心」之「虛靈明覺」，即「良知」之謂也。是以，「良知」之「虛靈明覺」應物感而動念者，便是「意」。因為，「良知」便是「寂然不動」之體，「意」便是「感而遂通」之用，是故這箇「意」即是「動之微，吉凶之先見者」也。亦即是說，「有體便有用，無體則無用」矣。因為，「知」即是「意」之本體。

〔註90〕　《王陽明全集》，卷三，〈語錄三〉，〈傳習錄下〉，頁91，上海古籍出版社。
〔註91〕　《王陽明全集》，卷一，〈語錄一〉，〈傳習錄上〉，頁24，上海古籍出版社。
〔註92〕　《王陽明全集》，卷二，〈語錄二〉，〈傳習錄中〉，頁61，上海古籍出版社。
〔註93〕　《王陽明全集》，卷三十二，〈補錄〉，〈大學古本傍釋〉，頁1193，上海古籍出版社。
〔註94〕　《王陽明全集》，卷二，〈語錄二〉，〈傳習錄中〉，頁47，上海古籍出版社。

　　而「意之動」雖是「良知」之作用，然意若「動於私」、「動於欲」，這箇意便成了「分別心」。對此，陽明有說：

　　　　意與良知當分別明白。凡應物起念處，皆謂之意。意則有是有非，能
　　　　知得意之是與非者，則謂之良知。依得良知，即無有不是矣。〔註95〕

「知」是體，而「意」是用。然而，「意」亦原是「良知」之發用流行，又為甚麼會「有善有惡」、「有是有非」呢？關鍵便在「應物起念，謂之意」一句。因為，這箇「物」便是「意之用」，而「意之作用」往往有「起意」、有「執著」，是以便有「是非」、「善惡」之分別。然而，「意」雖「有是有非」、「有善有惡」，而「良知」本身「知是知非」、「知善知惡」，本原是「至善」的「心體」。是以，依得「至善」的「良知」，即無有不是矣。

　　是以，這箇「良知」便是「至善」的真機。陽明曰：

　　　　良知原是完完全全，是的還他是，非的還他非，是非只依著他，更
　　　　無有不是處。這良知還是你的明師。〔註96〕

而「良知」便如昭明洞徹之「明鏡」，其本身「沖漠無朕」，然又內涵「森然萬象」，「是者是，非者非」，隨感而隨應，一過而不留。而其「是是非非」，更無有不是處。故這「良知」原不許有毫髮沾帶。

　　因此，「良知」決非意念之「分別心」，〔註97〕而其實是「虛靈明覺」的本體。是故，陽明有謂：

　　　　良知只是一箇良知，而善惡自辨，更有何善何惡可思？〔註98〕

「良知」既然是本體，只是一箇，因此，當然並非意之「分別心」了。而「良知」之「虛靈明覺」自能「知善知惡」、自能「辨善辨惡」，又何須起念去思善思惡？因為，「良知」之體本「無思」，其發用原「無不思」，而「良知」即「無思無不思」。

　　事實上，「良知即天理」。對此，陽明說道：

　　　　爾那一點良知，是爾自家底準則。爾意念著處，他是便知是，非便
　　　　知非，更瞞他一些不得。〔註99〕

〔註95〕《王陽明全集》，卷六，〈文錄三〉，〈答魏師說〉，頁217，上海古籍出版社。
〔註96〕《王陽明全集》，卷三，〈語錄三〉，〈傳習錄下〉，頁105，上海古籍出版社。
〔註97〕在陽明的體系中，這箇「意」便是指的「經驗心」或「分別心」。
〔註98〕《王陽明全集》，卷二，〈語錄二〉，〈傳習錄中〉，頁67，上海古籍出版社。
〔註99〕《王陽明全集》，卷三，〈語錄三〉，〈傳習錄下〉，頁92，上海古籍出版社。

在第一章時，我們曾特別提出朱子的「理」對於陽明實有深遠的影響。〔註100〕
因為，朱子的「理」便是「絕對至善」的標準。而陽明的「良知」亦是「絕
對至善」的準則。是以，雖意念之發用涉著「有是有非」、「有善有惡」，然「良
知」至善之準則猶如鑒空衡平，「是的還他是，非的還他非」、「善的還他善，
惡的還他惡」，只要依著「良知」，便「人人有箇真頭面」、「人人自有定盤針」。

而朱子的「理」對於陽明的「良知」尚有一點影響，《傳習錄》下載：

> 先生曰：「這些子看得透徹，隨他千言萬語，是非誠偽，到前便明。
> 合得的便是，合不得的便非。如佛家說心印相似，真是箇試金石、
> 指南針。」〔註101〕

朱子的「理」即是「絕對至善」的標準。是以，合當理的便是善，不合當理
的便是惡。然而「理」始終又不落於善惡之相對。而陽明的「良知」即是「天
理」，故合得「良知」的便是善，不合得「良知」的便是惡，因為，「良知」
便是「至善」的準則。而「良知」本體「無知無不知」，是以，「良知」雖能
知「是非」、知「誠偽」，然其「無不知」而後，原又只是箇「無知」。是以，
「良知」之「知是知非」、「知善知惡」便似試金石、指南針，淵然而有定向。

那末，「良知」真箇是後著，總是先有意之善惡而後纔有知善知惡的「良
知」嗎？對此，我們便必須看看陽明的〈四句教〉：

> 無善無惡是心之體，有善有惡是意之動，知善知惡是良知，為善去
> 惡是格物。〔註102〕

鄧定宇以為，現實上總是先有「有善有惡」之意然後纔有「知善知惡」的「良
知」，是故，「良知」恆落後著。然而，事實上，這是「認用為先，以體為後」，
是倒果為因的說法。因為，「知者意之體」，「良知」纔是「意」的「本體」。
是以，「良知」本體原是「至善」的，而其作用亦原是「至善」的，然而，當
這箇意之作用「著於私」或「滯於欲」時，便從「良知」之發用流行落於善

〔註100〕當然地，陽明與象山皆同樣是「心即理」的體系。不過，陽明之「天理」即
　　　　是「惟精惟一」的。因為「天理」之「一」固是象山所謂之「理，一理也」，
　　　　然而「天理」之「精」卻是指的「事理」、「物理」的分殊之理，而這明顯地
　　　　受到了朱子的影響。然而，陽明的高明處便在於具「事物之理」於吾心，故
　　　　不須像朱子一樣先去「格物致知」。是以，若以「天理」之「一」來講，陽明
　　　　便可謂之「心即理」；若以「天理」之「精」來說，陽明便可言之「心具理」。
　　　　而這箇「理」，事實上，皆只是同樣的「天理之惟精惟一」而已矣。
〔註101〕《王陽明全集》，卷三，〈語錄三〉，〈傳習錄下〉，頁93，上海古籍出版社。
〔註102〕《王陽明全集》，卷三，〈語錄三〉，〈傳習錄下〉，頁117，上海古籍出版社。

惡之分別。然雖則意已動於「有善有惡」，已「蔽其本體」，而良知「恆照」之「知善知惡」亦時時恆在，原未嘗不明。可以見得，「良知」實非鄧定宇所謂的權論，而確是「心之本體」之「常理」、「天則」了。

二、「致良知」的工夫

陽明在其〈大學古本序〉曾說：「《大學》之要，誠意而已矣」。〔註103〕是以，「君子之學以誠意為主。格物致知者，誠意之功也」。〔註104〕而所謂「格物」，便是「格心」的工夫；所謂「致知」，便是「致良知」的工夫。故「致知者，誠意之本也」。〔註105〕換句話說，「致良知」便是「誠意」的工夫。是以，「若誠意之說，自是聖門教人用功第一義」。〔註106〕

然而，「致良知」雖是「誠意」的工夫，不過，這箇「誠」字有「以工夫說者」，有「以本體說者」。若誠以「工夫」說，則「誠意」便是「誠實其意」或「著實用意」之義。然而，此種工夫實落於對治「意念」，是以，仍是「為善去惡」的相對工夫。若誠以「本體」說，則「誠即良知」，是以，「誠意」便是「循良知致良知」的「本體工夫」。因此，「工夫」之「誠」的「致良知」工夫只是陽明為其次立法的；而「本體」之「誠」的「致良知」工夫則是陽明為上根人設教的。

以下，我們便先來看看陽明為其次立法的「致良知」工夫。

> 善念發而知之，而充之；惡念發而知之，而遏之。知與充與遏者，
> 志也，天聰明也。聖人只有此，學者當存此。〔註107〕

當發一善念時，「良知」自能知之，而「良知」既知之，即「充擴」之；而當發一惡念時，「良知」亦自能知之，而「良知」既亦知之，即「遏制」之。是以，「良知」之「充」與「遏」者，為「立志」也。而所謂的「志」，即是「心之所之」。因此，聖人只是立得志，而學者必須存得志。

而志得「良知」後，接著便必須「致良知」。《傳習錄》下記云：

> 虔州將歸，有詩別先生云：「良知何事繫多聞，妙合當時已種根；好

〔註103〕《王陽明全集》，卷七，〈文錄四〉，〈大學古本序〉，頁242，上海古籍出版社。
〔註104〕《王陽明全集》，卷四，〈文錄一〉，〈答王天宇·二〉，頁163，上海古籍出版社。
〔註105〕《王陽明全集》，卷七，〈文錄四〉，〈大學古本序〉，頁243，上海古籍出版社。
〔註106〕《王陽明全集》，卷二，〈語錄二〉，〈傳習錄中〉，頁41，上海古籍出版社。
〔註107〕《王陽明全集》，卷一，〈語錄一〉，〈傳習錄上〉，頁22，上海古籍出版社。

惡從之爲聖學，將迎無處是乾元。」先生（陽明）曰：「若未來講此
學，不知說好惡從之從箇甚麼？」〔註108〕

「良知」便是「德性之知」，是以是「不滯於見聞」的。因爲，「良知」即是天
植靈根，元自生生不息，元即終日乾乾。是以，將迎出處之間莫非「好善惡惡」
之地。而對於「意念」善惡之「好惡」者，從箇生生乾乾的「良知」耳。

對於「致良知」的「好善惡惡」工夫，《傳習錄》下又載：

> 先生（陽明）嘗謂：「人但得好善如好好色，惡惡如惡惡臭，便是聖
> 人。」直初時聞之覺甚易，後體驗得來，此箇功夫著實是難。如一
> 念雖知好善惡惡，然不知不覺，又夾雜去了。纔有夾雜，便不是好
> 善如好好色，惡惡如惡惡臭的心。善能實實的好，是無念不善矣；
> 惡能實實的惡，是無念及惡矣：如何不是聖人？故聖人之學，只是
> 一誠而已。〔註109〕

所謂「致良知」，便是「好善如好好色，惡惡如惡惡臭」的工夫。而「如好好
色，如惡惡臭」，便是「毋自欺」，便是《大學》所謂的「誠其意」。如「一念
之善」實知其爲善了，便實實的「好」，「一念之惡」實知其爲惡了，便實實
的「惡」，若能實「致其良知」，則「好善惡惡」之功莫不誠好而誠惡之。是
以，能「誠好」則無念不善矣，能「誠惡」則無念及惡矣。而誠實「好善惡
惡」之意，便即是「誠意」，便無有不實。因此，「致良知」之學，「誠其意」
而已矣。

是以，「致良知」之「誠意」，便是「好善惡惡」之誠。對此，陽明有曰：

> 人但一念善，便實實是好；一念惡，便實實是惡：如此纔是學。不
> 然，便是作僞。〔註110〕

事實上，陽明「致良知」以「誠其意」的工夫，實源自於孔子。《論語》曾載
孔子之言，其曰：「誨女知之乎？知之爲知之，不知爲不知，是知也」。〔註111〕
而孔子所謂的「知之之道」，便只是一箇「實」。而陽明之「良知」，亦只是一
箇「實理」。是以，「良知」之實理只是「善者好，惡者惡」，而「致良知」之
實功不過是「發一念善，便實實好善，發一念惡，便實實惡惡」。是故，致誠

〔註108〕《王陽明全集》，卷三，〈語錄三〉，〈傳習錄下〉，頁95，上海古籍出版社。
〔註109〕《王陽明全集》，卷三，〈語錄三〉，〈傳習錄下〉，頁97，上海古籍出版社。
〔註110〕《王陽明全集》，卷三十二，〈補錄〉，〈傳習錄拾遺〉，頁 1173，上海古籍出
版社。
〔註111〕《四書章句集註》，〈論語集注〉，頁58，鵝湖出版社。

之道，「致良知」而已矣。

而「致良知」的「誠意」工夫，便是「誠其意之所發」，而致其「好善惡惡」的「良知」。是以，陽明有云：

> 至善者，心之本體也。心之本體，那有不善？如今要正心，本體上何處用得功？必就心之發動處纔可著力也。心之發動不能無不善，故須就此處著力，便是在誠意。如一念發在好善上，便實實落落去好善；一念發在惡惡上，便實實落落去惡惡。意之所發，既無不誠，則其本體如何有不正的？故欲正其心在誠意。工夫到誠意，始有著落處。然誠意之本，又在於致知也。所謂人雖不知，而己所獨知者，此正是吾心良知處。然知得善，卻不依這箇良知便做去，知得不善，卻不依這箇良知便不去做，則這箇良知便遮蔽了，是不能致知也。吾心良知既不能擴充到底，則善雖知好，不能著實好了；惡雖知惡，不能著實惡了，如何得意誠？故致知者，意誠之本也。〔註112〕

「心之本體」粹然至善，而所謂「至善」，便是指的不落善惡之對待，是以，這箇「心體」亦是「無善無惡」的。而「心體」本原「至善」，又何須用功，又如何著力？然「心體」發動作用之「意」，往往「著於私」、「滯於欲」，故其作用不能無不善，而這箇「私意」事實上便是「有善有惡」的「人心」、「習心」。故工夫之著力處實落於「誠意」。因此，「誠其意」者，「發一念好善，便實實落落去好善，發一念惡惡，便實實落落去惡惡」，實能「誠其意之所發」而「意」皆誠好而誠惡之，則「誠體」那有不正的？然而，「誠意」工夫之本，即是「致良知」。而所謂「致良知」，便是「知得善即實落好之，即依著良知便做去，知得惡即實落惡之，即依著良知便不去做」。是以，「致知」者，從箇「好善惡惡」之「良知」耳。故「致良知」的工夫，其目的便在於復得「意誠」之本原。

接下來，我們便接著看看陽明為上根人設教的「致良知」之「本體工夫」。

> 為學工夫有淺深。初時若不著實用意去好善惡惡，如何能為善去惡？這著實用意便是誠意。然不知心之本體原無一物，一向著意去好善惡惡，便又多了這分意思，便不是廓然大公。《書》所謂「無有作好、作惡」，方是本體。所以說「有所忿懥好樂，則不得其正」。正心只是誠意工夫裏面體當自家心體，常要鑑空衡平，這便是未發之中。〔註113〕

〔註112〕《王陽明全集》，卷三，〈語錄三〉，〈傳習錄下〉，頁119，上海古籍出版社。
〔註113〕《王陽明全集》，卷一，〈語錄一〉，〈傳習錄上〉，頁34，上海古籍出版社。

為學工夫所以有淺深之不同，是因爲人人之根機原不相同，是以，便需要不同層次的工夫引入於道。而初學之「致良知」工夫便是「著實用意去好善，著實用意去惡惡」，而這箇「著實用意」、「誠實其意」便是在「誠意」。然而，「意」者「有善有惡」，是以「誠之」之功便落於相對，便有「氣之動」，便多了一分意思。故「誠意」工夫只是方便立法，只是爲了令學者體當自家「心體」而已。而「致良知」的「本體工夫」便只是箇「廓然而大公」，「物來而順應」。是故，「致良知」之「廓然」，「無有作好，無有作惡」，而這即是「寂然不動」之體；「致良知」之「順應」，「好善而惡惡」，而這便是「感而遂通」之用。是以，「致良知」之本體工夫「時好時惡」、「無好無惡」，故常常是鑒空衡平，時時是未發之中。

　　對於「致良知」的「本體工夫」，《傳習錄》上載云：

　　侃去花間草，因曰：「天地間何善難培，惡難去？」先生（陽明）曰：「未培未去耳。」少間，曰：「此等看善惡，皆從軀殼起念，便會錯。」侃未達。（陽明）曰：「天地生意，花草一般，何曾有善惡之分？子欲觀花，則以花爲善，以草爲惡；如欲用草時，復以草爲善矣。此等善惡，皆由汝心好惡所生，故知是錯。」曰：「然則無善無惡乎？」（陽明）曰：「無善無惡者理之靜，有善有惡者氣之動。不動於氣，即無善無惡，是謂至善。」曰：「佛氏亦無善無惡，何以異？」（陽明）曰：「佛氏著在無善無惡上，便一切都不管，不可以治天下。聖人無善無惡，只是無有作好，無有作惡，不動於氣。然遵王之道，會其有極，便自一循天理，便有箇裁成輔相。」曰：「草既非惡，即草不宜去矣。」（陽明）曰：「如此卻是佛、老意見。草若有礙，何妨汝去？」曰：「如此又是作好作惡？」（陽明）曰：「不作好惡，非是全無好惡，卻是無知覺的人。謂之不作者，只是好惡一循於理，不去又著一分意思。如此，即是不曾好惡一般。」曰：「去草如何是一循於理，不著意思？」（陽明）曰：「草有妨礙，理亦宜去，去之而已。偶未即去，亦不累心。若著了一分意思，即心體便有貽累，便有許多動氣處。」曰：「然則善惡全不在物？」（陽明）曰：「只在汝心，循理便是善，動氣便是惡。」曰：「畢竟物無善惡。」（陽明）曰：「在心如此，在物亦然。世儒惟不知此，舍心逐物，將格物之學錯看了，終日馳求於外，只做得箇義襲而取，終身行不著，習不察。」

曰：「『如好好色，如惡惡臭』，則如何？」（陽明）曰：「此正是一循
於理；是天理合如此，本無私意作好作惡。」曰：「『如好好色，如
惡惡臭』，安得非意？」（陽明）曰：「卻是誠意，不是私意。誠意只
是循天理。雖是循天理，亦著不得一分意，故有所忿懥好樂則不得
其正，須是廓然大公，方是心之本體。知此即知未發之中。」〔註114〕

薛侃欲培花除草，因而興起天地之間何培善、去惡之難之詰。是以，陽明便
告之以從軀殼起念看善惡之變幻無常。若欲觀花則以花為善，若欲用草時，
復以草為善矣。是以可知，此種善惡之見皆是出於「人心」之好惡，而「人
心」之好惡本就是「無動而不變，而時而不移」的，故知是變而非常。事實
上，天道本是大化之生生不已，雖其生生無息，然而「有這箇性纔能生，這
性之生理便謂之仁」，是以，這箇「性之生理」纔是「天理」。因此，天地間
之花草皆是一般「生理」，又何時有善惡之分？而「心之本體即是天理」，故
「心體」本是「無善無惡」的。是以，陽明特舉「無善無惡者理之靜，有善
有惡者氣之動」為說。因為，「理無動者也，動即為欲」，而所謂「天理」，便
是「動而無動」，所謂「人欲」，即是「動而動」，是以，不動於氣即是「無善
無惡之天理」，而「天理」者，是謂「至善」。因此，禪宗之「無善無惡」決
與儒家不同。因為禪宗「無善無惡」之工夫只是為了「明心見性」，只是為了
「明明德」，而陽明「無善無惡」之「心體」則是包涵了「明明德」、「親民」
之「體」、「用」的。〔註115〕是以，佛氏之「無善無惡」，一切皆不管，不可以
治家、國、天下。而聖人之「無善無惡」便只是箇「無偏無黨，王道蕩蕩」，
只是「無有作好，無有作惡」，不動於氣。然所謂「無有作好，無有作惡」，
並非指的全無好惡，而只是指的「好惡一循於理」、「好惡不累於心」。若「好
惡」於心有累，便是著了一分意思，便有許多動氣處，便是「作好」、「作惡」。
是以，善惡之準則只在此「心」，「循理」之「動而無動」便是「至善」，而「動
氣」之「動而動」即「有善有惡」。因此可知，以天道之境界直觀，「物」是
「無善無惡」，而「心體」亦是「無善無惡」的。然而，所謂「無善無惡」，
並非指的沒有善惡，而是指的「天理」之「至善」耳。故「循良知致良知」
便是「一循於理」，便是「循順良知好善惡惡之自然發用流行」。而「良知天

〔註114〕《王陽明全集》，卷一，〈語錄一〉，〈傳習錄上〉，頁29，上海古籍出版社。
〔註115〕對此，陽明曾說：「明明德，體也；親民，用也。而止至善，其要矣」。（《王
陽明全集》，卷八，〈文錄五〉，〈書朱子禮卷〉，頁281，上海古籍出版社。）

理之好惡」本無私意「作好」、「作惡」，是以謂之「誠意」。然而，「誠是心之本體」，〔註116〕是以復其本體的思誠工夫便是「本體工夫」。而「良知之天理」即是「未發之中」，即是「寂然不動」之體。因此，「誠意」的「本體工夫」，便須「廓然而大公」，而只是「循良知之天理」而已矣。

因此，總結來說，陽明「致良知」的「誠意」工夫便有二種。第一、以「意念」致良知；第二、「循良知」致良知。所謂「以意念致良知」，是指的「發一念之善便好之如好好色，發一念之惡便惡之如惡惡臭」。換句話說，現實上總是先有「意」之善惡，而「良知」知之之後，便好此善念如好好色，惡此惡念如惡惡臭。然而，這麼一來，「良知」顯然總是落於後著，已非「知之發動」之體了，並且，「致良知」工夫亦落於「有善有惡」之相對。何況，正如蕺山所言：「人若只在念起念滅上用工夫，一世合不上本體了，正所謂南轅而北轍也」。〔註117〕因此，以「意念」致良知的工夫只是陽明為其次立法的。而所謂「循良知致良知」，是指的「循順良知好善惡惡之自然流行發用」。因為，「良知只是箇是非之心，是非只是箇好惡」，〔註118〕是以，「良知」之「好惡」便是絕對的「本體」，而並非「意念」之「分別心」。因此，「良知」本體原是「好善惡惡」的，而「良知」之發用流行亦是「好善惡惡」的。而這便是「良知」之「即本體即作用」。然而，陽明不是說「心之本體」無有著力處嗎？又如何用得工夫呢？這是因為，「至善者，心之本體」，「心體」之「至善」又何需下工夫？然常人之心已「失其本體」，仍不免有「習心」在，故仍須做工夫以「復其本體」，並且這箇工夫必須端本澄源、必須扣緊本體，而這便是所謂的「本體工夫」。因此，「循良知」致良知便是陽明為上根人設教的「本體工夫」。

結 語

陽明自信「良知」之說為孔門之「正法眼藏」，因為「良知」本是「寂感之神」，原是「中和之妙」，故黃宗羲有言：「自姚江指點出『良知人人現在，一反觀而自得』，便人人有箇作聖之路。故無姚江，則古來之學脈絕矣」。〔註119〕而

〔註116〕《王陽明全集》，卷一，〈語錄一〉，〈傳習錄上〉，頁35，上海古籍出版社。

〔註117〕《劉宗周全集》，第五冊，〈補遺一〉，〈陽明傳信錄三〉，頁 92，浙江古籍出版社。

〔註118〕《王陽明全集》，卷三，〈語錄三〉，〈傳習錄下〉，頁111，上海古籍出版社。

〔註119〕《明儒學案》，卷十，〈姚江學案〉，頁178，中華書局。

「致良知」即是「作聖之功」，故「良知」者，「心之本體」也，「致良知」者，「知行合一」之功也。是以，「良知」只是箇「好惡」，而「致良知」只是箇「好善惡惡」而已。因此，黃宗羲歸結說：「先生（陽明）以聖人之學，心學也。心即理也，故於致知格物之訓，不得不言『致吾心良知之天理於事事物物，則事事物物皆得其理』。夫以知識為知，則輕浮而不實，故必以力行為功夫。良知感應神速，無有等待，本心之明即知，不欺本心之明即行也，不得不言『知行合一』。此其立言之大旨，不出於是」。〔註120〕

─────────────

〔註120〕《明儒學案》，卷十，〈姚江學案〉，頁181，中華書局。

結 論

第一節 陽明「誠意」工夫的精神

　　對於「誠意」的工夫，陽明曾謂：「君子之學以誠意為主。格物致知者，誠意之功也」。〔註1〕又說：「格物致知者，即誠意之功」。〔註2〕又言：「工夫難處，全在格物致知上。此即誠意之事」。〔註3〕是以可知，陽明的「誠意」工夫便是「格心」與「致良知」。〔註4〕以下，我們先來看看陽明的「格心」工夫。

一、「格心」工夫

　　對於「格心」工夫的定義，陽明曾說：

〔註1〕《王陽明全集》，卷四，〈文錄一〉，〈答王天宇‧二〉，頁163，上海古籍出版社。

〔註2〕《王陽明全集》，卷一，〈語錄一〉，〈傳習錄上〉，頁13，上海古籍出版社。

〔註3〕《王陽明全集》，卷一，〈語錄一〉，〈傳習錄上〉，頁25，上海古籍出版社。

〔註4〕至於「四句教」雖然是陽明晚年的最後宗旨，然而筆者目前尚未體會出其與「誠意」工夫的關連，故不應發得太早，不敢驟而談論。而必須留待將來有學識、有學力者去研究了。不過以現今學者的研究，如陳來先生的《有無之境——王陽明哲學的精神》和吳震先生的《王陽明著述選評》都已指出「四句教」事實上也是一種工夫。而「四句教」的這種工夫便是指的「無執著性」。然而，值得注意的是，陳來先生原則上總是從「情感」方面來說明這種「不執著」的工夫。（請參看陳來，《有無之境——王陽明哲學的精神》，第八章，〈有與無〉，頁193～234。）

> 格者，正也。正其不正，以歸於正也。〔註5〕

這句話共有二種解釋。一是在「經驗心」上立根基；一是在「心之本體」上立根基。若只在「經驗心」上做工夫，便會落於相對工夫；若能直截端本澄源，於「心體」上著力，便是「本體工夫」。

而這種「格心」的相對工夫，陽明有曰：

> 格物如孟子「大人格君心」之格，是去其心之不正，以全其本體之正。但意念所在，即要去其不正，以全其正。即無時無處不是存天理。〔註6〕

所謂「格心」的相對工夫，便是「正意之所在之不正以歸於正」。而「意之所在」便是指的「意欲」、「物欲」。是以，「正其不正，以歸於正」便是「去人欲之不正，以存天理之正」的工夫。而這種格除「意欲」、「物欲」的工夫始終落於「經驗心」、落於主客之對治，是以只能是「湯武反之」的相對工夫。

而對於「格心」的「本體工夫」，陽明有說：

> 格物者，大學之實下手處。徹頭徹尾，自始學至聖人，只此工夫而已。非但入門之際有此一段也。……故格物者，格其心之物也，格其意之物也，格其知之物也。〔註7〕

「湯武反之」的相對工夫只是「格其意之物也」，因此只是始學之下手處，並非「格心」的究竟工夫。而「格心」的究竟工夫便是「格其心之物也」，便是將「經驗心」扭轉爲「心之本體」。是故於「心之本體」上著力的工夫，便是「本體工夫」。因此，陽明於龍場悟道時，雖是對於「心即理」的徹悟，然而「心即理」不僅僅是悟箇「本體」而已，事實上，「即本體即工夫」，是以「心即理」的「本體工夫」便是自信箇「心之本體即是天理」。對於這一點，蕺山亦確能深透，其云：「朱夫子答梁文叔書曰：『近看孟子道性善，稱堯、舜，此是第一義。若於此看得透，信得及，直下便是聖賢，更無一毫人欲之私，做得病痛。若信不及，孟子又說過第二節工夫，又只引成覸、顏淵、公明儀三段說話，教人如此發憤，勇猛向前，日用之間，不得存留一毫人欲之私在這裏，此外更無別法。』此朱子晚年見道語也。學者須占定第一義做工夫，方是有本領學問，此後自然歇手不得，如人行路，起腳便是長安道，不患不

〔註5〕《王陽明全集》，卷一，〈語錄一〉，〈傳習錄上〉，頁25，上海古籍出版社。
〔註6〕《王陽明全集》，卷一，〈語錄一〉，〈傳習錄上〉，頁6，上海古籍出版社。
〔註7〕《王陽明全集》，卷二，〈語錄二〉，〈傳習錄中〉，頁76，上海古籍出版社。

到京師。然性善，堯、舜、人人具有，學者何故一向看不透，信不及？正爲一點靈光，都放在人欲之私上。直是十分看透，遂將本來面目，盡成埋沒。驟而語之以堯、舜，不覺驚天動地」。〔註8〕可以見得，「堯舜性之」便是「格心」之「本體工夫」。

二、「致良知」工夫

「致良知」的「誠意」工夫，只是箇「好善惡惡」。關鍵在於這箇「好善惡惡」之地究竟是著落於「意」或是依循於「良知」？若著落於「意」，便只是相對之工夫；若依循於「良知」，則是究竟的「本體工夫」。以下，我們便接著來看看陽明的「致良知」工夫。

對於「致良知」的相對工夫，《傳習錄》曾載：

> 先生（陽明）嘗謂：「人但得好善如好好色，惡惡如惡惡臭，便是聖人。」直初時聞之覺甚易，後體驗得來，此箇功夫著實是難。如一念雖知好善惡惡，然不知不覺，又夾雜去了。纔有夾雜，便不是好善如好好色，惡惡如惡惡臭的心。善能實實的好，是無念不善矣；惡能實實的惡，是無念及惡矣：如何不是聖人？故聖人之學，只是一誠而已。〔註9〕

陽明曾說「致良知」的工夫只是「好善如好好色，惡惡如惡惡臭」。那末，黃直爲甚麼會覺得「此箇功夫著實是難」呢？這是因爲，他將用力之地粘著於「意念」之「好惡」上，是以便落入了明道所指稱的「此正如破屋中禦寇，東面一人來未逐得，西面又一人至矣；左右前後，驅逐不暇」。〔註10〕故黃直所體會的實非「不勉而中」之「本體工夫」，而其實只是「擇善固執」的相對工夫。是以，蕺山便根據這一點批評說：「陽明先生於知止一關，全未勘入，只教人在念起念滅時，用爲善去惡之力，終非究竟一著。所謂『只於根本求生死，莫向支流辨濁清』，不免自相矛盾」。〔註11〕因此，蕺山便「知藏於意」，而將「好惡」二字藏於「意根」之中。

然而，陽明的「致良知」工夫顯然不是「只向支流辨濁清」的相對工夫，

〔註8〕　《明儒學案》，卷六十二，〈蕺山學案〉，頁1575，中華書局。
〔註9〕　《王陽明全集》，卷三，〈語錄三〉，〈傳習錄下〉，頁97，上海古籍出版社。
〔註10〕　《近思錄》，卷四，〈存養〉，頁54，金楓出版社。
〔註11〕　《明儒學案》，卷六十二，〈蕺山學案〉，頁1563，中華書局。

而是「只於根本求生死」的「本體工夫」。故陽明又罕言的說：

> 然不知心之本體原無一物，一向著意去好善惡惡，便又多了這分意
> 思，便不是廓然大公。《書》所謂「無有作好、作惡」，方是本體。
> 所以說「有所忿懥好樂，則不得其正」。正心只是誠意工夫裏面體當
> 自家心體，常要鑑空衡平，這便是未發之中。〔註12〕

「心之本體」便是天之太虛，便如太虛之無形，是以是「廓然大公」而原無
一物的。因此，若有意用力去「好善惡惡」，便是分別執著，便是多了這分意
思。故「致良知」的根本工夫只是依循「良知」本體「好善惡惡」之自然發
用流行。是以，「致良知」之「好善惡惡」本自生生不息，本無絲毫執著，故
又是「無好無惡」的。因此，「致良知」的「本體工夫」本時時「好善惡惡」，
本時時「無好無惡」，而這便是「未發之中」。所以陽明說道：「就誠意中體當
自己心體，常令廓然大公，便是正心。此猶《中庸》『未發之中』」。〔註13〕因
此，我們便可以將陽明的「良知」與蕺山的「意根」作一比較。蕺山有云：「意
者心之所存，非所發也。或曰：『好善惡惡，非所發乎？』曰：『意之好惡，
與起念之好惡不同。意之好惡，一機而互見；起念之好惡，兩在而異情。以
念為意，何啻千里！』」〔註14〕而陽明的「致良知」工夫若著落於「意」，便
是「意」之「好惡」；「致良知」工夫若依循於「良知」，便是「良知」之「好
惡」。〔註15〕是以可知，陽明所謂的「良知」，便是蕺山所言的「意」；而陽明
所指的「意」，便是蕺山所說的「念」。由此可以看出，陽明與蕺山之間似乎
並非彼此相異，而是有其相通之處的。

第二節　陽明「誠意」工夫的二種流弊

蕺山在指出陽明後學所產生的流弊時說：「今天下爭言良知矣，及其弊
也，猖狂者參之以情識，而一是皆良，超潔者蕩之以玄虛，而夷良於賊，亦
用知者之過也」。〔註16〕而所謂「情識而肆」是指的泰州學派，所謂「玄虛而

〔註12〕《王陽明全集》，卷一，〈語錄一〉，〈傳習錄上〉，頁34，上海古籍出版社。
〔註13〕《王陽明全集》，卷三十二，〈補錄〉，〈大學古本傍釋〉，頁1195，上海古籍出版社。
〔註14〕《明儒學案》，卷六十二，〈蕺山學案〉，頁1523，中華書局。
〔註15〕陽明曾說：「良知只是箇是非之心，是非只是箇好惡」。可見得，「良知」本體是「知是知非」亦是「好善惡惡」的。
〔註16〕《明儒學案》，卷六十二，〈蕺山學案〉，頁1575，中華書局。

蕩」是指的龍溪一派。然而無論泰州或龍溪，二者皆分別代表了陽明「誠意」工夫的二種流弊。〔註17〕

一、情識而肆

陽明「誠意」工夫的第一種流弊便是「情識而肆」。對於泰州學派的「情識而肆」，黃宗羲有謂：

> 陽明先生之學，有泰州、龍溪而風行天下，亦因泰州、龍溪而漸失其傳。泰州、龍溪時時不滿其師說，益啓瞿曇之祕而歸之師，蓋躋陽明而爲禪矣。然龍溪之後，力量無過於龍溪者，又得江右爲之救正，故不至十分決裂。泰州之後，其人多能以赤手搏龍蛇，傳至顏山農、何心隱一派，遂復非名教之所能羈絡矣。顧端文曰：「心隱輩坐在利欲膠漆盆中，所以能鼓動得人，只緣他一種聰明，亦自有不可到處。」義以爲非其聰明，正其學術也。所謂祖師禪者，以作用見性。諸公掀翻天地，前不見有古人，後不見有來者。釋氏一棒一喝，當機橫行，放下拄杖，便如愚人一般。諸公赤身擔當，無有放下時節，故其害如是。〔註18〕

泰州學派之所以流於「猖狂」，之所以參以「情識」，究其實，皆由於未能眞體得「心即理」之本體。以「格心」的「本體工夫」來說，雖其是直下承當，直截將「人心」扭轉爲「道心」，然而實際上卻並非一轉而後便能當下即是，而是仍必須加以一段「存心養性」的工夫的。今泰州之輩一見箇「心即理」便自謂能當機橫行、能作用見性，卻不知其所謂見其實只是虛見，其所謂行不過只是妄行。事實上，泰州學派所擔當的並非是「天理」，而其實是猖狂於「人欲」。是以，其所學的祖師禪只是「狂禪」，其所見的性只是「生之謂性」。故對於立志承當，蕺山曾明白地說：「立志之說亦須有所見始得，決不是意氣恢張者」。〔註19〕因此，泰州學派之害，正是害在黃宗羲所指的「無有放下時節」。所以後來的羅近溪之學，只是學箇「全體放下」而已。

〔註17〕 在這裏，筆者是指的龍溪思想與泰州學派所衍生的流弊，而並不包含龍溪本人與泰州派的羅近溪。因爲龍溪和近溪皆是能眞實做工夫者，且二溪皆實能悟得向上一機、體得陽明之「本體工夫」。

〔註18〕 《明儒學案》，卷三十二，〈泰州學案一〉，頁703，中華書局。

〔註19〕 《劉宗周全集》，第五冊，〈補遺一〉，〈陽明傳信錄二〉，頁24，浙江古籍出版社。

二、玄虛而蕩

陽明「誠意」工夫的第二種流弊便是「玄虛而蕩」。而「玄虛而蕩」的流弊則主要是由龍溪思想所推至極端的。對於「玄虛而蕩」，錢緒山曾在〈大學問〉一文末後愷切地說：

> 師既沒，音容日遠，吾黨各以己見立說。學者稍見本體，即好爲徑超頓悟之說，無復有省身克己之功。謂「一見本體，超聖可以跂足」，視師門誠意格物、爲善去惡之旨，皆相鄙以爲第二義。簡略事爲，言行無顧，甚者蕩滅禮教，猶自以爲得聖門之最上乘。噫！亦已過矣。自便徑約，而不知已淪入佛氏寂滅之教，莫之覺也。古人立言，不過爲學者示下學之功，而上達之機，待人自悟而有得，言語知解，非所及也。《大學》之教，自孟氏而後，不得其傳者幾千年矣。賴良知之明，千載一日，復大明於今日。茲未及一傳，而紛錯若此，又何望於後世耶？是篇鄒子謙之嘗附刻於《大學》古本，茲收錄〈續編〉之首。使學者開卷讀之，思吾師之教平易切實，而聖智神化之機固已躍然，不必更爲別說，匪徒惑人，祇以自誤，無益也。〔註20〕

所謂的「超潔者蕩之以玄虛，而夷良於賊」，是指的龍溪「四無」說之遁入老氏之「玄」、佛氏之「虛」。而佛老「玄虛」之說便是直徑要頓悟、立時要朝徹的。然而，龍溪之說每每要人期簡懸蕩之悟，「超潔者」固可當下悟入「本體」，做箇頓修工夫，張蕩知解的則「言悟言參，轉增學慮」，〔註21〕往往賊夷良知於日用常行，蕩滅禮教於孔氏之門。而陽明「致良知」工夫之「無善無惡」不過只是「無有作好，無有作惡」而已，決非佛老「善惡俱泯」之「無善無惡」。正如陽明所自述的：「無善無惡者理之靜，有善有惡者氣之動。不動於氣，即無善無惡，是謂至善」。又說：「佛氏著在無善無惡上，便一切都不管，不可以治天下。聖人無善無惡，只是無有作好，無有作惡，不動於氣」。〔註22〕而龍溪之學則難免於佛老之贅行格套，〔註23〕故黃宗羲便謂龍溪曰：

〔註20〕《王陽明全集》，卷二十六，〈續編一〉，〈大學問〉，頁973，上海古籍出版社。

〔註21〕《劉宗周全集》，第五冊，〈補遺一〉，〈陽明傳信錄一〉，頁2，浙江古籍出版社。

〔註22〕《王陽明全集》，卷一，〈語錄一〉，〈傳習錄上〉，頁29，上海古籍出版社。

〔註23〕筆者認爲，龍溪仍是儒者，仍爲孔氏之徒。甚至是王門中眞能體得陽明之究竟工夫者。然而，龍溪學問往往落於佛老之思想格套，是以黃宗羲纔會認爲，陽明學之入禪實始自龍溪，而並非陽明本人了。

「夫良知既為知覺之流行，不落方所，不可典要，一著工夫，則未免有礙虛
無之體，是不得不近於禪。流行即是主宰，懸崖撒手，茫無把柄，以心息相
依為權法，是不得不近於老。雖云眞性流行，自見天則，而於儒者之矩矱，
未免有出入矣」。〔註24〕

　　由上述可知，泰州學派認「情識」為「良知」，故最後走入了「自然」、「人
欲」一途，而龍溪後學參「玄虛」悟「良知」，故最終走入了「虛無」、「狂蕩」
一路。然而，此二種流弊實皆對於陽明「誠意」工夫之錯會所可能衍生者。
而唯一的補救之道，便是蕺山一再提出的「天理」二字。故最末筆者以蕺山
之言來結束本文：「今之賊道者，非不知之患，而不致之患；不失之情識，則
失之玄虛。皆坐不誠之病，而求于意根者疏也。故學以誠意為極則，而不慮
之良于此起照，後覺之任，其在斯乎」？〔註25〕

〔註24〕　《明儒學案》，卷十二，〈浙中王門學案二〉，頁239，中華書局。
〔註25〕　《明儒學案》，卷六十二，〈蕺山學案〉，頁1575，中華書局。

參考文獻

壹、原典類

1. 〔宋〕程顥、程頤,《二程集》全二冊,北京:中華書局,2008 年 7 月。
2. 〔宋〕朱熹,《朱子全書》全二十七冊,上海:上海古籍出版社;合肥:安徽教育出版社,2002 年 12 月。
3. 〔宋〕朱熹,〔宋〕黎靖德編,《朱子語類》全八冊,北京:中華書局,2007 年 10 月。
4. 〔宋〕朱熹,《四書章句集註》,台北:鵝湖出版社,2003 年 9 月。
5. 〔宋〕朱熹、呂祖謙編,《近思錄》,台北:金楓出版社,1997 年 5 月。
6. 〔宋〕陸九淵,《陸九淵集》,北京:中華書局,2008 年 9 月。
7. 〔明〕王守仁,《王陽明全集》全二冊,上海:上海古籍出版社,2006 年 4 月。
8. 〔明〕王守仁,〔明〕施邦曜輯評,《陽明先生集要》全二冊,北京:中華書局,2008 年 10 月。
9. 〔明〕王畿,《王畿集》,南京:鳳凰出版社,2007 年 3 月。
10. 〔明〕羅洪先,《羅洪先集》全二冊,南京:鳳凰出版社,2007 年 3 月。
11. 〔明〕劉宗周,《劉宗周全集》全六冊,杭州:浙江古籍出版社,2007 年 4 月。
12. 〔明〕黃宗羲,《宋元學案》,北京:中華書局,2007 年 1 月。
13. 〔明〕黃宗羲,《明儒學案》,北京:中華書局,2008 年 12 月。

貳、近人有關專書

1. 徐復觀,《中國人性論史‧先秦篇》,台北:臺灣商務印書館,2007 年 4 月。

2. 徐復觀，《中國思想史論集》，台北：臺灣學生書局，2002 年 9 月。

3. 牟宗三，《從陸象山到劉蕺山》，台北：臺灣學生書局，2000 年 5 月。

4. 牟宗三，《宋明儒學的問題與發展》，台北：聯經出版社，2003 年 12 月。

5. 牟宗三，《王陽明致良知教》，台北：中央文物供應社，1980 年 4 月。

6. 蔡仁厚，《孔子的生命境界──儒學的反思與開展》，台北：臺灣學生書局，1998 年 6 月。

7. 蔡仁厚，《儒家心性之學論要》，台北：文津出版社，1990 年 6 月。

8. 蔡仁厚，《王陽明哲學》，台北：三民書局，2007 年 1 月。

9. 蔡仁厚，《王學流衍──江右王門思想研究》，北京：人民出版社，2006 年 6 月。

10. 張起鈞、吳怡，《中國哲學史話》，台北：東大圖書公司，1996 年 2 月。

11. 吳怡，《中國哲學發展史》，台北：三民書局，1996 年 11 月。

12. 吳怡，《易經繫辭傳解義》，台北：三民書局，2001 年 8 月。

13. 吳怡，《中庸誠的哲學》，台北：東大圖書公司，1993 年 10 月。

14. 吳怡，《禪與老莊》，台北：三民書局，1999 年 2 月。

15. 吳怡，《公案禪語》，台北：東大圖書公司，2004 年 4 月。

16. 吳經熊著，吳怡譯，《禪學的黃金時代》，台北：臺灣商務印書館，1977 年 1 月。

17. 錢穆，《朱子新學案》全五冊，台北：三民書局，2004 年 8 月。

18. 錢穆，《王守仁》，台北：臺灣商務印書館，1947 年 3 月。

19. 錢穆等著，項維新、劉福增主編，《中國哲學思想論集──宋明篇》（第四冊），台北：牧童出版社。

20. 陳榮捷，《王陽明傳習錄詳註集評》，台北：臺灣學生書局，2006 年 9 月。

21. 陳榮捷，《王陽明與禪》，台北：臺灣學生書局，1991 年 3 月。

22. 陳來，《宋明理學》，上海：華東師範大學出版社，2004 年 3 月。

23. 陳來，《朱子哲學研究》，上海：華東師範大學出版社，2008 年 5 月。

24. 陳來，《有無之境──王陽明哲學的精神》，北京：人民出版社，1997 年 2 月。

25. 吳震，《王陽明著述選評》，上海：上海古籍出版社，2004 年 4 月。

26. 吳光主編，《陽明學研究》，上海：上海古籍出版社，2000 年 10 月。

27. 張其昀主編，《陽明學論文集》，台北：中華學術院，1972 年 2 月。

28. 鍾彩鈞，《王陽明思想之進展》，台北：文史哲出版社，1993 年 3 月。

29. 鍾彩鈞主編，《朱子學的開展──學術篇》，台北：漢學研究中心，2002

年 6 月。

30. 勞思光，《新編中國哲學史》，台北：三民書局，2004 年 1 月。

31. 劉述先，《朱子哲學思想的發展與完成》，台北：臺灣學生書局，1982 年 2 月。

32. 馮友蘭，《中國哲學史》全二冊，台北：臺灣商務印書館，1993 年 4 月。

33. 蒙培元，《中國心性論》，台北：臺灣學生書局，1990 年 4 月。

34. 袁仁琮，《解讀王陽明》。成都：巴蜀書社，2009 年 3 月。

35. 魏元珪，《孟荀道德哲學》，台北：谷風出版社，1987 年 5 月。

36. 魏元珪，《荀子哲學思想》，台北：花木蘭文化出版社，2009 年 9 月。

參、博碩士論文

1. 李相勳，《王陽明工夫論之研究》，東海大學哲學研究所博士論文，1994 年。

2. 宋河璟，《王陽明心學之研究》，臺灣師範大學國文研究所博士論文，1985 年。

3. 田炳述，《從理學到心學之發展看王陽明哲學特色》，中國文化大學哲學研究所博士論文，1995 年。

4. 鄭勝元，《陽明哲學之研究》，中國文化大學哲學研究所博士論文，1986 年。

5. 黃翔，《王陽明「心外無物、心外無理」之探究》，輔仁大學哲學研究所在職專班碩士論文，2007 年。

肆、專篇期刊

1. 唐君毅，〈陽明學與朱子學〉（收入《陽明學論文集》，台北：中華學術院。1972 年 2 月）。

2. 吳怡，〈陽明思想與禪學〉（同上）。

3. 張鐵君，〈陽明思想與尋孔顏樂處〉（同上）。

4. 蔡仁厚，〈陽明學中「工夫指點」之意義〉（同上）。

5. 王秀谷，〈陽明先生「致良知」的經緯〉（同上）。

6. 王美奐，〈王陽明大學問之批判〉（同上）。

7. 秦家懿，〈論王陽明的「狂者」性格〉（同上）。

8. 劉述先，〈論王陽明的最後定見〉（收入《陽明學研究》，上海：上海古籍出版社。2000 年 10 月）。

9. 劉宗賢，〈從朱熹到王陽明：「性理」與「心性」的理論轉換〉（同上）。

10. 楊國榮，〈本體與工夫：從王陽明到黃宗羲〉（同上）。